让孩子着迷的
明朝故事 ①

大发说书 潮白 编著

四川教育出版社

图书在版编目（CIP）数据

让孩子着迷的明朝故事. ① / 大发说书，潮白编著
. -- 成都：四川教育出版社，2023.3
ISBN 978-7-5408-8603-5

Ⅰ. ①让… Ⅱ. ①大… ②潮… Ⅲ. ①中国历史－明
代－青少年读物 Ⅳ. ①K248.09

中国国家版本馆CIP数据核字(2023)第033606号

让孩子着迷的明朝故事①

RANG HAIZI ZHAOMI DE MINGCHAO GUSHI ①

大发说书　潮白　编著

出品人　　雷　华
策划人　　何　杨
责任编辑　杨　越　张　晓
装帧设计　册府文化
插图绘画　肖岱钰　周晔露　册府文化
责任校对　王　丹
责任印制　高　怡
出版发行　四川教育出版社
　　　地　　址　四川省成都市锦江区三色路266号新华之星A座
　　　邮政编码　610023
　　　网　　址　www.chuanjiaoshe.com
印　　刷　天津海德伟业印务有限公司
版　　次　2023年3月第1版
印　　次　2023年3月第1次印刷
成品规格　170 mm×240 mm
印　　张　9.5
字　　数　100千字
书　　号　ISBN 978-7-5408-8603-5
定　　价　138.00元（全4册）

如发现质量问题，请与本社联系。总编室电话：（028）86365120
北京分社营销电话：（010）67692165　北京分社编辑中心电话：（010）67692156

序　言

　　《明史》是二十四史中的最后一部，是一部纪传体断代史。《明史》材料翔实、叙事客观、风格简洁，长期为史家们所津津乐道，是我国史学著作中的一颗璀璨明珠。它记载了自明太祖朱元璋洪武元年（1368年）至明思宗朱由检崇祯十七年（1644年），总计二百七十六年的历史。

　　在明朝漫长的历史中，有太多的人物，也有太多的故事。帮读者理清明朝的那些事儿，认识明朝的那些人，了解课本上学不到的知识，是作者的初衷。《明史》原文是文言文，对于中小学生来说，读起来有些吃力。本书以《明史》为依据，根据当下阅读习惯写作，将明朝从开国到结束，近三百年的风云变幻与重点人物事件逐一讲述，并结合其他史料对课本上涉及的明朝知识加以延伸。

　　这是一部写给孩子的历史故事书。作者力求语言浅显直白，行文通俗易懂，以满足孩子的阅读需求。同时，作者还给生僻字加注拼音，为内容添加插图，让孩子在便于阅读的前提下，提高读书乐趣。还在每一章的后面设置了"知识加油站"，对文中不易理解的名词或典故进行解释。

全书共四册，前三册以时间为主干，以事件为枝节，以人物为花叶，简述明史，详解故事。第四册以人物为主干，以成就为枝叶，讲述明朝在文化、医学、农业、天文、数学等多领域内取得的成就。

每个人都应该读一读历史，读史的意义不仅仅在于了解古人的言行，更多的是吸取前人的经验，为我们今后的人生找到方向。一个个鲜活的历史人物，一件件影响中华文明走向的大事件，无不折射出为人做事的道理。这是写给孩子的书，同时也可以供成年人阅读参考。毕竟，在古老的历史面前，我们都是小孩子；在厚重的史书面前，我们都是小学生。

目 录

乞丐皇帝朱元璋

三年乞丐生涯

元朝末年，政治腐败，社会动乱，天灾不断。人民在水深火热中苦苦挣扎。达官贵人们却只知享乐，根本不管百姓的死活。

在濠州钟离（今安徽凤阳），有一户朱姓人家。父亲朱五四是个老实巴交的佃农，母亲陈氏是个善良敦厚的妇人。他们生了四儿两女。两个女儿远嫁外地。四个儿子当中，三儿子朱重七早夭；大儿子朱重四成了家，生了两个儿子；二儿子朱重六和小儿子朱重八（即后来的朱元璋）跟着父母一起生活。

朱五四家里穷得叮当响，经常是吃了上顿没下顿。朱家的儿女当中，数朱重八最聪明，最有主见。为了减轻父母的负担，朱重八从小就与汤和等小伙伴一起给村里的地主家放牛。地主很抠门儿，经常克扣放牛娃们的工钱，还不给他们吃饱饭。

有一次，朱重八和小伙伴们在山下放牛。大家都饿得头晕眼花，实在受不了，朱重八便一狠心，带着大家杀了一头牛，饱

饱地吃了一顿牛肉。吃完以后，朱重八将牛尾巴塞进山脚的石缝里，就和小伙伴们赶着其他的牛回去了。

地主见少了一头牛，拿着鞭子狠狠地责问这些放牛娃。汤和等人都怕挨打，吓得不敢说话。朱重八站出来，对地主说："牛自己钻进山石里头了。"说完，他带着地主去看牛尾巴。地主知道朱重八骗他，用鞭子将他毒打一顿。

朱重八虽然被地主打得皮开肉绽，但也因此赢得了小伙伴们的尊重。从此以后，大家有什么事都听他的。

朱重八十七岁那年，全国大旱，庄稼颗粒无收，紧接着，又发生了蝗灾和瘟疫。朱五四、陈氏和朱重四连病带饿，先后死去。

朱重八和二哥朱重六及大嫂一家互相帮衬着，勉强维持生计。又过了几个月，他们的生活实在过不下去，眼看就要饿死了。为了活命，一家人不得不分开，各自去找活路。

朱重八去了离家不远的皇觉寺，出家当了一个小沙弥。他每天在寺庙里干体力活儿，勉强混一口饭吃。一个月以后，寺庙里的粮食也不够吃了。于是，朱重八与一部分和尚被遣散到外面去谋生。

朱重八离开皇觉寺，往西而去。一路上，他风餐露宿，以乞讨为生。名义上，朱重八还是个和尚，其实与乞丐没有两样。进入合肥地界，他遇见两个紫衣人，聊得挺投机，就相约结伴而行。中途，缺衣少吃的朱重八不幸染上了严重的伤寒病，多亏了

紫衣人精心照料，朱重八的病情才渐渐好转。

一天，三人来到了一座宝塔下面，紫衣人向朱重八告别，让他在塔下等着，说三天后他们还会回来找他。

朱重八等了三天，没有等到紫衣人，只得自己上路。半道，他碰到一个背负书箱的老人。朱重八见老人走路吃力，就主动提出帮他背书箱。老人欣然接受了他的帮助。临分别时，老人告诉他，要想活命，就往西北方向去。于是，朱重八听从老人的劝告，一路往西北方向，走了不少地方，历经千难万险，见识了太多的人间疾苦，对残酷的现实有了更深刻的体验和感悟。

朱重八就这样四处流浪，在乞讨中度过了三年时光。

参加起义军

社会形势越来越混乱，好多地方都爆发了农民起义。由明王韩山童和刘福通指挥的起义军是其中规模最大的一支，因为他们大多头系红巾，所以也叫"红巾军"。后来，韩山童被朝廷捕杀，刘福通和各路红巾军便都尊奉他的儿子韩林儿为小明王，视他为名义上的首领。

朱重八觉得在外面不安全，就返回了皇觉寺。与外面比起来，寺庙里不但安全，而且能勉强吃上一口饭。朱重八终于不用再过那种吃了上顿没下顿的乞丐生活。不仅如此，他还可以在寺庙里读书识字，学习文化知识。

一晃，又是三年过去了。外面的社会更加动乱。濠州城被郭子兴领导的一支红巾军占领了。

一天，朱重八收到了一封信，这封信是汤和寄来的。原来，汤和已经参加了郭子兴的红巾军，他无意中打听到朱重八的下落，于是写信邀请他一起加入起义军。

朱重八犹豫了，毕竟，加入起义军，反抗朝廷，闹不好可是要掉脑袋的。就在他犹豫不决的时候，一个和尚发现了这封信，打算向官府告密。另一个与朱重八要好的和尚发现后，及时告诉了他。朱重八心想，如果官府知道了，自己肯定要被抓起来杀头，与其如此，不如直接加入起义军。于是，他接受了汤和的邀请，正式加入到起义军的队伍中。

朱重八很有谋略，作战也非常勇敢，再加上他识文断字，很快就受到了郭子兴的赏识。郭子兴亲自为他改名为朱元璋，并任命他为九夫长，让他跟随在自己左右；遇到什么大事，也时常和他商量，征求他的意见。

为了笼络朱元璋这个人才，郭子兴还把养女马氏嫁给了他。朱元璋非常感激，也更加卖力，在战场上取得了不少战绩。

与郭子兴一同起义的，还有其他几位头领。有的人依仗自己功劳大、实力强，不服郭子兴，要和他争夺领导权。有一次，一位头领把郭子兴关押起来，准备杀害他。在外带兵打仗的朱元璋知道后，立马回城，在另一个起义军头领的帮助下，带兵把郭子兴救了出来。

此后，郭子兴对朱元璋更加信任了。

当时的朱元璋，既要对外抵抗元军，又要对内防范其他头领的威胁，深感自身实力不足，于是，他回到老家招募了一批士兵。其中，有一些是他儿时的伙伴。这些人，此后成为他的心腹。

朱元璋带着新招来的兵马回到濠州，不但受到了郭子兴的表扬，而且升了官。

朱元璋希望能够继续扩展起义军的地盘，郭子兴却只想着守住濠州，不思进取。眼看其他几支起义军首领都称王了，郭子兴却还只是小明王下属的一个元帅。朱元璋决定另谋发展，于是，他带着自己招来的二十四个心腹，向南方出发。在行军途中，朱元璋征服、招降了好几支起义军，打败了一支元军，收编了大量

部队，最终攻下了滁州，拥有了新的根据地。朱元璋的侄儿朱文正、外甥李文忠得了信儿，都赶来投靠他。

此时的郭子兴在濠州城里受到其他起义军头领的排挤，无法立足，得知朱元璋的情况后，也来投奔他。

朱元璋把军队和指挥权都交给了郭子兴。郭子兴非常高兴，任命朱元璋为总兵官，驻守和州（今安徽和县）。后来，郭子兴病死，小明王韩林儿任命郭子兴的儿子为都元帅，郭子兴的妻弟和朱元璋分别担任左、右元帅。三人当中，朱元璋的职位是最低的，个人能力和军队实力却是最强的。因此，他成了这支起义军的实际领导者。

封王称帝

朱元璋原本不想再听命于韩林儿，可考虑到他在各路起义军中的影响力，决定打着他的旗号，继续扩充自己的实力。

朱元璋采取"高筑墙、广积粮、缓称王"的策略，重视农业生产，广泛吸纳优秀人才，一步步壮大自己的力量，在避免与其他起义军发生激烈冲突的同时，不断扩充自己的地盘，最终在集庆（今江苏南京）扎下根来。

这时，朱元璋认为时机已经成熟，就自称"吴王"，向周边的起义军割据政权发动了进攻。他先后击败了陈友谅、张士诚、方国珍的队伍，统一了江南地区；随后，又派军队北伐，攻占了

原本属于元朝的大部分北方地区。

刘福通战死以后，朱元璋派部下迎接韩林儿到应天府，途中船沉了，韩林儿淹死。韩林儿一死，朱元璋的上面就再也没有人压着了。

1368 年正月初四，朱元璋在集庆路称帝，建立了明朝，年号洪武，这一年称为"洪武元年"。作为明朝的第一个都城，朱元璋将集庆路改名为"应天府"。

一个全新的时代开始了。

知识加油站

佃农：旧时自己没有土地，靠租种地主田地为生的农户。

高筑墙、广积粮、缓称王：这是明太祖朱元璋攻下徽州后实行的战略方针。高筑墙，指的是巩固现有的根据地，筑好防御工事，防止敌人的进攻；广积粮是指储备充足的粮食，以备后世之需；缓称王，指的是不出风头，不急于称王称霸，尽量不与其他的起义军发生冲突，同时加快壮大自己的实力。

开明的马皇后

患难夫妻

在朱元璋白手打天下的过程中，贤内助马氏起了很大的作用。马氏是红巾军首领郭子兴的养女。为了笼络朱元璋，郭子兴把马氏许配给他做妻子。

自从朱元璋娶了马氏以后，军中都称呼他为"朱公子"，其地位比以前更高了。对于朱元璋来说，马氏带给他的地位变化还不算什么，最主要的是，他多了一个非常优秀的帮手。

马氏是一个很有智慧的女人，平时喜欢读书。朱元璋常把一些重要的文件交给她掌管，从来没有出过差错。

郭子兴听信谗言，对朱元璋起了疑心。当时，正赶上大旱之年，军中粮食供应不足，朱元璋吃不饱。马氏便从厨房偷出刚刚烙熟的饼，揣在怀里，暗地里送给朱元璋。结果，热气腾腾的烙饼把她身上烫起了一大片水泡。

为了解除郭子兴的猜忌，马氏精心伺候郭子兴的妻子张

氏，在她跟前说朱元璋的好话。在张氏的协调下，郭子兴放了朱元璋。

朱元璋领兵打仗的时候，马氏带着将士们的家属一路追随。将士们在前线作战，她和妇女们缝补盔甲鞋袜，在后方提供支持。碰上关键的战役，她还把金银丝绸拿出来，犒劳军队，鼓舞士气。平日里，马氏省吃俭用，把好吃的都留给朱元璋，自己却时常饿肚子。

仁慈的皇后

明朝建立以后，朱元璋回忆起那些艰难困苦的日子，以"芜蒌（lóu）豆粥"和"滹（hū）沱麦饭"的典故来形容马氏的贤惠，还把她比作唐朝贤明的长孙皇后。马氏谦虚地说："我怎么能与长孙皇后相比呢。我听说，夫妻之间相处容易，君臣之间相处起来很难。您总记得我们之间同甘共苦的往事，希望也不要忘记那些跟您一起艰苦立业的臣子。"

作为皇后，马氏的任务是治理后宫。她认为宋朝的皇后大多很贤明，就让女官把那些皇后制定的家法抄录下来，让后宫的妃子们早晚阅读学习。有人说，宋朝的皇后过于宽厚了，马氏说："过于宽厚，不比刻薄好吗？"

朱元璋在朝堂上处理政事，有时会非常生气。皇帝发怒，就可能要杀人。等他回到后宫时，马氏就会温柔地进行劝谏。在马氏的开脱下，有不少大臣保住了性命。

一位将军在外驻守，有人传言，说将军的儿子要杀了将军。朱元璋听说后，准备杀掉将军的儿子。马氏说："这位将军只有这一个儿子。人们的传言有可能是假的。如果杀了他，将军就绝后了。"朱元璋派人调查，传言果然是假的。

朱元璋的外甥李文忠是一位能征善战的将军，被派遣在边境驻守。有人诬告他有不法的行为，于是朱元璋准备召他回来审问后治罪。马氏说："轻易更换防守边境的将军，不好。而且，文忠素来

表现不错，别人的话怎么能够轻信呢？"于是，朱元璋就打消了召回李文忠的念头。不久，李文忠就在战斗中立下了军功。

学士宋濂是太子的老师。有一次，他受孙子所犯罪行的连累，被朝廷抓了起来，准备处死。马氏对朱元璋说："普通百姓家里为孩子请老师，尚且知道从始至终以礼相待，何况皇帝家呢？而且，宋濂在家里待着，肯定对他孙子所犯的罪行不知情。"朱元璋不听。稍后，马氏在陪朱元璋吃饭时，不喝酒，也不吃肉。朱元璋问她原因。马氏答道："我是在为宋濂先生祈福啊！"朱元璋也生出了同情的念头，丢掉筷子，站了起来。第二天，宋濂就被赦免了。

江南有一个富可敌国的大商人，名叫沈万三。他帮助朝廷修筑了三分之一的都城，又主动请求犒赏三军。朱元璋听说后大怒，说："这个家伙竟敢代替我来犒赏三军，这不是扰乱民心吗？应该杀了他！"马氏劝谏道："我听说，法律是用来制裁那些违法者的，不是用来杀倒霉蛋的。一个普通百姓，拥有超过国库的财富，他本身就要倒霉了。这样的人，老天爷将会惩罚他，何必有劳皇帝来收拾他呢？"于是，朱元璋就释放了沈万三，把他发配到云南戍边。

朱元璋下令，让重刑犯修建城池。马氏说："让有罪的人做劳役，减轻罪责，是国家的恩典。可是，那些重刑犯本来所服的劳役就已经令他们疲惫不堪，再增加他们的劳役，恐怕他们会死掉。"于是，朱元璋就赦免了他们。

有一次，朱元璋非常生气，责骂了宫里的仆人，准备狠狠地予以惩罚。马氏也装作很生气的样子，下令把仆人抓起来交给相关部门定罪。朱元璋问她为什么这样做。马氏说："帝王不应该在大喜或者大怒的时候进行奖励或惩罚。当您生气的时候，做出的惩罚可能会偏重。如果交给执法部门，那么，他们就可以根据罪行来决定惩罚力度。就算平时您在朝堂之上处理政事，也应该把那些犯了罪的人交给执法部门去处理啊！"

母仪天下

有一天，马氏问朱元璋："当今天下的老百姓是否安居乐业？"朱元璋说："这不是你应该问的问题。"马氏说："您是天下人的父亲，我是天下人的母亲，自己的孩子生活得好不好，难道做母亲的不应该问吗？"

遇上大旱之年，马氏就带着宫里的人吃素食，祈祷上天降雨；遇上饥荒年，她就吃野菜度日。朱元璋心疼她，告诉她已经安排人去放粮救灾了。马氏说："放粮救灾，不如提前储备粮食管用啊。"

朱元璋处理完政事，散朝后，留大臣们吃饭。马氏命人取过饭菜，自己尝了尝，觉得味道不够鲜美，于是，就对朱元璋说："作为皇帝，自己吃的可以差一些，可是，要把好吃的给那些能干的大臣啊。"朱元璋为此训斥了主管饮食的官员。

有一次，朱元璋去太学视察。回来以后，马氏问那里有多少太学生。朱元璋回答说有几千人。马氏说："人才真不少啊。这些太学生有国家供应粮食，他们的妻子儿女吃什么呢？"于是，朱元璋就建立起粮仓，存下粮食赏赐给那些太学生的家人。自那以后，太学生的家人们都可以享受到国家供应的粮食。

马氏虽然贵为皇后，生活却非常节俭。平日里，她穿的都是洗过很多遍的衣服，即使破旧不堪，也舍不得更换。她命人把白色的丝绸织成衣服和被子，赏赐给那些年老无亲的人；把剩余的帛和有疙瘩的丝做成衣裙，赏赐给王妃和公主们，让她们知道养殖桑蚕的艰难。

马氏得了重病，朱元璋要请高明的医生为她治病。马氏说：

"医生怎么能够救活快要死的人呢？如果吃了药，没有效果，岂不是因为我而让您怪罪那些医生吗？"

马氏的病越来越严重了。在弥留之际，她对朱元璋说："我希望您能求得更多的贤臣，听从正确的劝谏，做事业不忘初心，把子孙们教育好，让臣民们都发挥出各自的才干，给予他们应有的赏赐。这就够了。"

不久，五十一岁的马氏去世了。朱元璋伤心不已，失声痛哭，从此再没立过皇后。

知识加油站

　　贤内助：贤惠能干的妻子。

　　芜蒌豆粥、滹沱麦饭：东汉开国皇帝刘秀在称帝前，带兵走到芜蒌亭，因为军中严重缺粮，大家饥饿难耐，将军冯异献上豆粥给刘秀吃。再往前走，遇上大风雨，冯异又献上麦饭。朱元璋用这个典故借指自己当年落魄受难时，马皇后对他的帮助。

　　发配：古代的一种刑罚，把罪犯押送到外地拘管服役。

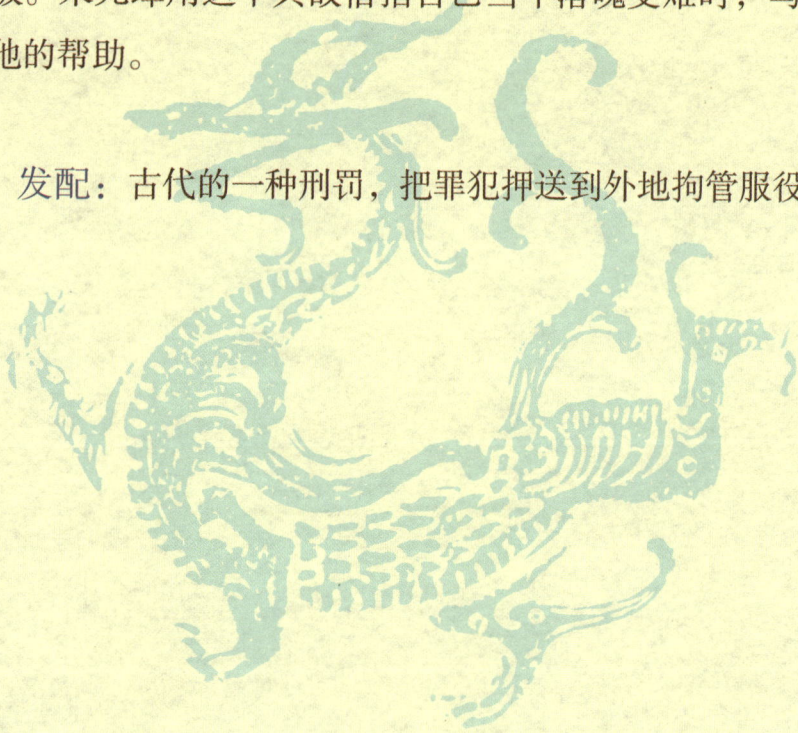

倒霉的沈万三

全国首富沈万三

沈万三这个人，我们在前面提过，他因为得罪了朱元璋，差点儿被杀掉。那么，他和朱元璋之间到底有什么过节，为什么朱元璋要杀他呢？难道仅仅是因为他要替皇帝劳军吗？说来话长，我们还是先从沈万三怎么当上全国首富说起吧。

元朝后期，沈万三的父亲带着全家从吴兴（今浙江湖州）迁到了吴江周庄（今江苏昆山周庄）。一家人在周庄落下脚后，开始垦荒种地。在沈万三父亲这一代，沈家已经积累了一定的财富，成了当地的小财主。沈万三长大成家后，接管了父亲的家业，继续勤勤恳恳地开田种地，购置产业。

在沈万三的操持下，沈家的田地和资产越来越多，成为周庄一带有名的大财主。

距离周庄不远，有一个叫汾湖的地方。汾湖有一个姓陆的大商人，其富甲江左（古地区名。指长江下游南岸地区），看到沈

万三勤劳能干，就把自己的一部分产业交给他来打理。沈万三像打理自家的产业一样，帮陆大商人赚了不少钱。当然，陆大商人也付给了沈万三丰厚的报酬。

陆大商人晚年时，把自己的一半财产都赠给了沈万三。得了巨资之后，沈万三一方面继续开辟田地，购买了大量的住宅房产；另一方面把周庄作为商品贸易和流通的基地，利用周边的河道运输便利条件，出海经商，开展贸易。

在沈万三的努力经营下，沈家积攒下巨额财富，田地房产遍布全国各地，他成了名副其实的全国首富。

这时，已经是元朝末年，农民起义风起云涌，到处都是失掉土地和家园的贫苦百姓。身处战乱的沈万三产生了巨大的不安全感。

结交张士诚

张士诚率领的起义军很快占领了江南一带，元朝政府已经不能再为沈万三的财富提供保障。于是，沈万三便出资赞助张士诚的队伍，以获得他的军事保护。两人一个有军队，一个有钱，合作得不错。

不久，朱元璋的军队攻占了原本属于张士诚的常州，俘虏了守城的张士德。张士德是张士诚的弟弟，为了营救张士德，沈万三出了一大笔钱给朱元璋，想让他放人。没想到，朱元璋拿了

钱，却把人杀了。

虽然沈万三没能把张士德救下来，但是，他的举动令张士诚非常感动，两人关系更好了。

最初，张士诚的地盘要比朱元璋大得多。随着朱元璋势力的发展壮大，张士诚的地盘逐渐被朱元璋所吞并。起义军的共同目标当然是消灭元朝政权，不过，他们之间也在互相攻打，以扩大地盘。张士诚打不过朱元璋，便向元朝政府投降了。

朱元璋的势力越来越大，元朝的政权即将垮台。此时，各路起义军的主要目标已经不是元朝政府，而是其他起义军队伍。

朱元璋更是紧盯着张士诚不放，直到把他打败并俘虏。张士诚被俘后，自杀了。

花钱买安全

沈万三曾经出钱帮助张士诚对抗过朱元璋，张士诚死后，沈万三失去了靠山，随时面临着朱元璋的清算。朱元璋统一天下，当了皇帝之后，沈万三的处境变得更加艰难。

为了赢得朱元璋的好感，沈万三决定花钱买安全。他向朝廷贡献了大量的金银。不仅如此，他还出巨资帮着朝廷修建了都城南京。

作为明朝的都城，南京的重要性不用多说。朱元璋自从打下这座城市之后，就一直在搞建设。他在南京称帝之后，更进一步

加大了对南京城的建设力度。这么大的工程建设自然需要花很多钱。对于刚刚建立的明朝来说，这是一个很重的经济负担。

沈万三主动捐出一大堆白花花的银子，用于建设都城南京。高大坚固的城墙，既保障了都城里皇室成员和官民的安全，也成为沈万三的一道护身符。

沈万三的举动让朱元璋对他产生了一些好感，朱元璋给沈万三的两个儿子都封了官。

沈万三大概是觉得自己已经安全了，开始自得起来，在城里建起了好几座豪华酒楼，继续过起了奢华的生活。

迁富户到凤阳

朱元璋建设完应天府之后，琢磨着把家乡凤阳也好好建设一下。可是，这又需要花很多钱，自己总不能把国库里的钱都用来建设家乡吧？经过深思熟虑，他想出一个好主意，那就是把江南富户迁到凤阳搞建设。

朱元璋说干就干。很快，江南的富户都收到了皇帝的命令。其中，也包括沈万三一家。

沈万三的女婿不敢违抗皇帝的命令，一早就响应号召，拉家带口地去了凤阳。沈万三岁数大了，不想大老远地跑去凤阳受苦，只想留在富庶的江南养老。可是，皇帝的命令他又不敢违抗，怎么办呢？

沈万三开动脑筋，想出了一个主意。自己不是有钱吗？不是说有钱能使鬼推磨，没准儿也能让皇帝网开一面，让他留下来，不必迁到凤阳去。

沈万三的主意就是再出一大笔钱，替皇帝劳军。可他没想到，正是这个主意，让他坠入了黑暗的无底深渊。

发配云南

当沈万三向朝廷表明自己准备出钱劳军的意愿时，朱元璋的反应出乎他的意料。

在朱元璋看来，沈万三这个家伙竟敢代替自己犒赏三军，这不是扰乱军心吗？应该杀了这个不知轻重的商人！当然，这可能只是表面上的原因。朱元璋要杀掉沈万三的根本原因是，沈万三不愿意迁往凤阳。

迁富户到凤阳，是朱元璋铁定要做成的事。他这么做，不是只考虑经济原因，还有政治原因。

江南一带曾经长期处于张士诚及其他起义军的占领和统治之下，大多数富户都与他们有着千丝万缕的联系。沈万三就是一个典型的例子。尽管包括张士诚在内的大部分起义军队伍已经被朱元璋消灭了，但是，他们的残余势力仍然存在，一旦与江南富户勾结起来，有了经济支持，后果不堪设想。因此，为了巩固明朝的统治，把这些富户迁到凤阳，使他们远离故土，割断与旧有势

力的联系，是非常必要的。

在朱元璋的计划中，沈万三是第一个就应该迁到凤阳的。没想到，他竟然不识相。这怎么能令朱元璋不生气？于是，本来不想远离家乡的沈万三，被发配到了比凤阳还远的云南。

朱元璋并没有就此放过沈万三的家人。后来，沈万三的儿子、女婿，甚至连他的孙子都因为牵扯到其他案件，被抓了起来，杀的杀，判刑的判刑。

一个曾经富甲天下的家族，就这样凋零了。

知识加油站

　　三军：古时候的三军不像现在指的是海、陆、空三个军种，而是指上、中、下三军，左、中、右三军，或步、车、骑三军。也是对军队的统称。

朱元璋治贪

警示官员

朱元璋出身贫寒，从小就见识了元朝统治下的各种贪污腐败行为。在率兵反抗元朝暴政的过程中，朱元璋更加深刻认识到，官员贪腐，不仅会严重影响民生，更会动摇朝廷的统治基础。

朱元璋告诫文武百官："我以前在民间的时候，见州县的官吏一点儿都不心疼百姓，往往贪财好色，光喝酒不干事，不管百姓死活，实在令人非常愤怒。因此我才制定严厉的法律禁令，一旦查出官员有贪污、祸害百姓的行为，必须严惩，不能宽恕。"

对于一些有轻微过错的官员，朱元璋命人将其过失写在纸上，贴到门上，作为警示；如果罪行严重，就交给执法部门，用严刑酷法惩治他们。

空印案

为了震慑不法官员，打击贪污腐败行为，朱元璋亲手制造出震惊全国的"空印案"。案件的来龙去脉是这样的：

按朝廷规定，每年年底，各布政司、府、州、县都要派人带着当地政府的钱粮、财政收支及税款账目到京城，与户部一一进行核对。为了防止官员营私舞弊，朝廷要求地方政府的账目必须与户部的数字完全相符，才可以通过核查。如果有一项不符，整个账册便要被驳回，重新填写后，加盖地方政府的印章，再上报到户部。

有的地方距离京城上千里，来回需要不少工夫，可能会延误上报时间。为了节省时间、提高效率，各地官员在进京时，会准备一些空白账册，提前加盖印章。一旦账册被户部驳回，当时就可以重新填制。

在当时，这种做法在全国属于普遍行为，各级官员早已习以为常。朱元璋偶然得知此事，认为这里边存在着巨大的管理漏洞，很容易让不法官员互相勾结，借机贪腐。于是，他大为震怒，下令彻底严查。这个案子，被称为"空印案"。

在"空印案"中，全国各地掌管印章和钱粮、税赋账目的大小官员多被处以死刑，其他受牵连的人也都受到各种刑罚。

有一位官员给朱元璋上书申冤，详细说明了地方各级政府与户部对账的流程，认为这里面不存在管理的漏洞和贪污的可能；

而且，朝廷之前也没有明令禁止这种行为，现在突然严查严办，
让人无法心服。

　　对于这位官员所说的情况，朱元璋清楚得很，同时，也知道
可能会冤枉一些人。但是，为了震慑不法分子，杜绝贪腐行为，
他不但没有接受这位官员的申诉，反而继续扩大查处范围，加大
打击力度。一时间，全国的官员闻风色变，人人自危。

　　"空印案"在一定时期内起到了巨大的震慑作用，官员贪污
的案件有所减少。又过了几年，官员们似乎忘记了"空印案"的
教训，有人开始以身试法，顶风作案。

郭桓案

空印案之后，一起规模更大、牵连更广的贪腐案——"郭桓案"发生了。

有人向朝廷检举户部侍郎郭桓与北平（今北京市）布政使司、提刑按察使司等部门官员勾结贪污，盗卖官粮。朱元璋知道后大怒，命令执法部门严厉查办。

经调查，郭桓等人犯有私吞朝廷赋税、公粮及私立名目、多收税款、中饱私囊等多项罪行。其中，私吞盗卖的官粮竟然达两千四百多万石！这可相当于当时全国一年的粮食总产量啊！

这一触目惊心的数字令朱元璋大为震怒，他决定在全国范围内发动一场严厉打击贪污腐败行为的刑事活动。朱元璋下令，对涉案官员严加治罪。随着案件审查的深入，越来越多的官员牵扯进来。最后，竟然有数万名官员受到牵连，被逮捕入狱。

在追回赃款、赃粮的过程中，全国各地很多地主富户纷纷被牵连进来，许多人因此破产。有些地方爆发了骚乱，为了平息民怨，朱元璋不得不下令处死了几名办案的主审官员。

法外之法——《大诰》

"郭桓案"爆发的当年冬天，朱元璋亲自制定并下令颁布《大诰》。这是一部超越《大明律》量刑标准的刑法典，带有浓重的

个人色彩。

朱元璋在《大诰》中将一年来审判官员贪腐的重大案件一一罗列。遭受酷刑的贪腐官员数以千计。一些本来罪行不是很严重的人，也都被处以非常严酷的刑罚。根据《大诰》规定，贪污六十两银子，就要处以剥皮揎草的酷刑。

有的人，同时遭受数种酷刑；有的人，自己犯案株连成百上千的人……

有一次，朱元璋上朝发现竟然有一半官员没来，一问才知道，那些人都因犯案被处治了。

即使如此，朱元璋也没有放缓治理贪腐的脚步。为了彻底整治贪腐，他甚至重新启用了一些前代早已废止的酷刑。除此之外，朱元璋还创设了很多以前没有的刑罚。

翻开《大诰》，人们就仿佛看到了一幕幕人间地狱的惨状。在这里哀号受刑的，既有贪官污吏，也有受牵连和被冤枉的人。

可以说，朱元璋对贪官污吏恨到了极点，整治力度也大到了极致。

在《大诰》颁行的第二年春天，朱元璋又制定颁布了《大诰续编》；当年冬天，《大诰三编》颁行；又过了一年，《大诰武臣》颁行。这四部法典合起来统称为《御制大诰》。

朱元璋规定，全国每家每户必须保有一本《御制大诰》，人人都要诵读学习。有《御制大诰》的人家，有人犯了罪可以减一等；没有《御制大诰》的人家，有人犯罪，罪加一等；拒不接受《御制大诰》的人家，迁居到苦寒无人的边境地区，永远不能回来。

为了扩大《御制大诰》的影响，朱元璋还把它列为全国各级学生的必修课程，科举考试从中出题。也就是说，如果考生不会《御制大诰》，就无法在科举考试中胜出，自然也就没有机会考取功名。

在朱元璋的大力整治下，官员的贪腐现象大大减少，老百姓的日子也好过了一些。

知识加油站

布政使司：中国古代官署名。明、清时掌管一省行政和财政的地方政权机关。

户部：中国古代官署名。尚书省六部之一，是中央掌管全国土地、赋税、户籍、财政收支等事务的最高行政机构。

提刑按察使司：元、明、清时掌管一省司法的机构。

石：古代的计量单位，有两种用法：1.容量单位。10斗为一石。2.重量单位。各个朝代制定的换算标准不同，明代一石大约150斤（明代1斤为594.6克）。

科举：从隋唐到清代朝廷通过考试选拔官吏的一种制度。因为是分科选取，所以称"科举"。

中国历史上最后一位丞相

胡惟庸的丞相之路

朱元璋惩治贪官污吏毫不留情，对付政治上的对手更是心狠手辣。照理说，他已经是皇帝了，难道还有政治对手吗？别说，还真有，这个人就是丞相胡惟庸。

胡惟庸早年间就在朱元璋军中效力，他非常有才干，很受朱元璋赏识。除了朱元璋外，还有另外一个人也很赏识胡惟庸，这个人就是李善长。

李善长在朱元璋手下的文官当中排名第一。朱元璋领兵外出征战时，后方的所有事务都交给李善长来管。李善长具有极强的行政管理能力，不但把各项事务处理得井井有条，还善于协调文武官员的关系，在朱元璋的队伍里享有崇高的威望。

胡惟庸和李善长是老乡。因为这层关系，再加上胡惟庸的确有能力，李善长对他既赏识又亲近，只要有机会就提携他。

明朝建立以后，朱元璋大封功臣。李善长为开国功臣之首，

被任命为左丞相。时任右丞相的徐达时常带兵外出打仗，基本上很少管朝廷里的事务。因此，朝政大权几乎由李善长独揽。

在李善长的提携下，胡惟庸的官越做越大。李善长居功自傲，依仗权势，时常凌驾于百官之上，不但惹得官员们对他有意见，就连朱元璋也开始对他有所忌惮。终于，李善长以生病为由，请辞官回家，朱元璋欣然同意。

朱元璋打算提拔胡惟庸当丞相，又拿不定主意，就征询刘伯温的意见。刘伯温认为胡惟庸论才论德都不足以担任丞相的职务。然而，朱元璋一时找不到更合适的人选，于是，就任命胡惟庸担任右丞相。后来，胡惟庸又晋升为左丞相。

大权独揽

胡惟庸当上丞相之后，也像李善长一样，大权独揽，对于一般官员的任免升降，甚至生杀大事都自作主张，不向朱元璋汇报。官员们呈给朱元璋的奏折，胡惟庸要先看一遍，看到里边有对他不利的内容，就扣留下来，不让朱元璋看到。这样一来，下边官员和朱元璋的沟通渠道就被断绝了。大家一看，胡惟庸这个丞相权力这么大，甚至连皇帝都不放在眼里，于是纷纷投靠在他的门下，给他送礼，以求升官。渐渐地，胡惟庸身边聚集了一大帮人，形成了一股庞大的政治势力。

徐达看不惯胡惟庸独断专行，就给朱元璋上了一道奏折，弹

劲他。胡惟庸知道后，私下里买通了徐达家里的下人，让他诬告徐达。结果，徐达家里的下人把这件事告诉了徐达，把胡惟庸搞得很是难堪。

由于刘伯温在朱元璋面前没有说胡惟庸的好话，胡惟庸一直记恨他。

相传有一次，刘伯温生病了，朱元璋派胡惟庸代表自己去看望他。胡惟庸乘机在皇帝送给刘伯温的药里下了慢性毒药。刘伯温吃了药之后，没过多久就死了。

徐达与刘伯温都是明朝开国功臣。胡惟庸连这两个人都敢整治，可以想见，他有多么不可一世。

对于胡惟庸的所作所为，朱元璋并非不知情。然而，他却没有出手干预。

在朱元璋的沉默和纵容下，胡惟庸的胆子越来越大。他私下同别人讲，自己家乡旧宅的井里长出了石笋，比水面还高；祖坟上每天夜里都火光冲天。在古代，做臣子的敢这样吹嘘自己，就是有谋反的嫌疑。而胡惟庸却还没有意识到，死亡的威胁正在一步步向他逼近。

搜集证据

朱元璋准备收拾胡惟庸，开始安排人搜集他谋反的证据。

有一个名叫陆仲亨的开国功臣，从外地返回京城的时候，违反规定，乘坐了驿车。驿车在明代是用来运送贡品和朝廷重要物资的专车，未经允许，任何人不得私自乘坐。朱元璋知道后，狠狠地批评了陆仲亨，还把他降了职。

另外一个开国功臣费聚，受命去苏州安抚军民，到了之后，他每天饮酒作乐，不干正事；朱元璋又派他去西北地区招降蒙古人，结果无功而返。朱元璋也严厉地批评了他。

朱元璋向来以严酷著称，陆仲亨和费聚受了批评之后，非常害怕。胡惟庸乘机凭借权势对他俩威逼利诱，想把二人笼络到自己身边。二人见胡惟庸在朝廷里一手遮天，就投靠在他的门下，寻求庇护。

一天夜里，二人到胡惟庸家喝酒。借着醉意，胡惟庸对他俩说："我们做了很多违法的事，一旦被皇上察觉，该怎么办？"二人惊恐不安，连忙请教。胡惟庸接着说："你们到外地多收买军马，等我这边需要的时候，你们跟我一起干就是了。"胡惟庸说出这话来，摆明是准备造反了。

胡惟庸没料到，他的一举一动都在朱元璋的掌握之中。而且，朱元璋已经在寻找机会，准备对他下手了。

就在这个节点上，又发生了一件事，彻底把胡惟庸推向了死路。

胡惟庸的儿子在闹市骑马飞奔，一不小心撞在了一辆马车的横木上，因伤势过重而死。胡惟庸就把那个赶马车的人给杀掉了。朱元璋知道后，非常愤怒，下令让他偿命。胡惟庸提出赔偿对方金钱以换取性命，朱元璋不同意。

杀丞相，废制度

洪武十二年（1379 年）九月的一天，胡惟庸突然被朱元璋传唤入宫。一到宫里，他才知道，皇帝叫他来，只是为了一件小事。

原来，占城（今越南南部）使者到了皇城门外，礼部官员没有及时汇报，导致无人接待。受到冷落的使者只好驱赶着大象和马，在皇城门外转悠。守门的太监见状，连忙上前查问，才知道

他们的来意。

　　消息很快传到了朱元璋的耳朵里。朱元璋立即让人把占城使者请进宫里，热情招待。随后，他马上派人把胡惟庸及与这件事相关的官员叫来，严厉责问。

　　朱元璋冷冷地看着胡惟庸和众官员，阴沉着脸说道："我对四周的番邦采取安抚政策，有的国家怀着至诚之心前来进贡，我都以礼相待。现在占城使者来进贡，既然已经到了，你们就应该及时汇报，热情招待人家，可是你们却不管不顾。我让你们善待番邦，难道你们就是这样做的吗？"

　　胡惟庸吓坏了，连忙向朱元璋请罪。为了减轻自己的罪责，

胡惟庸把责任推到了礼部官员的头上。礼部官员却不肯承担责任。朱元璋更加生气了，下令以欺君之罪把他们都抓起来，关进监狱。

"屋漏偏逢连夜雨"，这时，胡惟庸的一名下属偷偷向朱元璋告发了胡惟庸，说他准备谋反。于是，朱元璋命令严查胡惟庸。

入狱第二年，胡惟庸因谋反罪被处死。李善长也受到了牵连。朱元璋顾念李善长与自己的旧情，没有治他的罪。其他人却没这么幸运。审查下来，受牵连的竟然达到上万人，并且，案件的影响一直持续了十年之久，前后有三万人牵涉其中。

杀了胡惟庸之后，朱元璋废除了丞相制度，由皇帝直接管理六部。从此，明清两代再也没有设立丞相。

知识加油站

番邦：古代泛指中原以外地区的少数民族或外族。

礼部：中国古代官署名。是掌管全国礼仪、祭祀、人才选拔、接待外宾等事务的最高机构。

弹劾：由国家的专门机关对违法失职或职务上犯罪的官吏采取揭发和追究法律责任的行为。

奏折：明清两代官员向皇帝汇报工作的一种文件。

欺君之罪：欺骗君主的罪行，在封建时代属于重罪，会被处死。

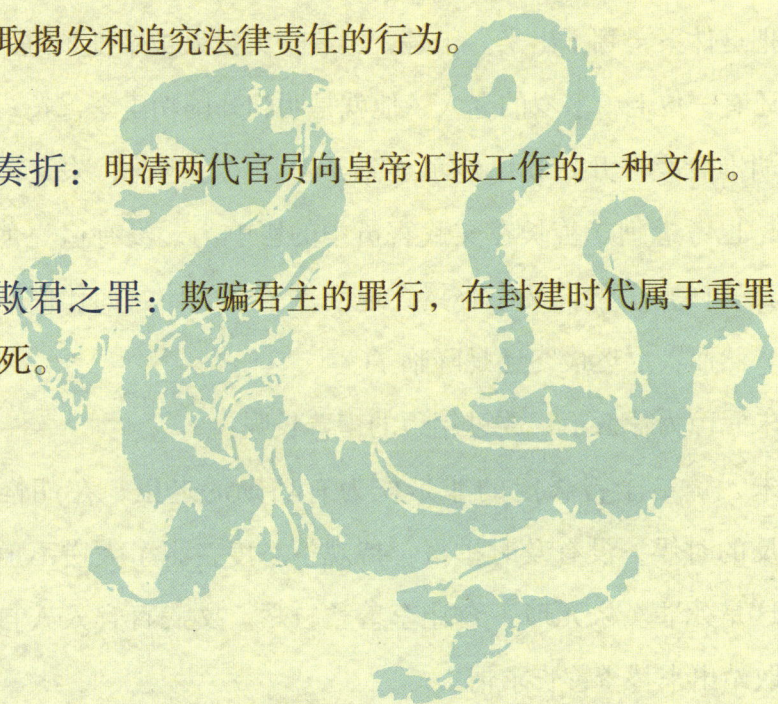

朱元璋教太子

带刺的棘杖

一转眼，胡惟庸案已经过去了十年。朱元璋不知道怎么想的，再次把这件案子翻了出来。于是，又有一大批人被牵扯了进来。其中，还有一位七十多岁的老人，他就是明朝开国功臣李善长。

胡惟庸案一开始就已经牵连到李善长了，当时，朱元璋顾念旧情，也考虑到李善长在文武官员中的影响力，没有追究他的罪责。就这样，李善长又小心翼翼地度过了十年伴君如伴虎的政治生涯。然而，厄运最终还是降临了。

朱元璋为什么不肯放过年迈的李善长呢？

朱元璋给李善长定的罪是作为有功勋的老臣，在胡惟庸准备谋反的时候，没有及时举报，持观望态度，犯了大逆不道的罪行。这是死罪。朱元璋下令让李善长自尽。文武百官人人自危，没人敢站出来替李善长求情。

这时，太子朱标站了出来，为李善长求情，朱元璋沉默了。

第二天，他让人把朱标叫来，命人把一根长满尖刺的棘杖扔在地上，让朱标把它捡起来。朱标看了看，脸上露出为难的神情。朱元璋命人把棘杖上的刺全部削掉，再让朱标去捡。这回朱标轻松地捡了起来。

朱元璋对朱标说："棘杖上有刺，你怕伤了手；我现在把刺削掉了，你就可以把它拿在手中了。"

最终，朱标还是没能保住李善长的性命。两年后，太子朱标也因病去世。他虽然捡起了那根削掉刺的棘杖，却没能接过父皇准备交给他的那柄权杖。

从世子到太子

朱元璋没想到，自己最疼爱、最看重、倾尽毕生心血培养的太子，竟然先自己而去。向来冷酷无情的朱元璋伤心不已，失声痛哭。上一次流泪，还是十年之前马氏去世的时候。

朱标是他和马氏所生的第一个儿子。当年，朱标的出生曾带给朱元璋无限惊喜。

那会儿，朱元璋正率兵在外打仗。后方突然传来一个好消息，马氏给他生了一个儿子。朱元璋大喜，一口气跑到当地的一座山上，在山石上刻下"到此山者，不患无嗣"。意思是，只要到了这座山上，就不用愁没有后代。

朱元璋对朱标寄予厚望，从六岁起，就安排宋濂等有名望、有才学的儒生给他当老师，教授文化知识，进行品德教育。

朱元璋自封吴王，立朱标为世子。朱标十多岁时，朱元璋让朱标回乡祭祖，并对他说："你从小生长在富贵之家，过惯了安逸的生活。去外面看看，可以体验骑马奔波的辛苦，要好好观察百姓的劳动和生活，了解获取衣食的艰难。到老家后，要多拜访父老乡亲，明白我建功立业的不易。"

有一次，朱元璋外出的时候，带着朱标参观农家，指着道旁的荆楚说："古人用这个做刑具，虽然令人受伤，却不至于死。古人用心真是仁义厚道，儿子你一定要记住。"

朱元璋称帝以后，立即把朱标立为太子。当时，朝廷刚刚成

立了中书省，大臣们请求让朱标当中书令。朱元璋不同意，说："我儿子年龄还小，学识不够，经历的事情也少，应该好好向老师们学习古今知识，掌握处事方法。将来国家大事，都要让他知道，何必要当中书令呢？"

名师出高徒

朱元璋给朱标安排了全国最厉害的师资队伍。李善长、徐达、常遇春等开国名臣名将都曾担任过朱标的老师。

朱元璋还在宫中设立收藏各种图书的学堂，让老师们轮班为朱标和他的弟弟们讲课，同时，从国子监学生中挑选出优秀的青年学子为太子伴读。朱元璋让老师们对朱标严格要求，一切遵照礼法行事。为了检查朱标及其他儿子的学习成果，朱元璋时常在宫中安排宴会，与大家一起赋诗填词，谈论古今大事。

朱元璋对老师们说："我的孩子们将来是要治国管事的，最好的教育方法是正心，心若正，什么事都好办；心不正，就会生出各种邪念，这是不行的。你们要教会他们实际的才学，不能像一般老师那样，光是背诵文章，那没什么好处。"

为了更好地对朱标进行品德教育，朱元璋专门安排一些思想道德高尚的老师，让他们教授太子如何做皇帝，了解从古到今王朝成功和失败的案例，明白农民耕种的艰辛。

按照一般做法，太子所在的东宫要设立一班官员以辅佐太

子。朱元璋没有这样做，直接把自己的一班官员安排在东宫。父子二人共用一班官员，一旦朱元璋外出征战，那么，就由朱标统领文武百官，处理国事。这对于朱标在百官中树立威望有着非常大的作用。

在良好的教育环境下，朱标成长为一个温和宽容、谦虚好学的优秀青年。

英年早逝

朱标二十二岁时，为了锻炼他的执政能力，朱元璋下令，以后所有的政事都要向太子汇报，由他处理，然后再向自己汇报。他对朱标说："我让你每天和群臣见面，听取汇报，学习处理政事，你要记住几个原则：一是仁，做到仁厚就不会过于粗暴；二是明，做到明察就不会被奸臣迷惑；三是勤，做到勤恳就不会沉溺于安逸的生活；四是断，做到决断就不会刻板地执行法律制度。我从当上皇帝以来，从来没有偷过懒，所有的事务，生怕处理得有一点儿不对，辜负上天的托付。我天不亮就起床，一直到半夜才休息。这些你都亲眼看见的。你能够向我学习，也这样做，才能保住天下。"

朱标没有辜负父亲的教导，无论是待人处事，还是治国理政，都展示出优秀的德行与才干。与父亲朱元璋的严酷残暴不同，朱标非常仁慈和善。弟弟们犯了错误，朱元璋要惩罚他

们，朱标为他们求情；大臣们受到朱元璋严厉责罚，朱标也为他们求情。

有一次，朱元璋派朱标和一个性情残暴的官员一同审理犯人，那个官员按照大明律行事，要处死那些犯人。朱标不忍心，希望从轻处理。两人争执不下，去找朱元璋评理。朱元璋支持那个官员的做法，朱标仍然坚持自己的做法。朱元璋很生气，对朱标说："等你将来当了皇上再这样做吧。"

朱标的老师宋濂，他的孙子牵连进了胡惟庸案，朱元璋打算连宋濂一起处死。朱标为宋濂求情，朱元璋不准许。朱标不死心，又找母亲马皇后说情，这才保住了宋濂的性命。

朱元璋打算迁都西安，就派朱标前往陕西巡视，同时，还给他安排了另外一个任务——调查秦王朱樉在当地的作为。原来，朱樉被封到陕西之后，经常做一些违法乱纪的事情，直到他被朱元璋召回南京。由于一时没有掌握相关证据，朱元璋还没有对他进行处罚。朱标完成任务回来后，向朱元璋献上陕西的地图，又替弟弟朱樉说情，朱元璋这才放朱樉回去。

巡视回来不久，朱标生了重病。即使在病中，他也不忘公务，向朱元璋上书，汇报关于筹建新都城及迁都的事情。

洪武二十五年（1392年），朱标病逝。朱元璋亲赐谥号"懿文太子"，并将朱标的儿子朱允炆定为皇位继承人。

知识加油站

世子：古代帝王、诸侯的嫡子。后世称继承王位、爵位者为"世子"，多由长子充任。

荆楚：荆，灌木名。古代用荆条做成刑杖，还用来称呼自己的妻子，又用作地名，荆为楚国的别称。荆楚是指古域包括现今湖北全域及其周围，现指湖北省。

谥号：古代对死去的皇帝、皇后、诸侯、大臣及其他地位很高的人，按其生平事迹进行评定后，给予或褒或贬或同情的称号。

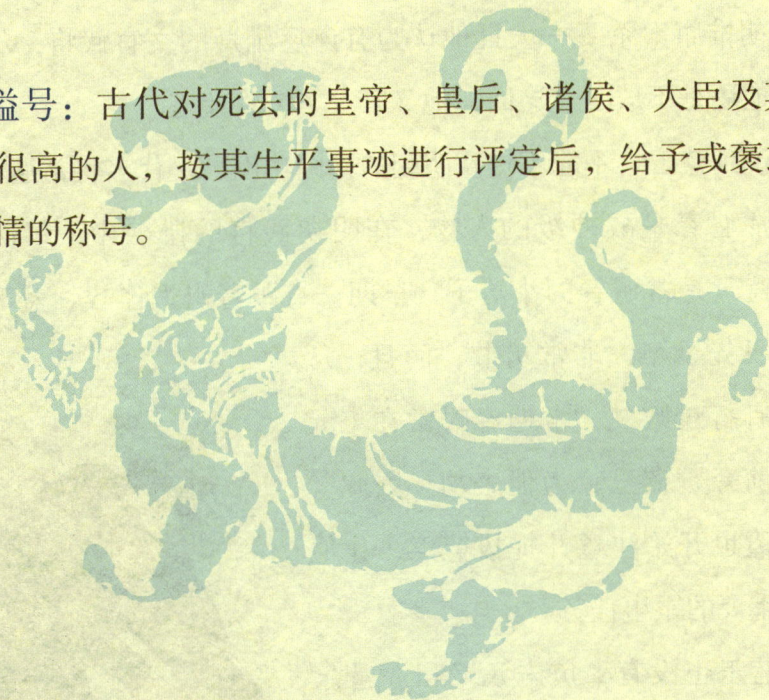

蓝玉案

战功卓著

朱元璋疑心极重，生怕自己死后手下人造反。因此，他才通过胡惟庸案杀了一大批他认为有谋反嫌疑的文官武将，尽管如此，他还是不放心。这回，他又盯上了名将蓝玉。

说到蓝玉，不能不提及明朝的开国功臣、一代名将常遇春。

常遇春是战神级的人物，在明初武将的排名中，仅次于徐达。蓝玉是常遇春的小舅子，早期一直跟着姐夫作战。蓝玉打起仗来身先士卒，非常勇敢，而且，从来没有打过败仗。常遇春时常在朱元璋面前夸赞蓝玉，为他表功。因此，朱元璋也开始注意并提拔蓝玉，让他承担重要的军事任务。

蓝玉也没有辜负朱元璋和常遇春的期望，一路征战下来，建立了不少

军功，职位也越来越高，被朱元璋封为永昌侯，赏赐世券。

两年后，蓝玉出征并平定云南，又立下赫赫战功。朱元璋册封他的女儿为蜀王妃。这下，蓝玉跟皇帝成了儿女亲家。

朱元璋的赏识与恩赐，使蓝玉越来越张狂。他蓄养了很多家奴和干儿子，并纵容他们为非作歹，祸害百姓。有一次，因为蓝玉的手下强占了百姓的田产，御史按照朝廷规定前往责问，却被蓝玉痛打一顿赶了出去。按照规定，军队中高级将官的升降和任

免，应该向皇帝汇报。蓝玉却不管这一套，时常自作主张，任意升降、任免手下将官。为此，朱元璋没少批评他。

有一年，北元军队入侵。朱元璋封蓝玉为征虏大将军，率领十五万将士出塞北，征战北元残部。队伍行进到庆州（今内蒙古赤峰巴林左旗）时，侦察到北元的君主在捕鱼儿海（今贝尔湖），蓝玉下令急行军，星夜兼程，到了一个叫百眼井的地方。这里距离捕鱼儿海只有四十里地，却看不到北元军队。蓝玉命令士卒在地上挖坑，把锅安在坑里做饭，以避免被敌军看到烟火。吃完饭后，蓝玉下令军队趁天黑继续前进，终于在捕鱼儿海东北八十多里的地方发现了北元军队。

北元军队以为明军带的水和粮草不够，追不上他们，就没有防备。那天，大风扬沙，白天昏黄一片，明军乘机突袭。北元军队措手不及，匆忙迎战，结果大败。明军斩杀了北元军队的最高军事长官，北元军队投降。北元的君主和太子带了几十人骑马逃跑。蓝玉派精兵追赶，没追上。但北元皇亲国戚、大小官员及百姓七万余人都被明军俘虏了去。

得胜之后，蓝玉班师回朝，途经喜峰口关（今唐山迁西附近）时，发生了纵兵毁关事件。

纵兵毁关

当蓝玉率领军队抵达喜峰口时，已经是深夜。

城楼上的守卫士卒谨慎地向下观望，只见下边旌旗招展，人头攒动，一大队人马如潮水般拥向城门。为首的军官在城楼下大声叫嚷着，说蓝大将军班师，要求速速打开城门迎接。

守城的士卒不敢回应，赶紧去向值班的头目汇报。头目睡眼惺忪地走上城楼，往下看了看，又往远处眺望了一番，黑压压的队伍，一眼望不到头。

按照军中规定，夜里是不能打开城门的，因为无法判断要进城的是敌人还是自己人。作为军事要塞的守军，当然更要严格执行规定。

头目犹豫了一下，朝下面喊道："这大半夜的，谁知道你们是不是冒充蓝大将军的队伍。不能开！等天亮再说！"

那个军官见叫不开城门，掉转马头，向蓝玉汇报去了。

蓝玉勃然大怒，厉声问道："你可告诉守将，是我到了吗？"

军官答道："属下已经告诉他们了，是永昌侯蓝大将军班师归来，让他们马上开门迎接，可是他们不听啊！"

蓝玉更加生气了，大手一挥，指向城楼，下令道："给我攻城，打进去！"

城楼上的守军见下面的队伍做出攻城的架势，慌了手脚，不知如何是好。蓝玉的队伍刚刚打了胜仗回来，气势正旺，要攻破

这样一道城关，易如反掌。更何况，在双方对峙的过程中，城上的守军已然隐隐猜到，下面的队伍可能真的是自己人。因此，守军并没有进行有力的抵抗，任由蓝玉的军队毁掉城门，一拥而入。

居功自傲

听说蓝玉纵兵毁关的事情之后，朱元璋有些不高兴。等蓝玉回到京城以后，朱元璋先是肯定了他的战功，把他比作汉武帝时击败匈奴的大将军卫青和唐代的名将李靖。朱元璋虽然没有追究蓝玉纵兵毁关事件，但是，把原定给蓝玉的梁国公的封号改成了凉国公，并且把他的过失记录在世券上。

蓝玉不以为然，在朱元璋为他举行的庆功宴上摆出一副功高盖世的架势，态度非常傲慢。朱元璋心里很不痛快，但考虑到蓝玉打仗厉害，以后还要指望他领兵作战，就没有指责他。

过了两年，蓝玉奉命西征，又立下许多战功。回到京城之后，朱元璋封他为太子太傅，他嫌头衔不够大，私下发牢骚说："我难道不可以做太师吗？"朱元璋听说后，心里更不痛快了。以后，只要是蓝玉向他汇报的事，一概不予批准。

蓝玉案发

　　常遇春的女儿，也就是蓝玉的外甥女常氏，是太子朱标的正妻，蓝玉自然就成了朱标的舅舅。因此，蓝玉和朱标的关系很好，经常往来交流。

　　有一次，蓝玉从北平回到京城，见到朱标，对他说，燕王朱棣将来可能要谋反。这话传到了朱棣耳朵里，令他很是恼火。朱棣进京觐见朱元璋的时候，说包括蓝玉在内的功臣们居功自傲，恐怕将来会谋反。

　　朱标还没等继位就病死了，朱元璋指定朱标的儿子朱允炆为

皇位继承人。朱允炆是庶出，不是常氏生的，蓝玉与他没有血缘关系。这令朱元璋很不放心。

朱元璋原本想把蓝玉留给朱标，以防将来哪个藩王造反，或者有外敌入侵的时候，好让蓝玉带兵平叛或御敌。不料，朱标竟然比自己死得还早。朱元璋知道，按照蓝玉的行事作风，自己死了以后，孙子朱允炆很难掌控他。于是，朱元璋决定提前为孙子去除隐患。

洪武二十六年（1393 年），锦衣卫指挥使指控蓝玉谋反，说他和其他几名侯爷及朝廷官员策划谋反，准备趁着皇帝出行的时候作乱。于是，朱元璋将蓝玉下了大狱，很快就把他杀掉了。受蓝玉案牵连的人，多达一万五千余人。这些人，包括蓝玉在内，大多被灭了族。

知识加油站

世券：明代皇帝赐给功臣，使其世代享有特权的凭证。外观似屋瓦，大小依官爵高低分为九等，外边书刻受赐者的功劳，里边书刻其过失。世券分为左右两片，左片由受赐者保存，右片由朝廷保存。如果受赐者的子孙犯了罪，取出世券，进行对照，根据其上记载的功过予以赦免或减刑。

御史：古代官名。历代御史职责分工略有不同。明代的御史主要负责监督官员的违法乱纪行为，并向皇帝汇报。

太子太傅：太傅和太师、太保，名义上都是辅佐太子、教导太子的官员，但是，他们不一定专门负责教导太子，也可能是皇帝赏赐的官衔。其中，太师地位最高，往下依次是太傅、太保。

庶出：旧时指妾所生子女。

藩王：皇帝分封到各地的王，一般是皇帝的兄弟、儿子，偶尔也有功臣。另外，少数民族的首领也叫藩王。

明代的特务机构

检校

"四鼓咚咚起着衣，午门朝见尚嫌迟。何日得遂田园乐，睡到人间饭熟时。"年近八旬的老儒生钱宰打了个哈欠，看着案头堆积如山的书册，信口吟出一首诗来。

钱宰是朱元璋专门下诏请到朝廷来编书的，他岁数大了，每天要早起上朝，再伏案写书一整天，实在是吃不消。

第二天清晨，钱宰上朝。朱元璋一见他便说："昨日作的好诗。不过我并没有嫌你迟啊，迟改作'忧'字如何？"钱宰吓得赶紧磕头谢罪。

钱宰没想到，自己不过在私底下随口念了一首发牢骚的诗，竟然这么快就被皇帝知道了。幸亏朱元璋没有怪罪他，看他年岁已高，就让他告老还乡了。

虽然身处深宫之中，朱元璋却对下边官员们的一言一行了如指掌。他是怎么做到的呢？

　　原来，朱元璋为了随时了解文臣武将们的动态，专门设置了检校一职。检校的官不大，权限却不小。他们的主要任务是搜集监听京城里大小衙门官吏的不法言行，随时向皇帝汇报。

　　有一次，大学士宋濂在家里请客。第二天，朱元璋见到他时，问他昨天是不是请人喝酒了，都请了哪些人、吃了什么菜。宋濂老老实实地一一回答。朱元璋高兴地说："这就对了。你没有欺骗我啊。"

　　宋濂惊出一身冷汗，幸亏他向来没有撒谎的毛病，否则，只要说一句假话，就犯了欺君之罪。

　　有一天，国子监祭酒宋讷在家中生闷气。第二天上朝时，朱元璋问他，昨天为什么生气？宋讷大吃一惊，没料到自己在家里生闷气的事情都没能逃过皇帝的耳目。原来，朱元璋早就安排检校把宋讷生气的样子偷偷画了下来。

　　宋讷不敢隐瞒，如实汇报了自己生气的原因。朱元璋表扬了他的诚实，还把那幅画也赏赐给了他。

　　检校，就像朱元璋的千里眼、顺风耳一样，无处不在。京城里但凡有一点儿风吹草动，都通过检校传到朱元璋那里。在检校的监视下，各级官吏都谨言慎行，生怕说错什么或者做错什么而被抓住把柄。

　　检校虽然有向皇帝直接汇报的权力，但是，他们不能抓人。真正令官员们闻风色变的是锦衣卫。

锦衣卫

　　检校搜集到官吏们的不法言行，汇报给朱元璋之后，还得朱元璋亲自处理，太麻烦。为了减少工作量，提高工作效率，朱元璋又设立了锦衣卫。

　　锦衣卫通常身穿华丽的飞鱼服，腰间佩带锋利的绣春刀。皇帝出行时，锦衣卫紧随左右护驾，威风得很。然而，这只是锦衣卫表面上的任务，他们真正的工作重心是抓人和杀人。

　　锦衣卫要抓人，不需要经过任何部门批准，因为，他们直接听命于皇帝。哪怕是皇亲国戚，只要有罪证掌握在他们手里，也照抓不误。锦衣卫抓到人之后，押解到京城镇抚司的诏狱里，给犯人上各种惨无人道的刑具，进行审讯。几番折腾下来，就算犯人是钢筋铁骨，也经受不住。为了少遭罪，犯人只能赶紧招供，

在锦衣卫拟好的罪状上签字画押。

在明初的"空印案""郭桓案""胡惟庸案"和"蓝玉案"中，都有锦衣卫的身影。被锦衣卫抓起来的人，基本上没有能活下去的。

朱元璋为了羞辱、恐吓不听话的大臣，恢复了元代的廷杖刑罚，就是在朝堂上用大杖责打官员的屁股。执行这一任务的，还是锦衣卫。打板子这事儿，可轻可重。然而，落到锦衣卫手里，可就要命了。打得轻的，也得回家趴在床上休息几个月才能下地；打得狠的，当场直接就打死了。

锦衣卫有权在镇抚司的诏狱里审讯犯人，也有权在朝堂上廷杖大臣。

如果把检校比作朱元璋的千里眼和顺风耳，那么，锦衣卫就是他的尖牙和利爪，加强其中央集权。

在皇帝的支持下，锦衣卫的权力实在是太大了，出现公权私用、打击报复的情况。锦衣卫的胡作非为、暴戾凶残引起了百官的公愤。朱元璋看到这些弊端，就下令烧毁了锦衣卫的刑具，把剩下的犯人都移送到了刑部审理。为了平息众怒，朱元璋还下令处死了当时的锦衣卫指挥使。

后来，朱元璋下令，锦衣卫不再从事抓捕审讯的工作，一切由朝廷的相关部门处理。自此，锦衣卫又回归到原来的工作职责，仅以皇帝的侍卫身份存在。

东 厂

明成祖朱棣登基以后，为了加强对文武百官的控制，恢复了锦衣卫捕杀罪犯的权力。迁都北京后，又增设了北镇抚司（与南京的南镇抚司相区别）。然而，他总觉得这还不够。因为，锦衣卫与官员们有着千丝万缕的关系，万一有人通风报信，就会影响到办案力度和效果。什么人最可靠呢？朱棣想来想去，想到了太监。

太监是皇帝身边的人，而且，大都来自于民间的贫苦人家，没有那么复杂的家族背景和社会关系，让他们来替皇帝对付文武百官，再合适不过了。于是，一个超越锦衣卫的特务机关就诞生了，这就是东厂。

东厂最初只有抓捕的权力，抓到人后，移交给锦衣卫和北镇抚司审讯。到了明末，东厂也设立了监狱。

东厂的首领叫厂主，也叫提督，由皇帝身边的亲信太监担任。其中最有名的，就是明末太监魏忠贤。

有一次，四个平民在密室里喝酒。其中一个喝多了，大骂魏忠贤，其他人赶紧劝他不要骂。这时，突然闯进来一帮东厂的人，把四个人抓起来，送到魏忠贤面前。魏忠贤下令把骂他的人当场杀死，剩下的三个人各赏点儿钱，放走了。

在历代太监们的掌管下，东厂处理了一些贪腐官吏，但制造了大量的冤假错案。对于这样的特务机构，当然没有人说好，却

也只是敢怒而不敢言。

现在北京王府井附近有一个东厂胡同，就是明代东厂的诏狱所在地。

西 厂

西厂是明宪宗朱见深创建的。与东厂一样，西厂也是由太监掌管的特务机构。朱见深任用自己的亲信太监汪直做西厂提督，全面监督百官。汪直为了升官发财，到处捕人杀人，制造冤假错

案，令百官人人自危。

文武百官一看这样下去，每个人都有被汪直捕杀的可能，于是集体上书，请求皇帝撤销西厂。这时，西厂才成立五个月。朱见深一看汪直犯了众怒，只好宣布撤销西厂。

没有了西厂，皇帝感觉自己的耳目不灵了。于是，一个月之后，皇帝又恢复了西厂，继续任命汪直掌管西厂。复出之后的汪直更加得意，行事更加猖狂，就连皇帝也对他逐渐不满起来。五年之后，汪直再度下台，西厂又解散了。

到了明武宗朱厚照时期，大太监刘瑾掌权，重新开设了西厂，由他的亲信担任提督。东厂和西厂都归刘瑾管辖，两拨特务不但祸害百官，而且谁也不服谁，时常内斗。

刘瑾倒台后，朱厚照解散了西厂，从此再也没有设立过。

知识加油站

诏狱：奉皇帝诏令拘禁犯人的监狱。

廷杖：古代皇帝在朝廷上杖责大臣之刑。

明代最高学府——国子监

国子监祭酒

　　为了给国家培养人才，朱元璋开办了一所学校，名为国子学，后来又改名为"国子监"。

　　国子监的最高负责人叫祭酒。能担当这一职务的都是很有学问的人。在上一章里，我们提到朱元璋曾派人给国子监祭酒宋讷画像。宋讷就是一位治学态度严谨、学识渊博的大学问家。他在元朝时就中了进士，还做过官，因为当时政治腐败，便辞官回乡隐居。明朝建立后，朱元璋听说他有大学问，就请他出山，先是让他编了几部书，后来又授予他文渊阁大学士。

　　有一次，宋讷一边读书，一边烤火取暖，由于读书过于专注，火烧了衣裤都没察觉，直到火烧痛了皮肤，他才醒过劲儿来。朱元璋听说后，既佩服他认真专注的学习精神，又担心他的行为会引起火灾，为此还专门写了一篇文章警示宋讷和其他人。不久，朱元璋就任命宋讷做了国子监祭酒。国子监的制度本来就

严格，宋讷的管理风格更是严上加严。

制度森严的国子监

　　祭酒的下面，设有监丞、典簿、掌馔（zhuàn）、典籍等职位。

　　监丞掌管纪律，不仅管学生，还管老师。学生不好好学习，老师不好好教书，都是他管理的范围。

　　典簿主要负责管理开支。

　　掌馔主要负责伙食供应。

典籍主要负责管理图书典籍。

国子监的老师有博士、助教、学正和学录等，称谓不同，级别不同，具体分工不同。

如果学生不守规矩，学得不好，那么，老师就要承担责任，接受处罚。这个处罚不是批评，也不是解聘，而是刑罚。

有一个学生，出了一期"墙报"，控诉国子监的管理太过严酷，提出强烈抗议。当时的祭酒正是宋讷，他认为这个学生犯了侮辱师长罪，按照国子监的规定，应该打一百板子，然后送去服兵役。然而，宋讷把这件事汇报给朱元璋后，朱元璋听了非常生气，下令法外加刑，把这个学生给杀了，还在校门口立了一根长竿，枭首示众。从此以后，再也没有学生敢对国子监的管理发半句牢骚。

待遇优厚的国子监

尽管国子监的管理如此严苛，可众多学子还是渴望能够进入这里学习。因为，只要进入国子监，毕业后就能做官，而且，朝廷给予国子监的待遇是非常优厚的。

明朝初期，朝廷给官员发放俸禄主要是以粮食的形式体现，后来经过调整，开始实行钱粮并行。因此，朱元璋时期国子监的人领到手的俸禄，也多是粮食。

学生们在国子监上学，不用交任何费用，还能免费领取衣服

及生活用品。已婚的学生，可以带着妻儿入学，每月领取粮食。

为学生家属提供粮食，是马皇后提议实行的，在本书第二章里有过介绍。皇帝有时也发放福利，学生的父母、妻子也有份儿。福利有时候是布匹，有时候是钱。

国子监的优厚待遇不止这些，对于学生们来说，最好的待遇是毕业之后就可以当官。

从国子监出来的学生，有当二品大官的，也有当九品小官的。能当什么品级的官员，要看学生的表现。对于学生的表现评定，朝廷有一整套的考核流程。

学生一旦通过朝廷的考核，就被选拔为官员，从此吃穿不愁。有政治理想和抱负的人，也就有了实现的机会和平台。

国子监的学习任务

国子监培养出来的人才，都是国家栋梁之材。最初的生源以官生为主，民生为辅。官生是由皇帝指定的功臣、贵族子弟。由于大多数开国功臣先后被朱元璋满门抄斩，自然也就没有什么子弟可以入学了。剩下的一些贵族子弟，即使不入国子监，也能接班做官。如果不是皇帝指派，他们自然也不想去国子监。

民生是各府、州、县的地方官保送的学生。既然官生生源不足，那么，民生的生源自然就增加了。各府、州、县，从各自的地方学校里选出一两名最优秀的学生，送到国子监读书。因此，

国子监是全国优秀学子集中的场所。

除地方学校优秀生保送外，还有举人也可入选国子监读书。

国子监的功课主要有《御制大诰》《大明律》"四书""五经"等。日常内容有三项，一是写字，二是背书，三是写文章。

国子监的没落

正德年间，明武宗朱厚照微服私访，走到国子监门前，看到一根长竿孤零零地立在那里，就问手下人，这根竿子有什么用。手下人回答，是用来挂学生脑袋的。朱厚照说："学校怎么可以

做刑场？再说，哪个学生敢违抗我的法令！"于是，命人把长竿撤了。

此时的国子监，早已没有了往日的风光。房屋长时间没有维修，变得破烂不堪；学生也没有多少了，人们再也看不到上万人一起诵读的场景了；在这里学习，不再享受免费的食宿，更没有朝廷发放的衣服和粮食……

朝廷已经不再重视这个学校。因为，官员的任用主要通过科举选拔。国子监的学生出来，不再像以前那样直接就可以做官了。

国子监，最终随着时代的变迁没落了。

知识加油站

枭首示众：古代一种酷刑，把人头砍下来，高高挂起，以警示众人。

举人：明代，通过科举考试中的乡试的考生，被称为"举人"。

"四书"：《大学》《中庸》《论语》《孟子》的统称。

"五经"：《诗经》《尚书》《礼记》《周易》《春秋》的统称。

微服私访：皇帝或官员穿着平民百姓的服装私底下访察民情。

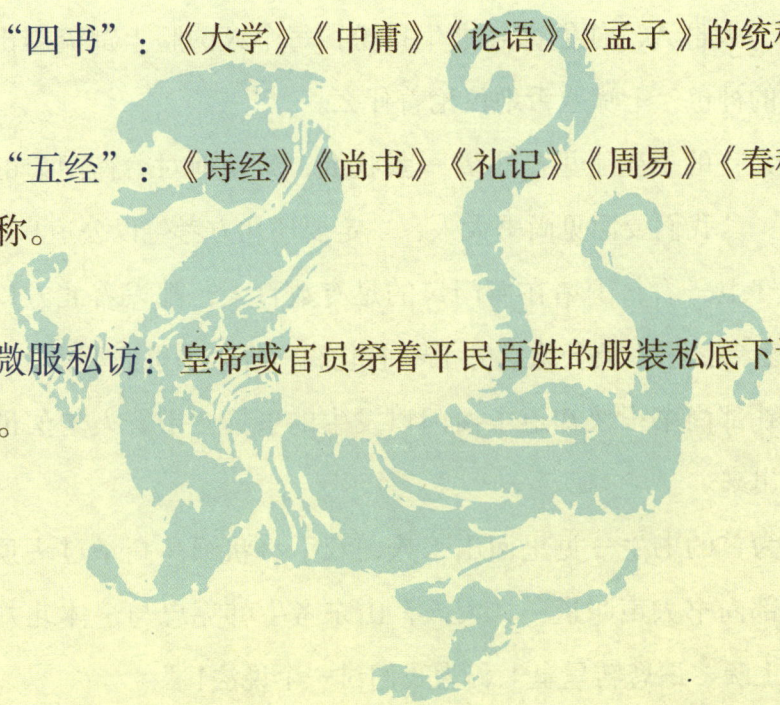

南北榜案

落榜的北方考生

洪武三十年（1397年）三月的一天，应天府礼部的衙门口聚集了一大群人。他们都是书生打扮，每个人的脸上都流露出愤愤不平的神色，七嘴八舌地议论着什么。

为首的书生手里高举着一张状纸，激动地对着衙门口的守卫说道："我们要面见尚书大人，一定要还北方考生以公道！"

守卫一看，围堵在衙门口的足有数百人，都操着北方口音，呼喊着要公平、要公道。守卫不敢耽搁，赶紧去里面汇报去了。

礼部尚书很快知道了衙门口发生的事情，带着人匆匆忙忙地走了出来。

为首的书生一见里面出来人，双手将状纸高高举过头顶，冲着礼部尚书大声叫道："大人，山东考生韩克忠与全体北方考生联名上疏，请您转呈皇上，为我们讨一个说法！"

"北直隶（今河北）考生任伯安讨一个说法！"

书生们争着拥上前来，纷纷报上自己的籍贯和姓名。

礼部尚书知道，该来的终究还是来了。在刚刚揭榜的礼部科举会试录取名单中，五十二名入选考生，全都是南方人，北方考生一个都没录取。大明开国三十年来，这还是头一回。

礼部尚书只得好言劝慰众人，答应他们一定会向皇帝汇报这件事，尽快给大家一个交代。

"主考官刘三吾偏袒南方考生，一定要严查！"人群中又冒出来一句。

"对，还有副考官白信蹈，要一并严查！"有人附和道。

礼部尚书无奈地频频点头，连声许诺。在礼部尚书的再三劝

慰下，众人这才渐渐散去。

这个刘三吾到底是什么人？竟敢在科举考试中徇私枉法！

主考官刘三吾

刘三吾，湖南茶陵人，在元朝的时候就做过主管教育的官员。明朝建立以后，刘三吾经人举荐，进入朝廷做官。当时，他已经七十三岁了。

朱元璋很赏识刘三吾，接连给他升官，一直升到翰林学士。刘三吾博学多才，写得一手好文章。朱元璋制定的《大诰》和《洪范注》，序言都是刘三吾写的。奉朱元璋的命令，刘三吾主持编写了多部著作。朱元璋对此很满意，给予刘三吾丰厚的赏赐，鼓励他编著更多的好书出来。

上朝的时候，朱元璋让刘三吾站在侍卫的前面；宴会的时候，让他坐在离自己不远的地方；朱元璋偶尔写了诗，就让刘三吾唱和一首。这样的礼遇，一般人是得不到的。

刘三吾为人慷慨大度，不设城府，在大事上坚持原则，毫不退让。太子朱标去世后，朱元璋召见群臣时，失声痛哭。刘三吾说："应该由皇孙（指朱允炆）做皇位继承人，这是合乎礼仪制度的。"朱元璋采纳了他的建议。

明朝的礼仪制度和三场科举取士法，都是刘三吾主持制定。

三场科举取士法指的是通过乡试、会试和殿试为国家选拔优

秀人才。

在乡试之前，还有一场院试。院试指的是由县或府一级教育部门组织的考试，凡是上过私塾、读过书的人（称为"童生"）都可以参加。录取者被称为"秀才"，可以进入官府举办的学校里读书学习，继而获得参加乡试的资格。因为院试是最初级的筛选考试，相当于科举考试的一块敲门砖，所以不列入三场科举考试的范围。

乡试指的是由省一级教育部门组织的考试，参加者都是秀才，录取后称为"举人"。举人的第一名称为"解元"。

会试指的是礼部组织的考试，参加者都是举人，录取后称为"贡士"。贡士的第一名称为"会元"。

殿试指的是由皇帝主持的考试，参加者都是贡士，录取后称为"进士"。进士的前三名，分别称为"状元""榜眼""探花"。

这一年，朱元璋任命时年八十五岁的刘三吾为主考官，命白信蹈为副考官，主持当年春季的会试。

按照常理，既然三场科举取士法都是刘三吾主持制定的，那么，由他来当主考官，自然是没什么问题的。然而，问题偏偏出在他这儿。

考试结束后，一发榜，北方考生全部傻眼了。五十二名贡士里头，江西泰和考生宋琮位列头名，高中会元，依次往下，上榜的全是南方考生，一个北方考生都没有。

乡试和会试，都是三年一考。这等于北方考生三年的功夫白

下了。于是，北方考生不干了，都说是刘三吾徇私枉法，偏袒南方考生。因为，刘三吾就是南方人。

严厉查处

会试过后，紧接着就是殿试。在殿试的过程中，朱元璋发现参加的都是南方考生，觉得有些不可思议，但还是亲自指定福建考生为状元。

这时，礼部尚书把北方考生围堵礼部衙门的情况向朱元璋做了汇报，把考生们联名写的状纸也递了上去。

朱元璋看到有这么多的北方考生联名上疏，也怀疑刘三吾和白信蹈有问题。于是，他命令侍讲张信重新阅卷，以确定是否有优秀的北方考生被漏掉了。新科状元也参与了重新阅卷。张信把所有的考卷从头捋了一遍，仔细比对，认真推敲，发现北方考生的试卷水平的确不如南方考生。不仅如此，北方考生的试卷里还有一些禁忌的字眼和词汇。

古代科举考试要求很严格，考生不得使用皇帝名字、庙号中所含的字词；如果用了，就是犯禁，会丢分，甚至试卷都会作废。

张信根据试卷内容所体现的质量和水平，重新排了序，得出的结果与原来的差不多，北方考生依然没有入选。有人建议张信适当调整一下，收录一些稍微好的北方考生，以平衡南北考生的录取比例。张信坚持原则，不愿意违心处理。为了证明自己是

公正处理，还特意把北方考生的试卷留作证据，呈给朱元璋亲自过目。

朱元璋在听取张信的汇报之后，非常生气。他指责张信与刘三吾串通一气，共同作弊，故意把北方考生里考得最差的试卷拿给自己看，以隐瞒真相。面对皇帝的质疑，张信就是长了一百张嘴也说不清楚。朱元璋盛怒之下，把张信和刘三吾、白信蹈抓了起来，准备治罪。

新科状元对朱元璋的处理结果很是不满，觉得自己作为状元，应该为南方考生说句话。于是，他联合全体新科进士，联名向朱元璋上疏，说北方考生故意借机闹事，应该严惩。

北方考生得知后，群情激愤，闹得更凶了。

为了平息北方考生的怒火，朱元璋只好把新科状元也抓了起来。新科状元觉得自己委屈，就写了几句诗发牢骚，朱元璋知道后大怒，将他和张信、刘三吾、白信蹈一同治罪。结果，除了刘三吾被发配戍边，捡了一条命，其他三人全被处死。

南北分榜

当年六月，朱元璋命令翰林院的大臣们从落榜北方考生中选出六十一名成绩优秀的考生。随后，他在奉天殿亲自主持殿试。

朱元璋先出考题，叫"制策"，然后，考生应对，叫"对策"，也叫"廷对"。在礼部衙门带头闹事的山东考生韩克忠高

谈阔论，应答如流，令朱元璋很是满意，钦点他为头名状元。河北考生任伯安及其他参加殿试的北方考生，也都被录取为进士。

三月的考试录取的全是南方考生，因此叫南榜；由于是在春季举行，又叫"春榜"。

六月的考试录取的全是北方考生，因此叫北榜；由于是在夏季举行，又叫"夏榜"。

这场由科举考试引发的大案，历史上称为"南北榜案"。自此以后，除了永乐年间，其他时期都根据考生所在地域不同，采取南北分卷，或者南北中分卷的方法取士。

知识加油站

上疏：古代臣子向皇帝呈递文书，反映问题。

尚书：明代吏、户、礼、兵、刑、工等六部的主官称为"尚书"。

翰林学士：古代官名，历代权限职责略有不同。主要负责与皇帝相关的文字工作，并向皇帝提供咨询建议。明初增设翰林学士承旨居其上。后革承旨，以其为翰林院长官。

庙号：皇帝死后，在太庙立室奉祀，特立名号，如某祖、某宗等。

连中三元：在乡试、会试、殿试中都考第一名被称为"连中三元"。

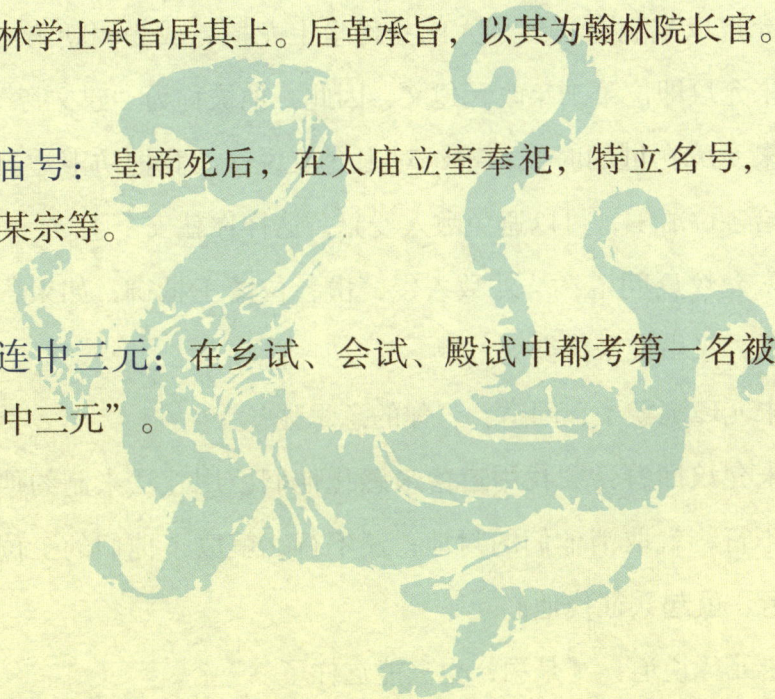

靖难之变

建文削藩

南北榜案过后的第二年，明朝开国皇帝朱元璋去世。皇太孙朱允炆以皇位合法继承人的身份坐上龙椅，成为明朝第二任皇帝。朱允炆即位第二年改元建文，因此，他被称为"建文帝"。

朱元璋在世的时候，曾经对朱允炆说："我把防卫边疆的任务交给各位藩王，可以避免敌人侵犯，这样你就安全了。"

朱允炆反问道："外敌入侵，由各位藩王抵御；如果各位藩王造反，又由谁来抵御呢？"

朱元璋沉默了，问道："你的意思呢？"

朱允炆回答："我用道德来感化他们，用礼法来制约他们；如果不行，就取消他们的封地；还不行，就废了他们的王位；实在不行，就起兵征伐他们。"

朱元璋说道："是啊，也只能这样了。"

为了防止藩王作乱，朱元璋在去世前，特别交代，不许藩王

进京吊孝，只能在各自封地祭奠。燕王朱棣本来已经在去往都城的路上了，收到消息后也只好停下。

在朱元璋的精心安排下，朱允炆顺利登基。然而，新上任的皇帝心里还是觉得不踏实。因为，各位藩王手里都掌握着几万、十几万的大军，对于朝廷来说，这始终是一个巨大的威胁。更何况，有的藩王，比如朱棣，根本就不把朱允炆放在眼里。

有一次，朱棣见到朱允炆时，竟然不以臣子的礼节向皇帝朝拜。大臣们都很不满，希望朱允炆治他的罪。朱允炆却认为他是自己的亲叔叔，并没有怪罪。

朱允炆有两个非常倚重的大臣，一个叫黄子澄，一个叫齐泰。朱允炆让他俩商量如何制约藩王。二人都建议削藩。齐泰的意思是先对燕王朱棣下手，因为他的实力最强，而且野心最大。黄子澄认为，应该先从周王和其他藩王下手，因为他们都曾有过不法行为；而且，周王和燕王是一母所生，把周王拿下，就等于除掉了燕王的手足。

朱允炆听取了黄子澄的建议，取消了周王及其他几个藩王的封地，削除了他们的藩王封号。有的藩王被废为庶人，有的藩王自焚而死，周王被下狱治罪。

燕王诈病装疯

见到皇帝开始对藩王下手了，朱棣心里开始打鼓。为了让朱

允炆对自己放心，他一边装病，一边试探着为周王求情。朱允炆有些不忍心，与黄子澄、齐泰商量。

黄子澄主张趁朱棣装病，派兵征伐。朱允炆觉得自己做得有些过分，想缓一缓再说，就没有治周王的罪，只是把他废为庶人。

　　为了随时探查朱棣的动静，朱允炆派了官员到朱棣的封地北平担任行政和军事要职，对他进行牵制；还派人进入朱棣的王府充当密探和内应；同时，在北平周边部署了大量兵力，以应对可能发生的军事变化。

　　朱元璋去世一周年的时候，朱棣派世子朱高炽（chì）带着两个弟弟去都城参加祭奠仪式。仪式结束后，三人被朝廷留了下来。

　　朱棣以自己病重为由，向朱允炆请求让自己的三个儿子回北平探望。齐泰想把三人抓起来。黄子澄认为，最好把他们放回去，这样，可以消除朱棣的疑虑，以便朝廷到时派兵突袭。

　　三个儿子被朝廷放回来以后，朱棣非常高兴，认为这是老天爷在帮助他。

　　朱棣手下有一个军官，向朱允炆举报，说另外两个军官想造反。于是，朱允炆派人把这两个军官抓到都城，处死了。朱棣担心朱允炆会继续追究自己的责任，就装起疯来，在街市上连叫带跑，抢别人的酒喝，满嘴胡言乱语，在土里睡觉，一睡就是一天。朱允炆派驻在北平的官员前去查看，看到朱棣抱着火炉

取暖。当时是夏天，朱棣浑身直打寒战，还连连叫冷。

燕王府里一名官员利用到都城办事的机会，告诉朱允炆，说朱棣是装疯。朱允炆让他回到燕王府继续监视朱棣，同时作为朝廷内应。

朱棣早已对这一切有所察觉，表面上却装作不知情的样子，还派另外一名官员到朝廷正常汇报工作。

齐泰扣留并审讯了这名官员，得知朱棣准备举兵造反。于是，朱允炆下密令，让之前派驻北平的官员率兵到燕王府，以抓乱党的名义去抓朱棣；同时，让他通知安排在燕王府的内应做好准备，里外夹攻。

朱允炆派到北平的官员里，有一个名叫张信的，与朱棣私交很好，偷偷把消息告诉了朱棣。

朱棣得信后，做了精心准备，把朱允炆派去的人和王府里的内应都抓了起来，然后，带兵迅速控制了北平城。

靖难之役

朱棣以靖难为名义，正式竖起了反抗朝廷的大旗。这次战争，也被称为"靖难之役"。

朱棣的地盘虽然只有北平一座城，但是，他手下有十多万能征善战的精兵强将。朱棣本人，更是一名久经沙场的军事指挥家。

　　朱允炆虽然拥有庞大的军队，但是，能领兵打仗的将军寥寥无几。那些南征北战的开国名将，大多被朱元璋杀掉了，剩下的，实在挑不出能带兵打仗的人。经过筛选，朱允炆决定派年近古稀的长兴侯耿炳文带兵平叛；同时，让其他地方军队配合中央军作战。

　　耿炳文不是朱棣的对手，没多久就打了败仗。黄子澄推荐曹国公李文忠的儿子李景隆担任大将军，代替耿炳文平叛。

　　李景隆只会纸上谈兵，根本不会排兵布阵。他拼凑了五十万

军队，在距北平二百多公里的真定（今河北正定）驻扎，准备与朱棣决战。

朱棣了解到李景隆的军事部署后，认为他不懂打仗，就命令世子朱高炽坚守北平，自己带兵去援救被辽东军攻打的永平（今河北卢龙）。

李景隆带兵长驱直入，到了北平城下。当时已是冬天，朱高炽坚守不出，还往城墙上泼水，使之结冰。李景隆指挥不力，几次进攻都失败了。

朱棣打败辽东军之后，又顺道去了大宁（今内蒙古宁城）。大宁是宁王朱权的属地。朱棣骗取了朱权的信任，利用朱权送他出城的机会，设下伏兵，把朱权一家俘虏，并收编了他的精锐部队。从此，朱棣实力大增，与朝廷派来的军队展开了一场又一场的战斗。

在战斗中，朱棣好几次陷入险境，却都全身而退。原来，朱允炆担心落下杀害亲叔叔的名声，下令任何人不得伤害朱棣。这样，在作战过程中，谁也不敢伤着朱棣。朱棣利用这一点，时常殿后，掩护他的军队撤退。

经过四年的战争，朱棣最终率兵攻下南京，夺取了胜利。打开城门，迎接朱棣进城的，正是曾经奉命平叛的大将军李景隆。

在城破之际，皇城里起了一场大火，有人说，建文帝朱允炆和太后、皇后一起投火自尽了。

大清算

朱棣取得政权后，第二年改元永乐，开始对朱允炆的支持者大肆清算。齐泰和黄子澄都被施刑而死，祸及九族。忠臣方孝孺，因为不满朱棣的杀戮，被朱棣杀害。还有一个叫景清的忠臣，不但被杀，还被实行了惨无人道的"瓜蔓抄"。

尽管如此，朱棣还是不放心。他怀疑朱允炆没有死，自己见到的很可能是个替死鬼。他派出大量人手去寻找朱允炆的下落，却没有结果。

建文帝的下落成了永远的历史谜团。

知识加油站

庶人：古时候指没有任何官爵的普通百姓。

靖难：即清除皇帝身边的奸臣，平定内乱。

纸上谈兵：只会讲军事理论，不懂真正的统兵打仗。

九族：泛指亲属，但"九族"所指，诸说不同。一说指本身以上的父、祖、曾祖、高祖和以下的子、孙、曾孙、玄孙。

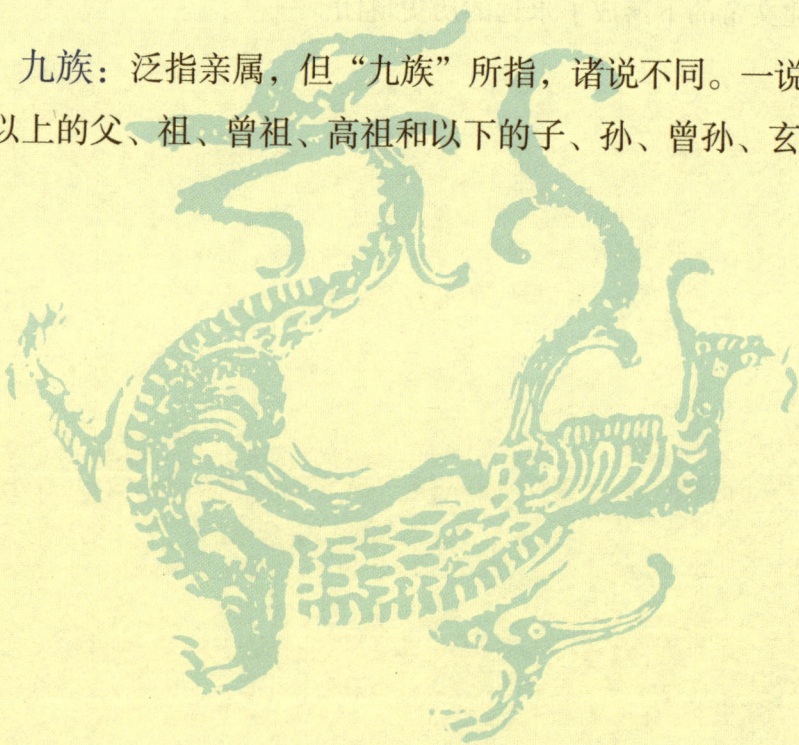

郑和下西洋

郑和与他的船队

郑和，本姓马，一说名和，云南人。在"靖难之役"中，郑和立下大功，因此深受明成祖朱棣信任。明成祖朱棣赐姓郑，又称"三保太监"。

为了向海外各国宣示大明威德，鼓励朝贡贸易，震慑海盗，朱棣决定任命郑和为巡洋正使，率领船队出使西洋。也有民间传说，郑和下西洋的主要任务是寻找失踪的建文帝朱允炆。

永乐三年（1405 年），郑和顶着"大明国统兵大元帅"的头衔，率领一支庞大的船队，向浩瀚的西洋出发。

这支船队，有一百多艘船，是当时世界上规模最大的船队。

船队总共有五种船舶，第一种叫宝船，形体巨大，作为船队的旗舰，供使团成员及外国使节乘坐，同时装载上等货物。宝船是当时世界上最大的船舶。第二种叫马船，是综合补给船，装载次等货物、战马及各国进贡动物。第三种叫粮船，主要装载粮食

和其他补给品。第四种叫坐船，是设备高档的小型船只，以搭乘人员为主，上面有生活设施和备用品；作战时，供指挥员们乘坐。第五种叫战船，是专门用来作战的小型船只，备有武器库，上面乘坐的都是全副武装的士兵。

随同船队出海的，有将近三万人，分为五部分。第一部分，是使节及随员。这部分人是船队的指挥中枢，掌握着外交、贸易、航行和战争的指挥权。第二部分，是航海技术人员。第三部分，是财经、贸易人员。第四部分，是军事人员。第五部分，是翻译、医官、和尚、道士、卦师等人员。其中，和尚、道士和卦师，相当于心理医生。和尚诵经，可以使信奉佛教的船员获得精神力量，从而敢于面对惊涛骇浪；道士作法，可以平复人们因长期的海上生活而产生的狂躁情绪；至于卦师，可以通过对航海途中遇见的异象和人们的梦境进行解读，消除人们的疑惧心理。

教化占城

郑和船队出海第一站是占城（今越南中南部）。到达占城后，郑和率领五百名官兵下船登陆，代表朱棣宣读圣旨。占城国王恭迎圣旨。

因为经常

受到邻国安南的侵扰，占城国王曾经派遣使者到明朝，请求朱棣向安南国王宣旨，不要南下侵略。朱棣答应了。然而，安南国王并没有听从朱棣的旨意。于是，朱棣决定兴兵讨伐安南，并派郑和下旨约请占城配合作战。

明朝军队同安南作战初期，郑和船队驻泊在占城，既为助威，偶尔也会参与战事。在此期间，郑和为当地百姓做了不少好事。他亲自或派人传授当地人农业生产技术，如开凿水井、精细耕作、水稻分植、试验一年三熟、开辟梯田等。后来，郑和又将占城种植三季水稻的技术带回中国。除了教导生产技术之外，郑和还将明朝的先进生产工具发放给当地人，提供适合在当地种植的药材种子，并教会他们种植。郑和还把豆腐的做法和吃法教给他们。

占城沿海，涨水时房屋容易被淹。郑和教会当地人建造防水房屋，在房子下面架设四根硬木柱子，使房子底座离地一丈左

右，既能防止水淹，还能防潮。

占城国王想学习明朝的铜钱铸造技术。郑和派随行的专家指导当地人建厂，教会他们刻模、烧铜、铸币。在郑和的帮助下，占城人拥有了建国千年以来的第一批国币。

扬威爪哇国

郑和船队离开占城后，向南航行，经南沙群岛、加里曼丹岛西海岸，航行二十昼夜，到达爪哇国（在今印度尼西亚）。爪哇国原来有两个国王，一个东王，一个西王。二王先后派遣使者到中国，请求朱棣给予封号、赐印，朱棣都同意了。于是，二王都以自己为正统，从而引发战争。最终，东王兵败被杀，西王统一爪哇国。郑和官兵上岸进行贸易时，经过东王旧地，被西王的士兵误袭，死了一百七十多人。

郑和闻讯，立即派人回国上奏朝廷，请求发兵征讨爪哇国。西王知道自己酿成大错，赶紧派人向朱棣谢罪。

朱棣并没有治西王的罪，也没有下令征讨爪哇国。他只是下诏训斥了西王一番，然后，按照西王自己提出的赎罪方法，罚了他六万两黄金，作为赔偿。西王实际上只赔偿了一万两黄金，剩下的五万两被朱棣免掉了。朱棣说，之所以要处罚西王，是因为他犯了罪，并不是贪图他的黄金；既然他已经知罪悔过，那么，也就不必追究了。

郑和船队先后六次登陆爪哇国，在当地留下了不少遗迹和传说。他首次登陆的港口，被后世取名为"三宝垄"，沿用至今。三宝垄附近有座狮头山，半山腰有个很大很深的洞。传说这个洞里有很多毒蛇，没人敢进去。郑和进到洞里，却没有受到毒蛇侵扰，当地人因此认为他是神人。这个洞，后来被称为"三宝洞"。人们专门在洞外修了石梯，在洞口筑了亭子，陈列香案，以供祭拜。

离三宝洞不远，有一个三宝墩。相传，郑和率领的一队兵船在这里停泊的时候，曾有一只船沉于海中。这片海水后来退去，形成陆地。当地华侨在这里修筑了一个土墩，以作纪念。

郑和在爪哇国打了很多水井，被后世命名为"三宝井"。这些三宝井，为当地解决了饮用水的问题。

捕杀海盗

郑和船队在爪哇国停留了一些时日之后，继续启程，向西北航行，到达旧港（在今苏门答腊岛）。这里有两派华侨势力，一派首领叫施进卿，一派首领叫陈祖义。施进卿是侨领，凡在当地进行的贸易活动都归他管理。陈祖义原本在国内犯了罪，逃到这里，聚集起一帮人，当了海盗，不但不服施进卿管理，还想跟他争夺在当地的领导权。

郑和船队到了以后，施进卿晋见，向郑和汇报了陈祖义的暴行。郑和不想出兵讨伐，于是派人前往招抚。陈祖义不敢与朝廷

为敌，表面上应允。

调解完施、陈二人的矛盾后，郑和率领船队继续向西北航行，进入马六甲海峡，到达满剌加国（在今马来半岛西南），在当地建立船队基地。

离开满剌加国，郑和船队进入印度洋，先后到达锡兰山国（今斯里兰卡）、印度等国进行访问。

郑和在返回途中，经过旧港时，船队中有几艘滞后的船只被海盗扣留，索要赎金。

郑和询问当地侨领施进卿，得知海盗是陈祖义的部下。郑和大怒，决定出兵剿灭这股海盗。为了防止打草惊蛇，郑和按照海盗要求支付了赎金，救回被扣人员和船只。通过被扣人员的描述，郑和大体知道了海盗所在的方位及经常出没的地点。随后，郑和派出一队船只，满载石头，伪装成商船模样，驶向海盗出没的区域。大兵船尾随船队，潜伏起来。

陈祖义果然上当，率领海盗船队前往劫掠，结果被郑和的兵船包围。一番激战之后，海盗全军覆没，陈祖义等三名头目被生擒。

郑和将陈祖义带回朝廷，作为俘虏献给朱棣。朱棣下令将其处斩。为了嘉奖施进卿，朱棣还下令在旧港设立宣慰使司，委任施进卿为宣慰使。

影响暹（xiān）罗

郑和于永乐五年（1407 年）再次远渡西洋。这次出使，郑和除了回访了第一次出使过的国家，还访问了位于南亚次大陆的一些国家。在返航途中，郑和特地访问了佛国暹罗（今泰国）。

郑和在暹罗王室留下了深远的影响。直到现在，泰国国王出巡的仪仗，保留着明朝的皇家礼仪。泰国王宫仍保留着明代的中国遗迹。有一幅画，描绘了郑和出访暹罗时的情形：暹罗国王父子乘坐一头大象作为先导，郑和坐在八名轿夫所抬的大轿上，头顶华盖。欢迎的场面很隆重。

郑和在暹罗停留了不短的时间，为当地做了很多贡献。当时的暹罗，人口稀少，有大片的原始森林。郑和发现当地出产的红木质地坚硬，可以做船舵。他与暹罗国王商定，以每百根木材为单位，由明朝支付黄金给暹罗。这笔交易使暹罗得到一大笔财富。郑和派人到森林中砍伐木材，用大象运到河边，抛入河中，顺流而下，再随船运回中国。

郑和还教会了暹罗人制造海盐。暹罗的海岸线相当长，本来完全可以制造海盐以供食用。可是，当地人不会制造海盐，一直食用来自山中的岩盐，这种盐长期食用容易患甲状腺肿大。郑和与暹罗国王商定，由他派手下的专家制造海盐，并教会当地人这一技术。作为回报，暹罗为郑和船队免费提供食盐。

为了表达对郑和的敬意和怀念之情，暹罗人建了很多庙，以

香火供奉郑和塑像。

智擒锡兰山国王

永乐七年（1409 年）秋，朱棣派郑和第三次出使西洋，主要任务是解决锡兰山国王不服朝廷管辖、劫掠过往商船的问题。

郑和率船队到了锡兰山国，向国王阿烈苦奈尔宣读诏书，并赏赐了他一些礼物。阿烈苦奈尔表面上应承，心里却不以为然。他见船队财货众多，准备设计掠夺。于是，阿烈苦奈尔邀请郑和进入王城参加欢迎宴会，想把他和船队分开，再派兵动手抢掠。郑和恪守外交礼节，明知对方心怀鬼胎，仍然前往赴宴。为了防止意外发生，他带领了两千名官兵一同进城。

进入王宫之后，阿烈苦奈尔让他儿子威胁郑和，索要财物。郑和当然不会同意。在两千官兵的威慑下，阿烈苦奈尔不敢对郑和下手。郑和怕再生变故，赶紧率领两千官兵回船。然而，退路已经被堆积如山的树木截断了。

之前郑和在向寺院布施时，结识了一些当地的朋友。这些人跑来告诉他，阿烈苦奈尔在邀请他进城的同时，派出五万兵将对停泊在港口的船队发起攻击。

郑和马上派人挖掘地道到港口，通知船队听从副使王景弘的指挥，抵御敌军。他率兵直扑王城，利用城内空虚之机，准备生擒阿烈苦奈尔。在当地朋友的指引下，郑和率领官兵从小道疾

行，突袭王城。阿烈苦奈尔没想到郑和会突然返回，被打了个措手不及。锡兰山国的主力部队都被派往港口了，城中兵源不足，等到主力部队收到指令回援时，王城已经陷落，阿烈苦奈尔和王室成员都成了郑和的俘虏。

锡兰山国主力部队将王城围困起来，投鼠忌器，不敢硬攻。郑和率兵守城六天六夜。双方僵持不下。港口船队在王景弘的指挥下，兵分两路，一路留守港口，一路从背后出击，掩杀围城部队。郑和趁势裹挟着阿烈苦奈尔父子和王室成员杀出城去，与王景弘部合兵一处，回到港口，登船启航，班师回朝。

自此，锡兰山国彻底臣服于明朝，年年进贡，不再作乱。

郑和病逝

永乐年间，郑和一共六次出使西洋。

永乐二十二年（1424 年），郑和奉命去旧港，调解已故宣慰使施进卿的子女争权一事。就在他远渡海外之时，国内发生了一件大事——朱棣去世了。

朱棣是郑和下西洋事业的最高决策者和支持者，如果没有他的决心和支持，郑和不可能开创这样辉煌的事业。朱棣的去世，对郑和是一个沉重的打击。他的航海事业，也因此而进入尾声。

郑和回国后，受到新皇帝仁宗朱高炽的冷遇和排斥。朱高炽登基后，就采纳户部尚书夏原吉的建议，认为下西洋过度耗费国

库，且没有什么收益，下令停止下西洋事业，并且取消各国采购计划，不再提倡赔本赚吆喝的朝贡贸易。郑和被授予南京守备太监一职，带领下西洋的官兵守备南京。这一守，就是九年多。

宣德五年（1430年），宣宗朱瞻基下诏，命令郑和率领船队，第七次出使西洋。

这时，郑和已经是六十岁的老人了。经过一年多的精心筹备，他最后一次率领船队扬帆出海，驶向阔别已久的西洋。

完成出使任务之后，郑和在返航途中病逝于古里。当时，正值盛夏，遗体无法保存。于是，副使王景弘便将郑和就地安葬。也有一种说法，认为郑和是回国之后，在南京病逝并安葬的。

史海茫茫，一如西洋。郑和到底逝于何处，葬在哪里，只能等待新的考古发现来证明了。然而，他七下西洋的航海事业，却不容置疑地成为中国乃至世界古代航海史上的千古绝唱，为后世传颂。

知识加油站

华盖：古星名。又指古代帝王或贵官车上的伞盖。

西洋：元代以今南海以西海洋及各国之称。常指印度洋北部及其沿海地区，明末清初以来，兼指由此西来的欧美各国。

永乐大典

解缙主持编制《文献大成》

　　朱棣即位后，在派郑和出使西洋的同时，还做了另外一件大事——编书。古人讲究"立德、立功、立言"三不朽。朱棣是被视为篡位夺权当上的皇帝，"立德"这事儿就谈不上了，毕竟，从侄儿手里夺取皇位不是什么光彩的事情。至于"立功"，对于朱棣来说不在话下，别的不说，派郑和下西洋在历史上就是值得大书特书的一件大功。所谓"立言"，简单说就是著书立说。朱棣本人虽然没有什么大作传世，可是贵为皇帝，他可以指派下边人来编写一部好书，也算自己立了言。

　　著书立说不是一般人能干的，需要有很高深的学问。方孝孺是当时名满天下的大学问家，可惜因为反对朱棣被杀掉了。朱棣在心里把大臣当中最有学问的人过了一遍，想到了解缙。

　　解缙幼时被人们称为"神童"。据说，他还在母亲怀抱里就已经开始学习认字；五岁时，父亲教他诗文，他只需读一遍，就能背诵；七岁时，就可以写文章了；十二岁时，已经熟读"四书""五经"。

洪武年间，解缙考中进士，被授予翰林学士。朱元璋很赏识解缙的才华，把他当亲儿子一样看待。解缙写字的时候，朱元璋亲自为他端砚台。

解缙见朱元璋经常读一些杂书，就提建议说他想编一套丛书，收集各种优秀的图书，方便皇帝随时翻阅。朱元璋很赞成他的想法。不过，这需要大量的人力物力，朝廷暂时还没能力投入。解缙的提议只好搁置。

朱棣知道解缙有才华，因此，刚进南京时就对他委以重任。既然解缙早就有编书的想法，那么，为什么不让他来做这件事呢？于是，朱棣就把解缙找来，把自己的想法告诉了他，让他主持编撰一套书，要求收罗天下古今所有的图书，按韵部进行归纳分类，查阅时，要像从口袋里掏东西一样方便。

朱棣安排的这一任务正合解缙心意。于是，他组织了一百多个学识渊博的儒生，分头编写，日夜加班，仅用了一年左右的时间就编成了一套书，名为《文献大成》。

朱棣看后，觉得这本书收罗的范围不够广泛，内容也过于简单，远远没有达到他的满意度。于是，他命令解缙再次组织人手，重新编纂。朱棣可能觉得解缙对于自己的意图理解、执行得不到位，就又指派了大臣姚广孝监修编纂。

姚广孝监修编制《永乐大典》

　　姚广孝是个和尚，精通儒释道三教，很有才能和谋略。早在朱棣还是燕王的时候，朱元璋就下令让姚广孝辅佐他。后来，朱棣发动靖难之役，每到关键时候，姚广孝都能提出很好的建议和策略，使得朱棣在最短的时间内攻克南京，平定天下。因此，朱棣对他非常尊重，授予他太子少师的头衔。

　　解缙在主持编书的时候，更多收录的是儒家经典和相关书籍。这也是朱棣嫌他编制的《文献大成》范围不广、内容简单的

原因。

姚广孝虽说出自佛家，但是他主持编书，不拘一家之言，广泛收集诸子百家的经典书籍，力求书目齐全。为了完成这一宏大目标，他利用自己太子少师的身份和朱棣的支持，在全国范围内征召了两三千饱学之士参与编纂，其中，包括道家、佛家、医家等三教九流的高人异士。

在主持编书的团队当中，姚广孝的级别最高、资历最深，同时，他还具备良好的学识素养。因此，在第二次编书过程中，他名义上是监修，实际上起到了组织统筹的最高指挥作用。而且，他追随朱棣多年，非常清楚地知道，在朱棣的心目中，这套书应该是什么样子的。

经过三年的紧张工作，编书团队终于在永乐五年（1407 年）完成全书定稿。朱棣看了以后，非常满意，御赐书名《永乐大典》，并亲自题写了序言。

《永乐大典》定稿后，需要清抄，一大帮人一直抄写到第二年冬天才正式成书。全书约三亿七千万字，共一万一千零九十五册，两万两千八百七十七卷，光目录就有六十卷。《永乐大典》完成后，朝廷又在全国各地征召了大量人员进行相关完善工作，由于人员数量过多，已经无法统计了。

《永乐大典》是一部什么样的书

　　《永乐大典》单册约有五十页，高约五十厘米，宽约三十厘米，开本宏大，颇具皇家气象，内页纸张雪白、厚实，翻开后可以闻到淡淡的书香。

　　《永乐大典》的书衣是用多层宣纸硬裱，最外层用黄绢包起

来，显得典雅庄重。书衣正面的左上方是一个条形竖框，题写书名《永乐大典》，书名下方是两行小字，标注这册书的卷数。书衣正面的右上方还有一个条形竖框，里面标注这本书所属的韵目及这本书是该韵目的第几册。

《永乐大典》全书都用朱、墨两色毛笔书写而成。朱笔主要用来绘制边栏界行，标注引用书籍的作者和书名；墨笔用来标注题名、卷数、韵目、书籍正文及绘制图画；内空外圆的笔管蘸上朱砂印泥用来标记圈点。

《永乐大典》全书所有文学，都是抄写者用当时通用的台阁体一笔一画抄写下来的。书中的图画都以白描手法绘成。从现存的《永乐大典》残本上，可以看到其中的插图虽是白描手法，却形态逼真，十分精致。

清代学者纪晓岚有一次翻阅《永乐大典》，看到上面绘有宋代兵器"神臂弓"的图画，惊讶不已。根据书上记载，"神臂弓"可以立在地上，扣动机关，飞箭可以穿透三百步以外的铁甲。宋朝军队曾用"神臂弓"对付金兵，效果很好。类似这样的绘图，在《永乐大典》中比比皆是，但最终大部分都随着《永乐大典》的佚失而消失在历史的长河中了。

《永乐大典》现在哪里

《永乐大典》编修完成后，只抄录了一部，叫作"永乐正本"。这部正本被放置在都城南京文渊阁的东阁。朱棣迁都时，挑选了一部分藏书带到北京。

嘉靖年间，朝廷怕《永乐大典》有所损毁，就组织人力重新抄录了一部，称为"嘉靖副本"。嘉靖帝朱厚熜（cōng）对《永乐大典》非常重视。据说，他死了以后，将"嘉靖副本"作为陪葬品，埋在了明永陵的地下玄宫里。

后来，由于战乱，《永乐大典》正本大多数都遗失了，留存下来的连全书的零头都不到。这不能不说是中国文化的一大损失。

或许，只有等到将来十三陵之一的永陵被开掘了，人们才有机会目睹《永乐大典》的全貌。

知识加油站

御赐：皇帝赏赐臣子，叫作"御赐"。

台阁体：楷书书体名。明清时候指因科举制度而形成的考场通用字体，特点是乌黑、方正、大小均匀。明代称"台阁体"，清代改称"馆阁体"。

韵目：韵书把同韵的字归为同一书中，每韵用一个字标明目录，按顺序排好。

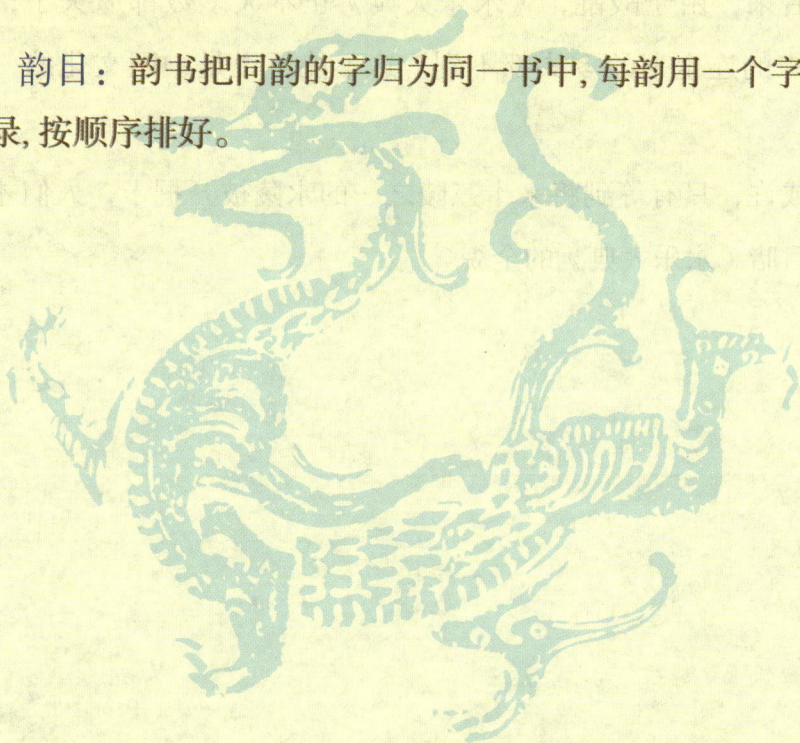

始建皇陵

徐皇后去世

永乐五年（1407 年）七月，朱棣的皇后徐氏因病离世。徐氏是大明开国第一名将徐达的女儿，知书达礼，温柔贤惠，深受朱棣喜爱与敬重。她的离世，对于朱棣而言是一个沉重的打击。与他的父亲朱元璋一样，朱棣此后再也没有设立皇后。

按照常理，人死之后，入土为安。然而，徐皇后的灵柩一直在皇宫里停放了六年才得以下葬。这是为什么呢？

原来，这与徐皇后临终的愿望有关。

徐皇后在去世前曾不无遗憾地对朱棣说过这样一件事：当年，朱棣率兵外出征战，派世子朱高炽守城。建文帝派李景隆攻打北京，战事吃紧，北京一度差点儿失守。徐皇后看到城中兵力不足，就动员全城的百姓，包括妇女一起穿上战甲，走上城头，共同御敌。徐皇后当时向百姓许诺，将来胜利后，一定会赏赐大家。然而，战事一直持续，直到她随着朱棣进了南京，这才算是

天下太平。之后，她一直没有机会回到北京，对百姓的承诺也没来得及兑现。另外，她也希望百年之后能归葬北平。

为了完成徐皇后的遗愿，让她早日入土为安，朱棣下令召集了许多风水师前往北平寻找建造皇陵的风水宝地。经过多方观察与勘测，最终，选定了黄土山作为陵址。这一带青山环抱，绿水长流，草木丰茂，土地深厚。燕山山脉绵延逶（wēi）迤（yí），气势磅礴；山前一马平川，视野开阔；左侧是蟒山，右侧有虎峪，犹如龙椅的左右扶手。

风水师将这里的地形图呈给朱棣审阅。朱棣非常喜欢，亲自将黄土山改名为天寿山，并下令开始建造皇陵。

修建明长陵

朱棣非常重视皇陵的建设，曾多次到天寿山视察皇陵工程的进度和质量。皇陵玄宫建成后，朱棣下令将徐皇后的灵柩运至北平皇陵安葬，并将皇陵命名为"长陵"。朱棣还下令赏赐当年参与守卫北平的百姓，完成了徐皇后的遗愿。

明长陵从开工建设到全部竣工，一共用了十八年。

明长陵建筑占地约十二万平方米。陵园地面建筑的平面布局呈前方后圆形状，前面的方形部分，由前后相连的三进院落组成。

第一进院落，前设一座陵门，是宫门式建筑。陵门之前建有月台。院内左侧建有神厨五间，右侧建有神库五间。神厨之前建

有一座碑亭。

　　第二进院落，前面建有一座殿门，名为祾（líng）恩门。门下是汉白玉栏杆围绕的须弥座式台基。台基四角和各栏杆望柱下面，都设有排水用的石雕螭（chī）首。台基前后设有台阶。中路台阶间的御路石上雕刻着精美的浅浮雕图案。

　　院内，北面正中位置就是宏伟的祾恩殿。大殿构件全部是贵重的金丝楠木，没有任何修饰。六十根楠木巨柱，矗立在柱基上，直通天花板，支撑着殿顶。直径最粗的立柱，两人合抱不能

交手。在当时，裬恩殿主要用来祭祀。现在，大殿内有高大的朱棣铜坐像，供游客参观。

第三进院落，前面设有红券门，是明长陵的第三重门。院内沿中轴线方向建有两柱牌楼门和石几筵（yán）。

陵园的"后圆"部分是宝城建筑。前部与第三进院落相接，形成一个整体。从外观上看，宝城就像一个封闭的圆形城堡，外侧垛口林立，内侧建有宇墙，中间为马道。宝城周长约一千米。宝城之内是埋葬皇帝皇后的玄宫建筑，上面堆满封土，中央部分隆起，像一座小山，所以又叫"宝山"。

明长陵的地下建筑，就是玄宫。后人曾经试图挖掘玄宫，却没能找到墓道入口。

明十三陵

明代总共有十六位皇帝。其中，太祖朱元璋死后葬在南京的明孝陵；惠宗朱允炆下落不明，没有陵墓；代宗朱祁钰死后葬于北京玉泉山北麓的明景泰陵；其余十三位皇帝则葬在明十三陵。

在明十三陵当中，成祖朱棣所在的长陵是"祖陵"；仁宗朱高炽葬在明献陵，宣宗朱瞻基葬在明景陵，英宗朱祁镇葬在明裕陵，宪宗朱见深葬在明茂陵，孝宗朱祐（yòu）樘（táng）葬在明泰陵，武宗朱厚照葬在明康陵，世宗朱厚熜葬在明永陵，穆宗朱载垕（hòu）葬在明昭陵，神宗朱翊（yì）钧葬在明定陵，光宗朱常洛

葬在明庆陵，熹宗朱由校葬在明德陵，思宗朱由检葬在明思陵。

朱高炽当皇帝不到一年就死了，因此，活着的时候没顾得上建陵墓。他是一个提倡节俭的皇帝，临终前交代儿子朱瞻基要丧事简办，陵墓也不要修得太奢华。朱瞻基尊重先皇遗命，仅用了三个月就建成了明献陵的玄宫，让朱高炽入土为安。与其他陵墓比起来，明献陵最俭朴。不过，再怎么说这也是皇帝的陵墓，随后，人们用了十七年才完成了明献陵的地面建筑。

朱瞻基活了三十八岁，正值盛年的他也没想到提前为自己修建陵墓。因此，他的陵墓是由儿子朱祁镇修建的。朱祁镇发动十万军民工匠，用了半年时间，建成了明景陵玄宫，安葬了朱瞻基。明景陵的地面建筑用了二十八年时间才完成。在明十三陵当中，明景陵是规模最小的。

朱祁钰原本为自己建了一座明寿陵，后来被朱祁镇夺了帝位，连明寿陵也给拆掉了。朱祁镇跟他父亲朱瞻基一样，也只活了三十八岁，生前没有建陵墓。朱祁镇的儿子朱见深任命蒯（kuǎi）祥为监工，征用了八万军民工匠，仅用了四个月就建成了明裕陵。明裕陵有一个特点，就是里面没有殉葬的宫人。这是朱祁镇做的一件大好事。在他之前，皇帝死了是要让好多活人殉葬的。朱祁镇觉得这样做太残忍，临终下诏废除了殉葬制度。

朱见深死的时候四十一岁，可能没想到自己会死得那么早，因此，他也没有提前修建陵墓。朱见深的儿子朱祐樘发动四万人，用了七个月，为他修建了明茂陵。明茂陵建成三天后，天寿

山一带下起了大雨，雷电风雹铺天盖地，砸碎了不少琉璃瓦。大臣们认为这是老天爷降罪，警示新皇帝，赶紧上疏，请新皇帝多做好事来赎罪。

朱祐樘的确做了不少好事，开创了有名的"弘治中兴"，可惜，他只活了三十六岁。他的儿子朱厚照征用了上万人，用了十个月，为他修建了明泰陵。据说，在修建明泰陵玄宫的时候挖出

了泉水。但监工的太监为了赶进度，隐瞒了这一情况。朱祐樘也只好"委屈"地长眠在这个"水坑"里了。

朱厚照活了三十一岁，也没来得及为自己修建陵墓。朱厚熜和大臣们为他建了明康陵。明康陵是十三陵中砖碑铭文最多的一座陵墓。

朱厚熜活了六十一岁，在位时间长达四十五年，有足够的时间为自己修建陵墓。他的明永陵从建筑规模上来讲，仅次于朱棣的明长陵。据说，在明永陵的陪葬品当中，有"嘉靖副本"《永乐大典》。不过，直到目前，这座明永陵没有被开掘。

朱载垕活了三十六岁，生前没有修建陵墓。他的儿子朱翊钧为他建了明昭陵。明昭陵的玄宫是朱厚熜为他的父母修建的，后搁置不用。朱翊钧听人们说这个玄宫风水好，就把父皇的陵墓建在了这里。

朱翊钧活了五十八岁，在位时间是明代帝王中最长的，一共四十八年。他用了六年时间，花了八百万两银子，为自己修建了豪华的明定陵。明定陵是唯一一座开掘过的明代帝王陵。

朱常洛活了三十九岁，在位时间却不到一个月。由于他死得太过仓促，人们来不及为他选择陵址，就在明寿陵的废墟上建起了明庆陵。

朱由校活了二十七岁，在位六年，光忙着为父皇修建明庆陵了，没考虑自己的身后事。朱由检即位后，考虑到国家财政紧张，只拨了五十万两银子，为哥哥建了明德陵。后来，大臣们捐

了一些钱，才把明德陵勉强建了起来。明德陵是明代营建的最后一座帝陵。

朱由检生前没给自己建帝陵，等他一死，大明亡国，自然没人给他建帝陵了。李自成行了个好，让人把朱由检和他的妃子葬在一起。后人为了表示对他的纪念，将这座陵墓称为明思陵。

知识加油站

灵柩：死者已经入殓的棺材。

玄宫：皇帝的坟墓。这里指的是陵墓的地下部分，也称"地宫"。

螭：古代指没有角的龙。

迁都北京

计划迁都

朱棣修建了长陵，安葬了徐皇后，终于完成了她的遗愿。其实，徐皇后的遗愿也正是朱棣的心愿。他虽然在南京当皇帝，但是，心里仍然惦记着北平。毕竟，北平是他的大本营。他曾在那里生活过二十二年，对那片土地有着深厚的感情。因此，从当上皇帝那天起，朱棣就琢磨着把都城迁到北平去。

礼部尚书李至刚猜出了朱棣的心思，就上了一道奏疏称，北平是皇帝起家的地方，应当效仿太祖当年对凤阳的做法，把北平立为陪都，好好建设一番。

李至刚的奏疏正合朱棣的心意。不过，对于朱棣的心思，他只猜对了一半。朱棣之所以想迁都，还有另外一个更为重要的原因。

当年，朱棣镇守北平时，曾两次率师北征蒙古，均大获全胜。在他的震慑下，蒙古军队一度止步于长城之外，不敢来犯。

朱棣知道，北边的蒙古军队迟早是个隐患。只有皇帝亲自坐镇北平这个军事战略要地，才能保障国门的安全。这也就是所谓的"天子守国门"。

尽管李至刚只是提议把北平作为陪都，并没有提迁都的事，可对于朱棣来说，只要把北平建设好了，迁都自然就是水到渠成的事了。于是，他马上批准了李至刚的提议，下令将北平改为北京，同时，命江南富户和山西商人及各地百姓迁往北京。一场规模宏大、旷日持久的建设活动开始了。

朱棣先是下令兴建北京皇宫和城墙。紧接着，他又下令重开会通河，打通南北漕运，解决北京的粮食及其他物资的运输通道问题。

前期准备工作完成得差不多了，朱棣召集群臣，正式商议迁都北京的具体事宜。这时，仍然有人提出反对意见，朱棣发怒，将这些人一一撤职严惩。于是，没有人再敢反对迁都。

兴建紫禁城

北京的建设工程里，最重要的，当然是紫禁城，也就是今天的故宫。

紫禁城的建筑材料主要是木材和石材。好的木材都出自深山老林。朝廷强行征派数十万百姓入山砍伐木材。伐木者既要面对毒蛇猛兽的侵袭，又要承受原始森林中瘴气的危害，还得克服种

种想象不到的困难。当时，有"入山一千，出山五百"的说法，形容伐木人员损失之大。

来自深山老林的上等金丝楠木和其他优质木材，从西南地区，过千山万水，被运送到北京。由于连年采伐，木材来源越来越少。

开采石材的任务同样充满艰辛。现在故宫保和殿后面那块最大的丹陛石，开采于北京西南的房山。为了运送它，数万名劳工在沿途每隔一里左右挖一口井，等到严寒时节，从井里取水泼在路上形成冰道，用了将近一个月的时间，才运到宫里。

除了木材和石材，还有金砖碧瓦及其他建筑辅助材料，也都是从全国各地运送而来的。可以说，一座紫禁城，全国总动员。

当然，光有木材、石材是不够的，还要有人才。

朱棣从南方调集了大量的能工巧匠，到北平搞建设。其中，有一个工匠名叫蒯祥，被任命为紫禁城的设计师。那时，蒯祥还不到二十岁。

蒯祥祖籍香山（今江苏香山）。香山多出各类能工巧匠，人称"香山帮"。蒯祥的父亲蒯富是"香山帮"的头领，也是总管皇宫建筑的"木工首"。在父亲的调教下，蒯祥青出于蓝而胜于蓝，年纪轻轻就接了父亲的班，承担起设计建造紫禁城的重任。

年轻的蒯祥干劲儿十足，以极大的热情投入到紫禁城的建设之中。在他和全体工匠的努力下，奉天殿、华盖殿和谨身殿等重要建筑相继落成。

据说，当时缅甸国进贡了一块巨木，朱棣下令把它做成大殿的门槛。在加工时，一个木匠算错尺寸，锯短了一尺多。木匠吓坏了，赶紧向蒯祥求助。蒯祥看了一眼，让那个木匠再锯短一尺多。随后，蒯祥在门槛的两端雕琢了两个龙头，又在门边各镶了一颗珠子，把门槛做成了可以装卸的活门槛，也就是俗称的"金刚腿"。朱棣见了十分高兴，盛赞不已。

我们现在看到的天安门，最早也是出自蒯祥之手。天安门当时叫承天门，是皇城的正门。蒯祥亲自绘制了承天门的设计图，并制定建筑施工方案。蒯祥用了四年，终于建成承天门，整体建筑与设计图尺寸分毫不差，受到文武百官称赞，朱棣也非常满意，称蒯祥为"蒯鲁班"。

　　紫禁城内大大小小的房间，民间传说有九千九百九十九间半。当然，由于计算方法不同，这个数字并不准确。不过，凡是去过故宫的人都应该有这样的印象——不要说挨个儿房间看了，就是沿着故宫四门（午门、东华门、神武门、西华门）转一圈，也要花费多半天的时间。

　　如此规模宏大的工程，在全国各地的支持下，靠着蒯祥和广大工匠们勤劳的双手，一点儿一点儿地完成了。

迁都遇火灾

永乐十八年（1420年），北京皇城和宫城基本建成。当年年底，朱棣下诏正式迁都。迁都北京之后，南京虽然仍保留了包括六部在内的一套行政机构，但是，真正的政治中心不再是南京，而是北京了。

从当上皇帝到迁都北京，中间整整隔了十八年。朱棣终于实现了自己的心愿。住在焕然一新的紫禁城里，他的心情甚是舒畅。然而，这种好心情并没有持续多久，就被一场突如其来的大火烧没了。

迁都第二年初夏的一天，北京城上空阴云密布，电闪雷鸣，声势骇人。突然，一道闪电从天而降，直直地刺向紫禁城内，伴随着一声炸雷，一座宫殿冒起火光，紧接着，一阵大风刮过，火势迅速蔓延开来。

皇宫里的卫士、太监、宫女一个个奔走呼号，忙不迭地引水救火。

宫禁深处的朱棣疾步走到外面，看着紫禁城上空滚滚的烟尘和冲天的火光，听着耳畔仍在隆隆作响的雷声，心里不禁感到一阵惶恐。很快，身边的锦衣卫和太监簇拥着他往远离火场的地方躲避去了。

大火总算扑灭了。奉天殿、华盖殿和谨身殿在这场天火中化为一片灰烬。此时，距三大殿落成刚过三个月。

奉天殿是三大殿之首，皇帝登基、大婚、册封、派将等重大典礼活动都在这里举行。它是现在故宫太和殿的前身。华盖殿和谨身殿是现在故宫中和殿与保和殿的前身。

朱棣没想到，三大殿刚落成，还没来得及承担更多的使命，就毁于这场天火之中。难道这是上天对他夺取皇位的惩罚？

朱棣思来想去，心里总觉得不踏实，便召集群臣，让他们谈谈对这场火灾的看法。

礼部主事萧仪认为，朝廷抛弃龙脉和孝陵（朱元璋的陵墓），将都城从南京迁到北京，是有违天意的，因此上天才会降下天火，作为警示。

朱棣被萧仪的话点到了痛处，大为震怒，立即下令将他投进了监狱。

迁都北京，是朱棣铁了心要做成的事。现在，他做成了，竟然还有人说三道四，这简直就是在挑战皇权。

萧仪的下场震慑了百官，大家不敢公开议论迁都的事情。不过，仍有许多人对于迁都北京持保留意见，其中，就包括朱棣的儿子——太子朱高炽。朱高炽认为，迁都北京之后，南北运输耗费民力，还不如在南京好，各方面都方便。当然，朱高炽只是私下说说而已，当着父亲朱棣的面，也不敢提。

自明朝朱棣后的皇帝就把北京作为都城了。

知识加油站

　　陪都：指在首都以外另设都城，作为辅助。如之前，北京就是南京的陪都；迁都之后，南京就成了北京的陪都。

　　龙脉：在中国风水学上，山脉高低起伏，形状与龙相似，称为"龙脉"。

朱棣五征蒙古

邱福北征兵败

永乐年间，漠北地区的蒙古势力分裂成鞑靼和瓦剌两大主要部落。鞑靼部落依仗自己兵强马壮，时常出兵侵扰明朝边境。

朱棣迁都北京的目的主要是"守国门"，防范蒙古军队侵扰。不过，光是守就显得太被动了。在正式迁都之前，他还针对蒙古发动了三次大规模的军事行动，其中，有两次是他带队亲征。

最初，朱棣派淇国公邱福率十万大军征讨鞑靼。临行前，朱棣对邱福反复叮嘱，让他一定要小心谨慎，严抓军队纪律，多方征集意见，不要固执己见，争取全胜而归。朱棣还用老虎和兔子比喻敌人，说要想绑住老虎，必须用尽全力；即使敌人是兔子，也要使出对付老虎的力量，这样才能确保万无一失。

邱福一出兵，就把朱棣的交代抛到了九霄云外。他刚到鞑靼人的地界，就扔下主力部队，独自率领一千多名骑兵先行。到了

胪（lú）朐（qú）河（今克鲁伦河）时，明军碰到小股鞑靼队伍。邱福打败了他们，趁胜渡河，又俘获鞑靼一名官员，经过审讯，得知鞑靼可汗本雅失里的去向。邱福决定继续乘胜追击。手下人劝他不要轻信俘虏的话，更不要轻敌冒进。被小小胜利冲昏头脑的邱福一心立功，下令继续追击。

另一个手下提醒他不要忘记皇帝的嘱咐，邱福也不当回事儿，还说谁要是不听命令就杀头。众将官没办法，只好跟着他一起追击敌军。结果，由于邱福轻敌，中了敌人的埋伏，导致全军覆没。朱棣知道后，非常生气，剥夺了邱福的世袭爵位，把他们全家都流放海南。为了击退鞑靼，消除边疆的安全隐患，朱棣决心率师亲征。

第一次亲征

朱棣调集五十万大军，浩浩荡荡，一路向北，朝着鞑靼军队所在的方向前进。明军到达胪朐河流域，得知鞑靼可汗本雅失里率军向西逃往瓦剌部，太师阿鲁台则率领一部分军队向东逃去了。

朱棣率领将士向西追击本雅失里，在斡难河（今鄂嫩河）大败本雅失里，紧接着又挥师向东攻打阿鲁台。明军和鞑靼军队在斡难河东北方向遭遇，并激烈交战。鞑靼军队伤亡惨重，阿鲁台在乱军中掉下马来，逃跑了。

这时，已经是五月了，天气炎热，队伍严重缺水，粮草也不能及时运送过来，于是，朱棣下令班师回朝。

鞑靼部落战败之后，不敢再与明朝对抗，决定臣服，并向明朝进贡马匹。朱棣答应了鞑靼部落的请求，给了他们优厚的赏赐，还授予阿鲁台"和宁王"的封号。

第二次亲征

鞑靼部落求和后，不再侵扰边境。这时，瓦剌部趁机迅速发展壮大，并派军队进驻胪朐河，对明朝虎视眈眈，准备随时侵袭。

朱棣决心再次亲征。他调集兵力，从北京出发，北征瓦剌。途中，明军遭遇瓦剌部的一股骑兵，杀敌数十，取得小胜。

当明军继续前行到一片山地时，与瓦剌军三万主力部队相遇。瓦剌军依托山势，分三路抵抗。朱棣先派骑兵当先锋，冲击敌军，引诱敌人出战；紧接着，下令对敌人发动火炮轰击；随后，朱棣亲自率铁骑杀入敌阵。瓦剌军打不过，纷纷败退。朱棣率兵乘势追击，杀死数千名敌人，最终取得了战争的胜利。

经过这一战，瓦剌部受到重创，元气大伤，以后

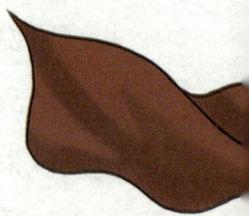

好多年都不敢再来侵犯。不过，明军也付出了惨重的代价。

第三次亲征

　　鞑靼部落经过几年的发展，势力再度强盛起来，对明朝的态度也不像以前那样恭敬，竟然侮辱或拘留明朝派去的使节，还时常侵袭明朝边境。

朱棣把都城迁到北京不久，鞑靼就出兵围攻明北方重镇兴和所（治所在今河北张北），杀死了明军指挥官。

鞑靼人明知道天子守国门，却丝毫不给面子，照样大兵犯境。这让朱棣非常恼火。他下令重建兴和所后，决定第三次亲征鞑靼。

在出征之前，朱棣征求户部尚书夏原吉的意见。夏原吉是主管财政工作的，因此，他考虑问题首先从成本和价值角度出发。他认为，之前的两次北征，并没有取得太大的战功，而朝廷的军马和粮草却损失巨大；而且，皇帝的身体也不是太好，应该注意

休息调养，派其他将领带队出征就可以了。

朱棣听了夏原吉的话，非常生气，觉得他是在诋毁和抹灭自己的战功，就把他关进了监狱，还抄了他的家。

夏原吉是个清官，家里头没有抄出半点儿值钱的东西。尽管如此，朱棣还是不肯原谅他对自己的冒犯。

经过充分准备，朱棣在第二年率军从北京向漠北进发。当明军主力部队行进到宣府（今河北宣化）东南的鸡鸣山时，鞑靼首领阿鲁台得知朱棣亲自北征的消息，十分害怕，连夜逃离兴和，避而不战。

随后，明军俘获鞑靼的部属，得知阿鲁台已逃走。这时，明军的粮草已经耗尽了。朱棣只好下令停止追击，班师回朝。在回师途中，明军击败了支持阿鲁台的兀良哈部。

第四次亲征

鞑靼首领阿鲁台休养了几年，恢复了元气，又带着部队打到了明朝边境。朱棣收到情报后，决定再次亲征。

在出征之前，朱棣先派侦察部队到沙城（今河北怀来）刺探敌情。这时，阿鲁台的部下率领一支鞑靼军队前来投降。原来，阿鲁台已经被瓦剌部打败，溃散而逃。得知这个消息后，明军就在原地驻扎下来。之后，派骑将带三千骑兵深入侦察。鞑靼王子也先土干率领部众前来投降。朱棣封也先土干为"忠勇王"，随

后，班师回朝。

第五次亲征

鞑靼首领阿鲁台很快又恢复了战斗力，带领部队杀了回来。朱棣调集山西、山东、河南、陕西、辽东五部兵力，在北京和宣府集结待命。等所有战前准备工作完成之后，已过花甲之年的朱棣又一次亲征。忠勇王也先土干（朱棣赐名"金忠"）担任前锋。

鞑靼军队仿佛长了千里眼、顺风耳，只要明军一来，他们立即躲进草原深处，藏了起来。同以往一样，明军行进了很长时间，仍然没找到鞑靼军队。眼看粮草消耗得差不多了，却连敌人的影子也摸不着，朱棣很恼火。正在这时，有情报说发现了阿鲁台的踪迹。于是，朱棣命令全军急速追击。

等明军追到了情报里所说的地方，阿鲁台早就跑得无影无踪了。朱棣下令在周围三百余里的范围内展开搜索，一无所获，只得下令班师回朝。

从第三次北征开始，朱棣始终没能与敌人的主力部队正面作战，反而消耗了大量的军饷和粮草，给朝廷的财政造成了巨大的压力。

在回京途中，朱棣得了很重的病，眼看就不行了。弥留之际，他想起了夏原吉，对身边的大臣说："夏原吉爱护我。"不久，朱棣病死于榆木川（今内蒙古多伦西北）。

知识加油站

班师回朝：班，是调回的意思。调回出征的军队，也指出征的军队胜利归来。

花甲之年：旧时，人们以天干地支搭配纪年，六十年为一甲子，又称"花甲"。因此，人到六十岁时就称为"花甲之年"。

仁宣之治

危险的太子位置

永乐二十二年（1424 年），朱棣去世，太子朱高炽继位，第二年改元洪熙。

朱高炽刚继位，就亲自到监狱里把夏原吉放了出来，让他官复原职。夏原吉搞财政工作很有一套，成为朱高炽得力的"理财专家"。

夏原吉知道朱棣去世之后，非常难过，大哭一场。朱高炽当然也很难过，不过，他同时也有一种如释重负的感觉。

从永乐二年被册封为太子到登上皇位，朱高炽在太子的位置上苦苦煎熬了二十年。这二十年来，他提心吊胆，生怕做错什么受到父亲的责罚，甚至担心太子的位置不保。因为，他并不是朱棣心目中的最佳太子人选。

朱高炽身体肥胖，脚也有毛病。与骑马射箭、带兵打仗相比，他更喜欢静静地坐在书房里，看看书、写写字，做一些文化

人爱做的事情。

朱棣的皇位是靠武力夺取的，因此，他希望儿子们也像自己一样，杀伐决断，勇武果敢。显然，朱高炽不具备这样的性格特质。

朱棣的另外两个儿子，汉王朱高煦和赵王朱高燧与哥哥朱高炽不同，都遗传了父亲尚武的基因，个个骁勇善战，敢打敢拼。尤其是朱高煦，在"靖难之役"中，不但立下汗马功劳，还率兵杀入重围，救了朱棣一命。为此，朱棣曾拍着他的肩膀说，好好努力吧，你大哥身体不好，太多病。这无异于暗示，自己将来有可能选他做接班人。

好圣孙

父皇的暗示，让朱高煦对皇位充满了向往，对大哥朱高炽也越来越不尊敬。有一次，朱棣带着儿孙们去孝陵祭拜。朱高炽在别人的搀扶下还走不稳，甚至摔倒。朱高煦在后面看见，取笑说："前面的人摔跤，正好给后面的人提醒。"话音未落，朱高煦身后又传来一个声音："这让更在后面的人也提高警惕！"

说这话的人，正是朱高炽的儿子朱瞻基。

在孙辈当中，朱棣最喜欢的就是朱瞻基。如果不是因为朱瞻基，恐怕朱高炽也当不上太子，更不要说后来继位当皇帝了。

朱棣登基后，开始考虑太子人选。朱棣一直不看好朱高炽，

觉得他善良得近乎软弱，不像自己。

事实上，朱高炽的军事才能也不算弱。在"靖难之役"中，朱高炽奉命坚守北平城，击退了李景隆五十万军队的围攻，保住了朱棣的大本营，可以说是大功一件。尽管如此，朱棣仍然认为他不是个当皇帝的材料。因此，朱棣一度想立次子朱高煦为太子。然而，大臣们都说朱高炽为人宽厚谦和，又是长子，应该立为太子。

这些说辞并没有说服朱棣，让他改变心意。最终，他征求解缙的意见，解缙只说了三个字："好圣孙！"

这个"好圣孙"，指的就是朱瞻基。虽然对儿子朱高炽不满意，但是，一想到既聪明又果敢的孙子朱瞻基，朱棣便不再犹豫，果断做出了立朱高炽为太子的决定。

朱瞻基平叛

朱高煦眼见哥哥朱高炽当了太子，心里七个不服八个不忿。朱棣看在眼里，忧在心里。为了防止朱高煦将来作乱，朱棣把他封到了遥远的云南。朱高煦不去。

过了两年，朱棣又把朱高煦封到了山东青州。朱高煦不但拖着不去，还到处惹事。朱棣很生气，要把他废为庶人。朱高炽哭着为他求情。朱棣把他封到山东乐安州（今山东滨州惠民县）。

朱高煦到了乐安之后，野心不死，牢骚不断。朱高炽时常写

信开导警示他，他根本不听，一心琢磨着顶替哥哥继承皇位。

朱棣去世的时候，朱高煦每天派好几十人去京城打探消息，想趁机作乱，夺取皇位。直到听说朱高炽已经继位，他才消停下来。

朱高炽只当了八个多月的皇帝，就去世了，庙号仁宗。

朱高炽去世的时候，朱瞻基还在南京。得到消息之后，他急忙赶往北京。朱高煦派人在半路设下埋伏，准备截杀侄儿，夺取皇位。然而，由于他的安排太过匆忙，失误了。等他反应过来，夏原吉早就把朱瞻基迎进了皇宫。紧接着，众臣拥戴朱瞻基继位，第二年改元宣德。

朱高煦见阻挡不了朱瞻基继位，就写了一道奏章，提了四条利国安民的建议。朱瞻基以为这个叔叔改变心意了，心里很高兴。

事实上，朱高煦从来就没有放弃当皇帝的野心，他的奏章只是用来迷惑朱瞻基的。没过多久，他就造反了。

朱瞻基召集夏原吉等大臣商量如何应对。夏原吉极力主张由皇帝亲征，前往平叛。

朱瞻基听从了夏原吉的意见，先安排各地军队切断朱高煦的退路，然后，自己率领军队到了乐安城外，开始攻城。一时间，万箭齐发，杀声震天。城里守军吓坏了。朱瞻基下令不许急攻，把劝降书绑在箭上，射进城里，告诉守军反抗朝廷的后果。于是，城里的人们都想抓住朱高煦献给朝廷。朱高煦一看自己这么不得人心，只好出城投降。

朱瞻基把朱高煦抓回去，囚禁了起来。有一次，朱瞻基去看他，结果被他伸出脚绊倒了。朱瞻基很生气，就让人用一口重三百斤的铜缸把他扣住。朱高煦力气很大，把铜缸顶了起来。朱瞻基又让人在铜缸上面和四周放满木炭，点着火，把朱高煦烧死了。

一夏理财，三杨辅政

解决了朱高煦，朱瞻基就可以一心一意治理国家了。辅佐他

的，是父皇留给他的"一夏三杨"。"一夏"，当然指的就是夏原吉这位理财专家了。"三杨"指的是杨荣、杨士奇和杨溥三人。在三人当中，杨荣最早被朱棣选入内阁，而且是内阁中最年轻的一个。

内阁制度是朱棣的发明。

自从朱元璋废除丞相制度以后，皇帝的工作量比以前大多了。每天需要批阅的奏章、公文堆积如山，简直累死人。

朱棣当皇帝期间，经常御驾亲征，留下太子朱高炽监国。太子年轻，朱棣不放心，就派解缙、杨荣等人到文渊阁值班，协助太子处理朝政。这就是内阁。当时的内阁虽然没有决策权和执行权，但是有很强的话语权，也叫议政权。

杨士奇和杨溥都是太子朱高炽东宫里的属官。二人后来相继进入内阁，与杨荣一起，组成"三杨"内阁，先后辅佐仁宗、宣宗及英宗执政，称为"三杨辅政"。

"三杨"之中，杨荣以才识见长，行事果断；杨士奇大度包容，知人善用；杨溥品德高尚，清正廉洁。

在"一夏三杨"的有力辅佐下，明朝迎来了仁宣盛世。

仁宣盛世

仁宗朱高炽执政时间虽然很短，但他解决了不少洪武和永乐年间留下来的弊政，采取了一系列有效的政治举措，消除内乱，

停止战争，促进生产，改善民生，使国家朝着稳定、繁荣的方向快速发展。

朱高炽扩大了内阁的权力，使得内阁成员不只具有议政权，还拥有了行政权。"三杨"内阁也正是在他执政时期组成的。

朱高炽非常关心百姓疾苦。有一次，地方受灾，户部官员提议借给百姓粮食度灾。朱高炽愤怒地驳回了户部的提议，改为免费发放，而且还减免了当地百姓的税收。

宣宗朱瞻基继承了父亲仁爱宽厚的执政风格。

一次，朱瞻基外出巡视，路过农田，看见农民在田地里犁地，就向农民了解农业生产情况，还亲自到田地里，帮农民犁地。他对身边的随行官员说："我只推了三下，就累得不行。农民常年劳作，可想有多辛苦。"

在仁宗和宣宗的治理下，国家繁荣昌盛，百姓安居乐业，一派盛世景象。后世认为，"仁宣之治"可与汉代的"文景之治"和唐代的"贞观之治"相比。

知识加油站

御驾亲征：皇帝亲自率军出征。御驾，指皇帝的车驾。

监国：古代的一种政治制度，通常指皇帝外出时，由一重要人物（如太子）留守宫廷处理国事。也指皇帝不能亲政，由他人代理朝政。

文景之治：西汉时期，在文帝和景帝的治理下，国力强盛，百姓富足，称为"文景之治"。

贞观之治：唐太宗李世民在位期间，政治清明，经济复苏，文化繁荣，称为"贞观之治"。

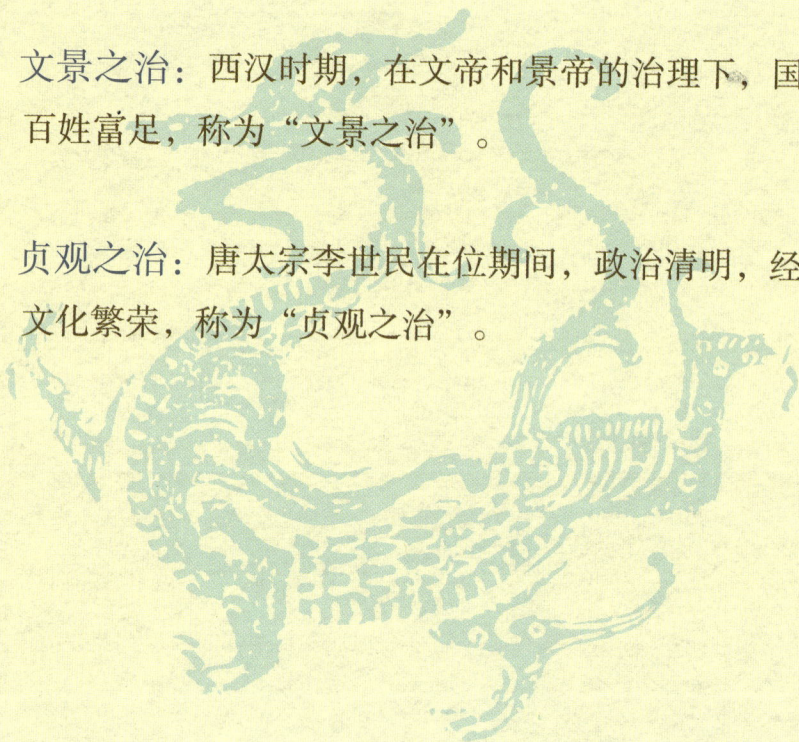

让孩子着迷的

明朝故事 ②

大发说书 潮白 编著

四川教育出版社

图书在版编目（ＣＩＰ）数据

让孩子着迷的明朝故事. ② / 大发说书，潮白编著
. -- 成都：四川教育出版社，2023.3
ISBN 978-7-5408-8603-5

Ⅰ．①让… Ⅱ．①大… ②潮… Ⅲ．①中国历史－明
代－青少年读物 Ⅳ．①K248.09

中国国家版本馆CIP数据核字(2023)第033602号

让孩子着迷的明朝故事②

RANG HAIZI ZHAOMI DE MINGCHAO GUSHI ②

大发说书　潮白　编著

出品人　雷　华
策划人　何　杨
责任编辑　杨　越　张　晓
装帧设计　册府文化
插图绘画　肖岱钰　周晔露　册府文化
责任校对　王　丹
责任印制　高　怡
出版发行　四川教育出版社
　　地　　址　四川省成都市锦江区三色路266号新华之星A座
　　邮政编码　610023
　　网　　址　www.chuanjiaoshe.com
印　　刷　天津海德伟业印务有限公司
版　　次　2023年3月第1版
印　　次　2023年3月第1次印刷
成品规格　170 mm × 240 mm
印　　张　10.75
字　　数　120千字
书　　号　ISBN 978-7-5408-8603-5
定　　价　138.00元（全4册）

如发现质量问题，请与本社联系。总编室电话：（028）86365120
北京分社营销电话：（010）67692165　北京分社编辑中心电话：（010）67692156

目　录

王振擅政

来自太皇太后的警告

宣德十年（1435年）春天，明宣宗朱瞻基去世。九岁的太子朱祁镇即位，第二年改元正统。

由于朱祁镇年龄太小，所以凡事都由太皇太后张氏代为做主。张氏很有智慧，明白皇帝年少，国事主要依靠内阁大臣来决断。有一天，她把英国公张辅，大学士杨荣、杨士奇、杨溥等内阁大臣叫来，对小皇帝朱祁镇说："这五位大臣，都是你的祖父和父亲留给你的，有事一定要跟他们商量。他们不赞成的事，你一定不要做。"

朱祁镇懵懵懂懂地答应了。

张氏又让人叫来一个太监。太监一见到张氏，连忙跪下，把脸贴在地上，大气也不敢出。张氏沉着脸，严厉地对他说："你侍候皇帝生活起居，只知道放任他玩乐，而不知道让皇帝好好读书学习。现在就应该杀了你。"说完，命令身边的女官把刀架在

太监的脖子上，做出一副要杀掉他的样子。

太监吓得蜷缩在那里，瑟瑟发抖，嘴里不住地求饶。

见此情景，朱祁镇也吓坏了，赶紧跪下，替太监求情。几位大臣也跟着跪了下来，一起替太监说情。

见到大家都替太监说情，张氏的神情和语气这才缓和下来。她对太监说："皇帝年纪还小，怎么能知道你们这种人给国家带来的祸害呢？既然大家都替你说情，暂且饶你一命。不过，你要记住，以后不许你干涉国家大事！"

太监捡了一条命，赶紧叩头谢恩，倒退着爬出去了。

掌印太监王振

朱祁镇十六岁的时候，太皇太后张氏去世。皇宫里气氛肃穆，人人脸上都露出悲伤的神情。只有一个太监，压抑不住内心的喜悦，偷偷地笑了。

他就是司礼监掌印太监王振，那个差点儿被张氏杀掉的太监。

王振原来是个读书人，多次参加科举考试都没有中举，只好以秀才的身份做了私塾先生。永乐末年，皇宫里招一批读书人做太监。王振认为这是一个发达的机会，就进宫当了一名太监。到了宣德年间，皇帝见他有学识、人也机灵，就让他到太子朱祁镇宫中，为太子服务。

王振有多年的教书经验，非常了解小孩子的心理，很会逗年幼的朱祁镇开心。朱祁镇也很喜欢他，有什么不懂的事情都向他请教。渐渐地，朱祁镇对王振形成了心理依赖，一会儿也离不开他。

朱祁镇即位后，马上任命王振为司礼监掌印太监。

掌印太监是太监中最有权势的。明代自宣宗开始，一切朝廷大事，先由内阁拟定处理意见，叫作"票拟"；然后，再呈送到宫中，由皇帝用朱笔做批示，叫作"批红"；经过批红的票拟，再由掌印太监加盖皇帝印章，最后交给内阁执行。皇帝往往嫌亲自批红太累，就把这项任务交给了秉笔太监。这样一来，太监的权力大了起来，特别是掌印太监，成了最高权力的代言人。

王振当了掌印太监，得意扬扬，觉得自己总算混出头了，便

开始倚仗皇帝的宠信，利用手中的大权，培植个人势力。

有一次，皇帝派王振带着文武大臣观看将士演武。有一个名叫纪广的武将，提前走了王振的后门，得了第一名。王振就用皇帝的名义，给纪广升了高官。后来，纪广投在王振门下，做了他的帮手。

王振的不轨行为被太皇太后张氏知道了，于是就有了本书开篇那一幕。

为了防止王振擅自利用手中的权力垄断朝政，张氏时常派人到内阁询问，了解王振有没有在票拟上做手脚。

在张氏的严密监管下，王振只好夹起尾巴做人，不敢太放肆。直到张氏去世，王振才长舒了一口气。他知道，属于他的时代终于到来了。

擅政专权

朱元璋曾经在宫里立了一块三尺高的铁牌，上面刻着"内臣不得干预政事，犯者斩"。"内臣"指的就是太监。这句话的意思是太监插手朝政是要被杀头的。

张氏刚一去世，王振就命人把这块铁牌收了起来。从此以后，失去约束的王振便开始擅政专权，不可一世。

为了把军权牢牢地掌握在手中，王振首先以皇帝的名义，任命自己人担任兵部尚书。他让自己的侄儿出任锦衣卫最高指挥

官，而且还可以世袭。

工部有一个官员，长相挺好，却不留胡子。王振问他："你为什么不留胡子呢？"他说："老爷，您没有胡子，我这当儿子的怎么敢有呢？"王振听了很开心，很快就给他升了官。

其他文武百官一看，要想升官，就得走王振的门路，于是，不管是朝廷里的，还是地方上的，都带着黄金求见王振。王振的胃口很大，所带黄金低于一百斤的官员，他根本不见。献上的黄金越多，受到的礼遇越好，升的官也越大。有的人，带的黄金不够，只好在王振的府门外跪着求见；有的人，送了一千斤黄金，王振赏他好酒好菜，直到喝醉吃饱才出来。

当初受命辅佐皇帝的五位内阁大臣中，杨荣已经去世，杨士奇退休，张辅和杨溥年纪大了，不想招惹王振；后来进入内阁的大臣，也都是些平庸之辈，更惹不起王振。

朱祁镇完全信任王振，给予他最大的权力。朝廷里的事，几乎是王振一个人说了算。

翰林院有个官员，名叫刘球，看不惯王振擅政专权，就给皇帝写了一道奏章，希望皇帝亲政，任用正人君子管事。王振见到奏章，马上让锦衣卫把刘球抓进了诏狱。随后，他又让锦衣卫设计杀死刘球。

巡抚于谦每次进京汇报工作的时候，从来不给王振送礼。恰巧有一个姓名与于谦相似的官员经常不听王振的招呼，王振以为他俩是一个人，就让人弹劾于谦，给他降了职。山西和河南的老百姓集体请愿，要求留下于谦，皇亲贵胄也为于谦说情，王振才恢复了于谦的职位。

与瓦剌人做交易

正统初年，蒙古的瓦剌部先后征服了鞑靼、兀良哈二部，统一了蒙古。瓦剌人与明朝保持着朝贡贸易关系。他们将良马作为贡品，进献给朝廷。朝廷根据瓦剌的贡品价值，回赐物品。通常，回赐的物品价值要高于贡品价值，而且，瓦剌使者都能得到赏赐。为了得到更多的赏赐，瓦剌使者从一开始的不到五十人，

增加到后来的两千多人。

对于瓦剌人的这一过分行为，王振不仅不加以限制，还纵容他们虚报使者人数，以多领赏赐。

原来，王振早就与瓦剌人有了私下交易。他让在大同担任监军的太监郭敬每年私造大量箭矢，与瓦剌交换良马，作为个人财产。为了在朝贡贸易中获得更多利益，瓦剌人还经常贿赂王振。

瓦剌人的胃口越来越大。有一次，瓦剌派了两千五百名使者前来朝贡，虚报了五百，成了三千人。王振觉得瓦剌人太过分了，就让礼部按实际人数发放赏赐，还故意削减瓦剌的贡马价值，只按实际价值的五分之二回赐物品。

瓦剌使者回去后，添油加醋地向瓦剌太师也先汇报了情况。也先大怒，决定出兵攻打明朝。

于是，一场战争就这样发生了。

知识加油站

太皇太后：皇帝的祖母称为太皇太后。

司礼监：官署名。明代宦官二十四衙门之一。明朝为了管理皇宫事务，设置了"十二监"，司礼监是其中之一，也是十二监中权力最大的部门。

擅政专权：朝廷政事由某人独断专行，不许他人插手。

世袭：指帝位、爵位等世代相传。

亲政：指由皇帝本人亲自处理朝政。特指幼年继位的帝王成年后亲自执政。

土木堡之变

英宗亲征

正统十四年（1449 年）七月，瓦剌太师也先兵分四路，向明朝发动进攻。也先率领其中一支主力部队进攻山西大同。

由于掌权的大太监王振拨给地方的军费有限，所以大同一带的明军装备不良，打不过瓦剌军队。大同前线失利的战报像雪花一般飞向朝廷，朱祁镇坐不住了。王振看出了皇帝的心思，就一个劲儿地撺掇他御驾亲征。这时的朱祁镇二十来岁，正是血气方刚的时候，在王振的撺掇下，忍不住想体验一把祖辈当年的威风。于是，他决定御驾亲征，教训一下也先。

兵部尚书邝（kuàng）埜（yě）和兵部侍郎于谦极力劝阻，说皇帝不能在准备不足的情况下贸然出征。吏部尚书王直率领群臣劝谏，说明利害，希望皇帝不要轻易冒险。朱祁镇只听王振的话，根本不接受大家的意见，打定主意要亲征。

朱祁镇让弟弟朱祁钰据守北京，然后，率领王振等一百多名

文武官员、五十万大军从北京出发，威风凛凛地向大同前线进军。

由于准备不足，五十万大军又是临时拼凑的，所以军中纪律很差，到了夜里，总是有人吵嚷，乱哄哄的。过了居庸关，群臣请皇帝下令休息，整顿一下，朱祁镇不同意。到了宣府，风雨大作，前线告急的消息不断传来。群臣担心皇帝有危险，再次上奏章请皇帝停下来。王振大怒，警告群臣不要多嘴。

王振擅政专权多年，群臣没有不怕他的。大将军朱勇向他汇报工作，得跪下用膝盖蹭着地走。兵部尚书邝埜和户部尚书王佐没听王振招呼，被罚跪在草丛里，直到天黑才让站起来。负责观察天象的官员是王振的人，他说："天象显示，再往前将会有危

险。"王振却说："即使如此，也是命。"一个学士说："我们做臣子的，死了就死了，皇帝关系着国家的安危，怎么可以轻易进入死地呢？"王振压根儿不听。

军队到了阳和（今山西阳高与内蒙古丰镇之间），只见遍地都是明军的尸体。原来，明军的先头部队前不久在这里与也先的军队发生过激烈的战斗。群臣和将士们都很害怕，王振却不以为然，督促军队继续前进。最终，军队到了大同。

在王振的撺掇下，朱祁镇准备继续往北进军。这时，大同的监军太监郭敬悄悄告诉王振，也先的军队实在是太恐怖了。因为他曾参加过阳和战役，亲眼见过血腥的场面，要不是躲在草丛里装死，自己早就没命了。

这时，王振才感到害怕，于是建议朱祁镇班师回京。

回师兵败

军队从大同往回撤，到达双寨后，雨很大。王振想绕经蔚州（今河北蔚县），从紫荆关回北京。原来，蔚州是他的家乡，他想趁这个机会，带着皇帝回家乡显摆一趟。朱祁镇没有拒绝王振的提议。于是，军队浩浩荡荡地往蔚州去了。

刚走出四十多里地，王振突然想起来，现在正是庄稼丰收的时节，这么多的军队路过家乡，一定会踩踏庄稼，便下令掉转方向，再往宣府方向去。

经王振这么一折腾，军队回师的时间就耽误了。也先率兵追了上来。邝埜建议皇帝率中军加急行动，迅速进入居庸关，留下一部分军队在后面掩护。王振却训斥道："你一个迂腐的书生知道什么军事，再乱说话就杀了你。"邝埜说："我为国家和百姓着想，何必用死来吓唬我！"王振更加愤怒，让人把邝埜拖了出去。

王振自以为是，不听旁人的建议和意见，派大将军朱勇率四万兵马去阻击追兵，却中了埋伏，全军覆没。

军队行进到了宣府，也先的追兵从后面袭击，明军死伤无数。

剩下的军队继续往北京方向后撤，到了土木堡。这里距怀来县城只有二十来里地。当时，太阳还没落山，军队完全有时间赶回城里。王振却坚持要等后面运输粮草的车辆跟上来才进城。于是，军队只好在土木堡这个小地方驻扎下来。

土木堡之变

也先率领大军连夜赶来，第二天就到了土木堡。也先派军队把土木堡包围了起来，同时，占据了土木堡南面的一条小河，断绝了明军的水源。明军困守在土木堡里，想挖井解决饮水问题，挖了两丈多深，都没有水。明军人渴马乏，眼看就没有战斗力了。

瓦剌军后援队伍陆续赶到，土木堡被围得水泄不通。也先使了一计，假意派使者与明军商量议和。朱祁镇信以为真，马上同意。于是，也先令瓦剌军做出后退的样子。王振赶紧让明军转

　　移阵地。明军一动，原来的阵形就乱了。这时，瓦剌军如虎狼一般从四面八方杀了过来，大喊投降不杀。明军猝不及防，四处逃散，踩踏而死者不计其数，尸横遍野。

　　朱祁镇在亲兵的护卫下，左冲右突，却杀不出重围。眼见敌兵越来越多，估计逃是逃不掉了，朱祁镇寻思着，与其狼狈地挣扎，还不如做个体面的俘虏。于是，他干脆下马，面向南方，坐在地上，等瓦剌军来抓他。

　　很快，瓦剌军就冲了过来。一个士兵上前要抢夺朱祁镇的衣甲，一看他的气质与众不同，衣甲也和别人的不一样，觉得他的身份不一般，就把他推到了也先弟弟赛刊王的面前。

　　赛刊王气势汹汹地盘问朱祁镇。没想到，眼前的这个俘虏竟然毫无惧色，反过来问他是谁。赛刊王这才意识到他不是一般俘

虏，就报告了也先。也先派留在瓦剌军中的明朝使者前来辨认，这才知道，这个俘虏原来是明朝皇帝。于是，暴露了身份的朱祁镇就成了也先的重点监管和保护对象。这倒并不是因为也先有多么仁慈，而是因为，拿皇帝做筹码，可以和明朝谈条件，换取更多的好处。

朱祁镇虽然当了俘虏，可毕竟活下来了。其他人就没有这么幸运了。这一战，明军死伤数十万，王振死于乱军之中，跟随皇帝出征的文武官员也大多战死。

也先带着朱祁镇北还，到了宣府，让朱祁镇向城里守军喊话，打开城门出来迎接。城里守军以天黑为由，拒不开门。也先又带着朱祁镇去大同，以皇帝的名义向大同守军索要金币。城里的官员将领凑了一大笔钱，献给了朱祁镇。朱祁镇转手把钱全给了也先。大同守将郭登打算派出一队精兵偷袭瓦剌军营，把朱祁镇救出来，却没有得手。也先带着朱祁镇继续往北去了。

知识加油站

土木堡之变：又叫土木之变。明朝正统十四年（1449年）九月，明英宗第四次北伐，明朝军队在土木堡败于瓦剌。明朝统治由此开始走下坡路。

兵部侍郎：兵部主要负责征兵、管理军籍、传达军令等军事任务。兵部侍郎是兵部的副长官，仅次于尚书。

吏部：吏部主要负责全国文官的任免、考评、升降、调动等事务。

北京保卫战

下定决心，保卫北京

也先让朱祁镇给怀来的守军写信，索要财物。守军连夜把信送到了北京。太后派人给也先送了很多金银财宝，希望他能放了朱祁镇。也先当然不肯放人，而且，还向朝廷索要更多的财物，如果不给，就率兵攻打北京城。

消息传回北京，朝廷上下人心惶惶，不知如何是好。一个叫徐珵的官员说："通过天象来看，大明的气数将尽，只有迁往南方才可以避过灾难。"

礼部尚书说："永乐皇帝把皇陵建在这里，就是告诉后人不可以放弃北京。"

时任兵部侍郎的于谦厉声说道："说南迁的人应该斩首。京城是天下的根本，一旦变动就完了。难道忘了历朝历代南渡的下场了吗？我们要马上从各地召集兵马，誓死保卫北京！"

太后一时拿不定主意，就问太监李永昌。李永昌说："皇陵、

宫殿在这里，还有粮仓、国库、百官、百姓也都在这里。"他的意思是不赞成南迁。

太后听了，决定上下一心，坚守北京，并下令让朱祁钰监国，统领百官，抵抗也先；紧接着，又封朱祁镇的儿子朱见深为太子。

文武百官认定王振是土木堡之变的罪魁祸首，请朱祁钰下令将王振灭族。锦衣卫指挥使马顺是王振的走狗，想用武力吓退百

官，反被愤怒的百官当场打死。王振全族人无论老少都被处死，家也被抄了。朝廷从他家中抄出来的金银财宝装满了六十多个仓库，奇珍异宝不可胜数。

百官向太后建议，太子年幼，皇帝又被也先囚禁，国家没有君主，无法安定，应该立朱祁钰为皇帝，名正言顺地主持朝政。太后同意了。朱祁钰接到太后的旨意，不敢受命，退回到王府。于谦说："我们这些做臣子的，是真诚地为国家考虑啊，不是为了个人私利才请您即位的。"

这时，有人带来了朱祁镇的口信，说朱祁钰在各位王爷之中年龄最大，而且也很贤明，可以继承帝位。于是，朱祁钰就登基做了皇帝，改元景泰，尊奉朱祁镇为太上皇。

朱祁钰任命于谦为兵部尚书，担任保卫北京的最高军事指挥官。在于谦的指挥协调下，北京城内的守军做好了积极应战的准备，文武百官进行了合理分工，各地的援军也陆续向北京赶来。

御敌门外，严阵以待

朱祁钰向于谦授权，将士们如果不听指挥，可以先斩后奏。于谦向众将士下令，两军对阵的时候，如果将官不顾士兵率先后退，就杀了将官；如果士兵不听将官指挥，擅自后退，后队就可以斩杀前队。

将士们知道，只要临阵脱逃，必死无疑，因此，都抱定了死

战到底的信念。一时间，军中士气高昂。

在讨论如何守城的策略时，将军石亨建议关闭北京城的所有城门，在城内死守。于谦说："瓦剌军打了胜仗，士气正旺；我们再示弱，退缩在城里，只能更加助长敌人的气势。"于是，他命令各位将军带领二十多万大军，分别在九门之外列阵；自己和石亨在德胜门外列阵驻守，准备迎战也先的主力部队。同时，下令关闭所有城门，以免有士兵偷偷逃回城内。

也先率领大军，挟持着朱祁镇从大同到了阳和，攻陷了白羊口，紧接着打到了紫荆关下。紫荆关的守将战死，关城随之失守。也先大军长驱直入，一路杀奔北京而来。

十月初，瓦剌军到了京郊。也先胁迫朱祁镇写了三封书信，分别送给太后、朱祁钰和文武百官，劝说朝廷投降。这时的朝廷上下早已做好了死战坚守的准备，当然不会答应。于是，也先率军直奔北京城郊，在西直门外排开阵仗，把朱祁镇押在德胜门外的土城里，继续与城内沟通，让朝廷派大臣出城迎驾。

朱祁钰派了两名官员到也先营中，想见朱祁镇。也先嫌这两名官员级别不够，要求派于谦、石亨等大臣来迎驾，还索要价值上亿的金银财宝。

朱祁钰身边有人想议和，就派人到军中问于谦。于谦回答："现在我只知道带兵打仗，其他不是我要关心的。"

于谦的坚决态度稳定了军心，也让那些摇摆不定的人丢掉了议和的想法。

血战到底，击退敌军

也先一看诱降不成，就开始发动进攻。他先派一支骑兵到德胜门，窥探明军的情形。于谦提前在已经搬空的民房里设下埋伏，只派出几个骑兵引诱敌人。也先得到情报，以为这里是明军的薄弱之处，就派出上万骑兵来攻。

等到瓦剌军大部队到来，数不清的明军从民房里突然冲出，杀声震天，纷纷用火器攻击瓦剌军。瓦剌军被杀了个措手不及，丢盔弃甲，四散逃窜。在混战中，也先的主要军事助手被明军的火炮击中身亡。

瓦剌军转向进攻西直门。守将孙镗亲自上阵，奋勇向前，斩杀数名敌军先锋，驱逐来犯之敌。瓦剌军增兵来战，将孙镗包围起来，孙镗拼死抵抗。这时，明军的援军也到了。瓦剌军一看不敌，开始后撤。

附近的居民纷纷爬上房顶，大声叫喊，用砖头砸向敌人。附近的明军听到喊杀声，前来支援。瓦剌军打不过，只得逃往别处。

也先低估了明军的战斗意志和战斗力，导致作战时处处受制。就这样，打来打去，五天过去了，瓦剌军没占到半点儿便宜，反而伤兵损将。

当时，还有五万瓦剌军正在攻打居庸关，也遭到了守军的顽强抵抗。守城的将士往城墙上泼水结成坚冰，使得敌人无法靠近。瓦剌军没办法，只得撤走。守城将士出城追杀，连连打了三

场胜仗，杀死敌人无数，缴获了大量战马和军用物资。

也先得信后，非常沮丧，又听说各地的明朝援军马上赶到，于是下令连夜撤退。瓦剌军挟持着朱祁镇，一路烧杀抢掠，往北去了。

经过一场场血与火的洗礼，北京城总算守住了。朱祁钰认为于谦功劳最大，要给他加官晋爵。于谦谦虚地说："令京城郊外成为战场堡垒，这已经是我们作为卿大夫的耻辱了，怎么敢再向朝廷邀功请赏呢？"

过了几天，也先率兵退出了紫荆关。瓦剌军的威胁彻底解除。于是，朱祁钰命令各地前来支援北京的军队停止前进，各自回去。

知识加油站

南渡：晋代和宋代，在北方少数民族的军事打击下，政权都曾往南渡过长江，在南方建立都城，丢了北方的国土，只剩下南方半壁江山。文中于谦以此为例，说明南迁的害处。

卿大夫：周代设置的官职名，后世泛指官员群体。

夺门之变

设计诛杀喜宁

也先利用朱祁镇向明朝政府索要了不少金银财宝，因此，也不亏待他，安排专人伺候他，还亲自宰羊，割肉给他吃。赶上朱祁镇过生日，也先大摆宴席，献上蟒袍貂裘，还对他说："如果朝廷派使者来，皇帝就可以回去了。"

朱祁镇说："你送我回去就行了，让朝廷派使者，来回多麻烦。"

其实，也先只是说说而已，在朱祁镇完全失去利用价值之前，怎么可能放他回去呢？

朱祁镇身边有个太监，名叫喜宁。这个家伙一肚子坏水，刚被俘就投靠了也先，时常为他出谋划策。之前，也先攻打紫荆关的时候，就是用了喜宁献的计，才迅速得手。从北京败退回来以后，喜宁又出主意，让也先攻打宁夏，抢掠明朝的战马；再挥师南下，进攻南京，让朱祁镇在南京称帝，与北京分庭抗礼。

随朱祁镇一道被俘的，还有一个叫袁彬的官员。袁彬对朱祁镇说："现在天气寒冷，道路又遥远，您不能骑马，一路上又冷又饿；而且，即使到了南京，守城的将士不接纳您，怎么办呢？"于是，朱祁镇拒绝了喜宁的提议。

喜宁对袁彬怀恨在心，经常在也先面前说他的坏话，想要杀了他。幸亏朱祁镇劝阻，才保住了袁彬的性命。

喜宁多次诱导也先，让他侵扰明朝边境。朱祁镇很讨厌喜宁，就建议也先派喜宁和另一名高姓军官一起去北京索要礼物，私下让袁彬写了一封密信给高姓军官带在身上，通知宣府的守军设计拿下喜宁。喜宁不知是计，美滋滋地去了，结果被宣府守将派兵擒拿，送到京城，被凌迟处死。

朱祁镇还京

除掉了喜宁这个叛徒，就相当于去掉了也先的耳目。之后，瓦剌军在与明军作战中渐渐处于不利的境地。也先打不过明军，就把朱祁镇搬出来，让他劝降明朝的守将。然而，朝廷早就下了命令，瓦剌人如果利用太上皇威胁、劝降或索要财物，各地守将一概予以拒绝。眼看朱祁镇已经没有什么价值可以利用了，也先就派人向朝廷传话，希望对方派使者来商量议和的事情。

于谦认为，之前朝廷派过两次使者，一次被也先扣留了，另一次没有见到太上皇。万一主动求和，对方再贪得无厌，提出更

多要求，反而被动，因此，不同意议和。

也先派兵攻打大同和宣府，都被打退，无奈之下，只得以送还朱祁镇的名义请求议和，希望最后一次利用朱祁镇恢复与明朝的正常朝贡贸易。

朱祁钰担心朱祁镇回来影响自己的皇位，就不想接他回来。可是，大臣们认为应该把朱祁镇接回来。朱祁钰不高兴地说："我不是贪图皇帝的位子，当初都是你们硬把我推上皇位的。"于谦说："现在皇帝的位子已经确定了，怎么可能再改变呢？按照道理，我们应该迅速迎还太上皇，万一也先使诈，我们也有话可说。"于是，朱祁钰同意派礼部右侍郎李实等人为使者，前往也先处商议迎还朱祁镇的具体事宜。

李实到了瓦剌营地，见到了朱祁镇。朱祁镇哭着说："我在这里快一年了，才见到你们啊！"

李实等人责怪朱祁镇太过宠信王振，才导致兵败被俘，希望他回京之后做自我检讨。这令朱祁镇很不开心。

也先命人告诉李实等人，希望朝廷再派使者来接朱祁镇回京。于是，朱祁钰又派了左都御史杨善等使者前去。朱祁钰的本意是让杨善等人先了解一下情况再说。没想到，杨善直接把朱祁镇给接了回来。

景泰元年（1450 年）八月间，朱祁镇终于回到了北京。

软禁太上皇，废、立太子

朱祁镇回京之后，朱祁钰率领百官迎接，将其送往南宫安置，朱祁镇虽然名义上是太上皇，实际却是被软禁起来了。

朱祁钰派锦衣卫在南宫宫门上了锁，还灌了铅，只能从一个小洞往宫内送饭。朱祁镇缺吃少穿，生活过得很艰难。有时候，不得不让自己的老婆——曾经的皇后做些女红，托人带出去卖钱补贴家用。

有几次，官员们想要拜见朱祁镇，都被朱祁钰拒绝了。因为担心有人与朱祁镇联络，朱祁钰命人把南宫附近的树木都砍光了，使得人们无法藏身。

　　朱祁钰想废掉太子朱见深，立自己的儿子朱见济为太子，又不好自己开口。于是，他就在太监的建议下，授意大臣上疏，提出废、立太子。

　　很快，太子朱见深就被改封为沂王，朱见济被立为太子。没想到，朱见济刚当太子没多久就死了。大臣们上疏，认为这是天命，希望皇帝再把朱见深立为太子。

　　朱祁钰大怒，把那些劝他立朱见深为太子的大臣一个个都下了诏狱。因为朱祁钰没有其他儿子，太子的位置就一直空着。

夺门复位

　　景泰八年（1457年）正月，朱祁钰病重，召见石亨，让他代替自己举行祭祀活动。石亨见皇帝病得厉害，回去之后与都督张軏（yuè）、左都御史杨善及太监曹吉祥商量，与其立太子，不如直接拥护太上皇复位，可以邀功请赏。

　　他们找到了副都御史徐有贞，请他一起参与。徐有贞就是在北京保卫战之前提议南迁的徐珵。因为朱祁钰讨厌他的名字，徐珵为了升官，就改了名。

　　徐有贞建议马上行动。正好有边关派人来报警，徐有贞对石亨等人说："就以备战应对非常事件为名义，带兵进入皇宫。"

　　第二天，朱祁钰准备上朝，宫门早早就开了。徐有贞率先到了朝房，石亨和张軏率领各自的家兵，混在御林军之中进到皇

宫。石亨、张軏与徐有贞会面之后，率兵直奔南宫，砸墙破门，见到了朱祁镇。

朱祁镇问他们这是怎么回事，众人拜倒在地，请他重登皇帝宝座。于是，朱祁镇在众人的簇拥下，出了南宫，到了东华门。守门人不给开门。朱祁镇说："我是太上皇啊！"于是，门就开了。

朱祁镇上了奉天殿，皇帝宝座在大殿角落里，众人把它推到中间，请朱祁镇入座，随后鸣钟敲鼓，开启殿门。

此时，百官还在殿外等待，听到里面人声嘈杂，都很惊诧。不一会儿，徐有贞走了出来，宣布："太上皇复位了！"

百官震惊不已。朱祁镇对百官说："因为景泰皇帝病重，所

以大家迎接我复位，文武百官该干什么还干什么吧！"

朱祁镇复位以后，废朱祁钰，迁往西内。当年改元为天顺，让徐有贞进了内阁，接替于谦担任兵部尚书，把于谦和其他支持朱祁钰的官员都下了大狱。

徐有贞忌恨于谦当初痛斥自己，就建议朱祁镇以勾结藩王谋反的罪名杀了于谦。朱祁镇认为于谦保卫北京有功，不忍杀害。徐有贞说："不杀掉于谦，我们的行动就没有名义。"朱祁镇只得同意了。

可怜一代名臣，就这样成了帝位之争的牺牲品。

知识加油站

分庭抗礼：庭，庭院；抗礼，平等行礼。原指宾主相见，分站在庭的两边，相对行礼。现比喻平起平坐，彼此对等的关系。

女红：也称为"女工"，旧时指女子所做的纺织、刺绣、缝纫等事。

都督：官名。各个朝代的职能权限不同。明代的都督拥有领兵的实权。本文中，都督张轵是守卫京城的军事长官。

左都御史：明代设有都察院，负责监督百官，内置左、右都御史。

御林军：古代保卫帝王和京城的军队。

朝房：古代官员上朝前休息的地方。

石曹之乱

石亨居功自傲

时隔八年之后，朱祁镇在"夺门之变"中成功复位，再次登上皇帝宝座，当然要大封功臣。石亨被封为忠国公，他的侄儿石彪也被封为定远侯；曹吉祥当上了司礼监的大太监，他的养子曹钦被封为高级将领，其他侄子也都升了官。一时间，总共有三千多人升了官，受了封赏。

石亨是"夺门之变"的发起人，仗着自己功高，经常向朱祁镇提要求，为他的亲友和下属邀功请赏。

有一天，石亨带了两个人来见朱祁镇，说："这两人是千户卢旺和彦敬，我有什么机密的事情都和他俩商量，比如请您复位的时候，他俩就立了很多功劳。"于是，朱祁镇就给两人升了官。

此后，石亨每天都要进宫见朱祁镇，为他的亲朋好友和部属求官。朱祁镇从来没有拒绝过他的请求。就这样，在石亨的要求下，一共有四千多人假冒参与"夺门之变"的名义得到了封赏和官位。

　　石亨每次从宫里出来，都要炫耀一番。他的手下人更是四处吹嘘。官员们见朱祁镇如此宠信石亨，纷纷拜在他的门下，给他送礼，希望得到升迁。有两个官员，一个姓朱，向石亨行贿三千金；一个姓龙，向石亨行贿八百金，得到了不同级别的官职。人们称他们为"朱三千，龙八百"。

　　石亨大权在握，对以前得罪过自己的人和不听话的人，动不动就打击报复。百官惧怕，不敢正眼看他。

　　大臣年富曾经弹劾过石亨的侄儿石彪，石亨就派人把他抓了起来，关进了监狱。朱祁镇知道后，就问大学士李贤："年富这人怎么样？"李贤说："年富办事公平严明，能解决积压很久的问题。"朱祁镇明白了，说："一定是石彪忌恨年富，没有满足他的私欲，故意陷害他。"在朱祁镇的干预下，年富被释放，却

因为不肯依附石亨，被罢官回家了。

石曹联手，打压徐有贞

有御史弹劾石亨和曹吉祥强占民田。朱祁镇当着曹吉祥的面，对大学士李贤和徐有贞说："御史敢于直言，真是国家之福！"

曹吉祥把这件事告诉了石亨。石亨非常生气，指责御史诬告他，又迁怒于李贤和徐有贞，说他俩是幕后主使。石亨私下对曹吉祥说："如今内廷是你的天下，我在朝中统领百官，李贤和徐有贞诬陷我俩，用意很明显啊！"

徐有贞虽然曾和石亨一起发动了"夺门之变"，但是，对石亨并不服气，想再立功压他一头。于是，二人之间产生了严重的矛盾。

石亨联合曹吉祥，一起在朱祁镇面前说徐有贞的坏话。徐有贞则指使御史多次弹劾石、曹二人。

朱祁镇对三人都有意见，于是暗中让锦衣卫去了解情况。派去的一名锦衣卫恰好是曹吉祥和石亨的人，他就给朱祁镇上书说，是徐有贞和李贤指使御史诬陷石亨。曹吉祥也跪在朱祁镇面前哭诉自己和石亨的功劳，说徐有贞的坏话。

朱祁镇感念二人的功劳，信了他们的话，把徐有贞和李贤降了职。

石亨之死

此后，石亨更加嚣张跋扈。渐渐地，朱祁镇对石亨的嚣张跋扈越来越不满，不再轻易答应他的请求。有一次，石亨又想提拔一名官员，朱祁镇没有同意。石亨从宫中出来以后，气呼呼地说："一次不行，下次再来！"朱祁镇知道后，心里非常不快，可转念一想，当初要不是他发起"夺门之变"，自己也不能复位，就忍了下来。

朱祁镇总觉得"夺门之变"说起来不怎么好听，就征求李贤对于这件事的看法。李贤说："说'迎驾'还可以，'夺门'让后人怎么看？皇位本来就是您所拥有的，用'夺'字，就说明不是顺应天道而行。当时也就是侥幸成功，万一事情败露，石亨这些人死不足惜，难道就不考虑您怎么办吗？如果景泰帝病重好不了，群臣自然会上表请您复位。石亨这些人即使想得到赏赐，又拿什么邀功呢？那些老臣旧人何至于遭到杀戮、贬官？给别人升官、收受贿赂的现象又怎么会有呢？国家的太平气象，就是让这些人给折腾得不到一半了。"

听了李贤的分析，朱祁镇对石亨更加反感，从此，他忌讳人们再说"夺门之变"，更反感有人利用这件事冒功请赏。他为此专门下了一道圣旨，严禁群臣使用"夺门"二字，对于冒功者，一经查处，立即罢免。

不久，石彪犯了罪，被锦衣卫抓了起来。石亨受到牵连，非

常害怕，向朱祁镇请罪，请朱祁镇罢免自己和亲属的官职，归乡养老。朱祁镇没有同意。石彪招供了更多不利于石亨的事情。朱祁镇就罢了石亨的官，夺了他的军权。

石亨感觉到自己处境危险，就有了反心，对心腹卢旺和彦敬说："我现在的高官厚禄，都是你们想要的。"

卢旺和彦敬面面相觑，不明白这是什么意思。石亨接着说："陈桥兵变，史书上也没有说是篡位。你们如果帮助我成就大事，我现在的官不就是你们的吗？"

原来，石亨想效仿宋朝开国皇帝赵匡胤，通过搞兵变夺取皇位。

锦衣卫觉察了石亨的言行后，报告了朱祁镇。朱祁镇马上派人把石亨下了诏狱，定为谋反罪，准备处死。没等执行，石亨就因饱受酷刑折磨，死在狱中。

曹氏父子作乱被杀

石亨之死令曹吉祥深感不安。正巧，他的养子曹钦因为违法乱纪受到了朱祁镇的责罚。曹吉祥隐隐觉得，朱祁镇可能很快就会对自己下手，便和曹钦私下商量，决定先下手为强。

父子二人定好了起兵造反的日子，计划由曹吉祥带领宫中禁军做内应，曹钦率兵入宫，废掉皇帝。

曹氏父子之前私下豢养了很多蒙古降将降兵，这些人积极响

应曹吉祥父子的造反谋划。在行动之前的夜晚，曹钦宴请这些人。其中一个人害怕造反失败，自己受连累，于是偷偷跑去朝房告密。

当晚，恭顺侯吴瑾在朝房值班。怀宁伯孙镗奉命西征，准备第二天向皇帝辞行，也住在朝房里。得知消息后，两人在一张纸条上写下"曹钦反，曹钦反"六个字，送到宫中。

朱祁镇得信后，急忙派人把曹吉祥抓了起来，下令紧闭皇城四门和京城九门，不许开启。

曹钦发现事情已经败露，就率兵攻打东、西长安门。孙镗让两个儿子紧急召集两千名西征军前来支援。曹钦打不过，就往东安门逃跑，正好碰上吴瑾。激战中，吴瑾被杀。

曹钦放火烧城门，想冲进去，结果火势太大，根本进不去，只好逃回家里。孙镗率兵追杀，把他家包围了起来。曹钦一看逃不掉，就投井自杀了。

第二天，朱祁镇下令，把曹吉祥连同曹钦的尸体一起处以凌迟之刑。

随着石曹之乱的平息，夺门之变的往事便很少再被人们提起。

知识加油站

　　皇城四门：天安门，明朝叫作承天门；地安门，明朝叫作北安门；东安门、西安门。

　　京城九门：正阳门、崇文门、宣武门、朝阳门、阜成门、东直门、西直门、安定门、德胜门。

皇庄与流民

设皇庄与民争利

天顺八年（1464年），朱祁镇去世，庙号英宗。太子朱见深即位，时年十七岁，第二年改元成化。

曹吉祥被诛杀后，曹家的田地一度闲置。朱见深即位后，把这些田地都收归宫中所有，命名为皇庄。有大臣说："四海之内的田地都是皇帝您的，何必跟老百姓争利呢？"朱见深不以为然。

朱元璋为了不影响农民种地，曾预留了不少田地专供军队和战马所用。朱见深开设皇庄以后，皇亲国戚王公贵族争相效仿，先是侵占军队预留田地，这些田地很快就被抢光了。于是，那些还没抢到田地的豪强纷纷夺取农民的田地作为自家庄田。

眼见这个公主占了数百顷田，那个王爷占了几千顷地，朱见深不但不制止，还予以批准。

户科给事中邱弘等人看不惯这些人的做法，集体上书，说："建国初期，北直隶、山东地广人稀，朝廷多次颁布命令，让老

百姓耕种，永不收税。如今，当地的豪强倚仗权势，说这些田地都是闲田，向您讨要数十顷、数百顷。一百顷地就是一百个家庭的不动产，怎么可以为了一家的私利而强夺一百个家庭的不动产呢？请求您收回之前的命令，让他们把这些田地还给百姓，并下令让他们纠正以前的错误。"

朱见深听从了邱弘等人的意见，下诏说："从现在开始，凡是请求赏赐田地者一概不予批准。"

不久，有人以太后弟弟的名义向朱见深讨要涿州的六十多顷田，朱见深不得已，只得批准。于是，其他皇亲国戚跟风讨要，

朱见深也都批准了。

给事中李森上书劝谏，朱见深却假装没看见，不予回复。

农民失去了田地，沦为佃农或者流民，生活困苦，却又没处说理，逼急了，只能造反。

刘千斤起义

刘千斤本名刘通，是河南失地流民。刘通臂力惊人，能举起千斤重的石狮，因此被人们称为"刘千斤"。由于失去土地，刘千斤流落到湖北荆州和襄阳一带。这里属于三不管地界，从元朝开始就有流民聚众闹事，直到元朝结束都没能制止。

刘千斤纠集石和尚、刘长子、苗龙、苗虎等人，聚众数万反抗朝廷。刘千斤自称汉王，帐下设置将军、元帅，发兵进攻襄阳和邓州。

朝廷派兵前往征讨，结果被刘千斤的起义军打败。明军调整了战争策略，分四路进攻，连战连胜，斩杀了刘千斤的儿子和苗虎。刘千斤退到山里，占据险要地势，坚守不出。

明军四面围攻，刘千斤战败被擒，苗龙等战死，石和尚与刘长子突围而逃。随后，石和尚又聚集千余人，转战四川一带，终被明军分兵击溃，石和尚也被擒。

一场轰轰烈烈的流民起义就这样被镇压了下去。

流民再起，项忠镇压

过了几年，全国大旱，运河水位下降，停运了。长江水势低浅的地方也枯竭了。田地里的庄稼浇不上水，都旱死了。百姓没得吃，饿死无数，侥幸活下来的，只能四处逃荒，沦为流民。至少有九十万流民进入河南、湖北一带的大山里。

刘千斤原来的手下李胡子再次聚众起义，自称"太平王"，下设总兵、先锋等职，还立了"一条蛇"和"坐山虎"等名号。

起初，明军派兵围剿，屡战屡败。流民起义的影响扩散到荆州和襄阳一带，各地流民纷纷响应。朝廷命都御史项忠统管河南、湖广军务。项忠将军队安排在各个要害地方，到处大张旗鼓，然后，派人进山劝降流民。

流民都是普通百姓，没见过这么大的阵仗，被项忠派去的人一吓唬，纷纷出降。李胡子派助手前往侦察，结果被抓。

项忠紧接着调集周边二十万军队，分八路前来围剿。又有数万流民归降。李胡子等起义军的主要头目都被明军擒获。

项忠调动军队到竹山，又招降五十万流民。遇有反抗，军队就以武力镇压，杀死或俘虏了很多人。项忠要求从流民中按户选出一人，派去戍边，其余的人返回原籍，分给田地。因为项忠下令驱赶流民，所以下边的官吏就不问缘由，将流民一律驱赶出境。有的流民在洪武年间就已经加入了当地户籍，成为本地人了，也在被驱赶之列。那些被派去戍边的人，大多因为疫情死于途中。

朝廷里有官员弹劾项忠，说他胡乱杀人，建议驳回项忠邀功的请求。

朱见深不听，提拔项忠做了左都御史，赏赐他的儿子为锦衣卫千户，其手下将官也都得到了不同的奖赏。

项忠给皇帝上书，说："我先后招抚了九十三万流民。其他人逃到深山里，我又去招降解散他们，又有五十万人自动投降。我抓了百数人，都是带头闹事的，现在有人说他们都是良民，那么，此前多次上奏说流民猖獗，没办法治理的又是谁呢？造反的流民按照法律本来应该杀掉，我不忍心滥杀，才让年轻力壮者去戍边。那些入了当地籍的流民，有的占山四十多里，招募了上千人的队伍，抢劫杀人，难道就让他们住在那里，不赶走吗？我发出布告，说杀了数千人，只是夸大，用来吓唬他们的，不是事实。"

朱见深相信项忠所说，就写了一封诏书，用温和的语气答复他。项忠得到皇帝的支持，继续在当地增设营堡和兵力，严防流民进山。刚开始效果比较明显，渐渐地，政策松懈下来，流民又开始聚集。

原杰安抚流民

国子监祭酒周洪谟写了一本《流民图说》，认为增加府县建制，把流民都纳入户籍，增加当地户口，可以保证几百年内不会发生流民变乱。都御史李宾把周洪谟的观点讲给朱见深，得到了

朱见深的肯定。

朱见深听取了周洪谟的建议，命左副都御史原杰到荆州、襄阳治理和安抚流民。

原杰四处走访，向百姓宣传朝廷的安抚政策，得到流民的赞成和拥护。于是，原杰会同湖广、河南、陕西等地，收编流民入籍，共收录十多万户，数十万人。对那些没有田地产业及好逸恶劳的流民，驱赶回原籍。对加入户籍者，只收取极少的税赋。流民们都很满意。

原杰还增设了一些府县，用来管理处于深山老林之间的三不管地界。这样，流民得到妥善安置，政府加强了治理，社会风气日渐好转，再也没有人聚集闹事了。

朝廷肯定了原杰的功绩，提拔他做南京兵部尚书。由于过度辛苦操劳，原杰病逝于赴任途中。噩耗传来，荆州、襄阳一带的百姓无不为之感伤落泪。

知识加油站

流民：遭受灾害或失去田地，流亡在外，生活没有着落的百姓。

户科给事中：掌管稽查核对财政赋税、注销户部文卷一类事务的官员。

总兵：在明代是统帅军队出征的将领，后来成为镇守一方将领的职称。

锦衣卫千户：明朝的官职，正五品。统领1120人，每千户管辖10个百户。

弘治中兴

惩治奸臣庸官

成化年间，朱见深痴迷修道，以致滥用奸臣，把朝廷上下搞得乱七八糟，乌烟瘴气。清正廉洁且有能力的人得不到重用，官员们大多在混日子，就连内阁大臣都不能尽心做事。

有一个叫李孜省的小官吏，因为犯法被免去职务，就学习了一些骗人的道术，又重金贿赂宫中掌权太监梁芳，从而得到朱见深的重用。李孜省依仗皇帝的权势，排挤正直的大臣，招来一大帮奸佞（nìng）小人，成天围绕在皇帝身边，以进献修道秘方的名义，向皇帝要官位。

还有一个叫继晓的，也会搞一些骗人的法术，被梁芳推荐给朱见深，做了高官。继晓建了一座永昌寺，逼得数百家居民搬迁，耗费国库数十万钱。

为了便于自己直接封官，朱见深越过掌管官员考核升降的吏部，发明了一种封官体系——传奉官制度：只要皇帝一声令下，

不需要经过吏部考核，即可指定任何一个人做官。

成化二十三年（1487 年）八月，朱见深去世。太子朱祐樘即位，第二年改元弘治。

朱祐樘即位之后的第一件事，就是抓捕梁芳、李孜省、继晓，罢免众多传奉官，同时，开始大力整顿吏治。

内阁大臣万安、尹直和刘吉被人们称作"纸糊三阁老"。尤其是万安，从来没提出过什么好的政治主张，除了喊"万岁"，就是学习李孜省和继晓那一套，给皇帝进献所谓的秘方，供皇帝享乐。尹直和刘吉跟在他后面不学好，也靠糊弄皇帝维持官位。

朱祐樘罢免了万安之后，在宫中找出一个小箱子，里面装的全是万安献给宪宗的秘方。他派人拿给万安看，问他："这难道

就是大臣应该做的吗？"万安羞愧不已。

不久，尹直也被罢了官。"纸糊三阁老"只留下一个刘吉。朱祐樘见刘吉有一定能力，就让他接替万安担任内阁首辅。说来也怪，刘吉从此不再混日子，开始主动工作，时常建言献策，做了不少实事。

重用能臣贤士

朱祐樘起用了一大批在成化年间因为直言而被贬谪的官员。徐溥和刘健替代万安和尹直，进入内阁。二人一心为国，敢于直言，提出不少利国利民的主张和建议。对于二人的提议，刘吉都予以赞同。但在向皇帝汇报时，刘吉以自己的名义提出，以抢占头功。

公正无私的王恕被任命为吏部尚书，开展官场整治行动。他对官员进行严格考核，发现官员有贪腐行为，马上撤职追查；发现官员身体不好，无法胜任工作，也立即停职。仅弘治元年一年的时间，王恕就罢免了一百多名不合格的官员。

马文升是一名文武双全的老臣，从景泰年间就在朝廷供职，在成化年间受排挤，被打发到南京任职。朱祐樘当太子时就听说过他的名声，于是，刚即位就把他调回北京，担任左都御史。马文升感念皇帝的知遇之恩，竭尽心力工作，知无不言，言无不尽。

不久，马文升又被任命为兵部尚书，在朱祐樘的大力支持

下，开始整顿军事。他罢免了大批不合格的将官，并因此招致小人的报复。朱祐樘知道后，专门派了十二名锦衣卫，寸步不离地保护马文升。

后来，马文升被任命为吏部尚书。由于年龄太大，耳朵不好使，朱祐樘跟他交流的时候，让人把他扶到自己跟前，特意提高嗓门儿讲话；谈完后，再让人把他扶下去。

刘大夏德才兼备，治国理政、带兵平叛、治理黄河、打击豪强，无所不能。朱祐樘非常欣赏他，常常委以重任。

有一次，朱祐樘对刘大夏说："我遇到事情总想找你来商量，又担心超越你的职权范围，只好作罢。以后要做什么，或不做什么，你可以用揭帖呈上来。"

刘大夏说："裁决事情，外边的交给政府部门，里边的咨询内阁大臣就行了。揭帖容易滋长不良风气，不能让后世效法。"

朱祐樘赞同他的观点，又问："天下什么时候能够太平呢？"

刘大夏说："求得天下大治，不能太过性急。不过，用人和行政事务应全部与大臣当面商议，在合适的时机实施。时间长了，天下自然太平。"

有一天早朝，本该刘大夏当班，结果，朱祐樘没看见他。第二天见到刘大夏后，朱祐樘对他说："你昨天没上早朝吗？我因为担心御史纠察你，所以没有立即召见你。"

朱祐樘就是这样，对于奸佞庸臣，严惩不贷；对于能臣贤士，宽容爱护。因此，弘治年间，有本事的人大多能得到重用。

重修法典，废除酷刑

明代的法典，基本上都是洪武年间制定的。时间久了，法律条例越来越多，解读起来很困难，执行起来更麻烦。

给事中杨谦复向朱祐樘建议，明确刑律，简化条例，以免相互混淆，影响法律的施行效力。

朱祐樘接受了杨谦复的建议，让刑部主持修订法典，从烦琐的条例中精选出二百九十来条，与刑律一同颁布。

朱祐樘任用的主管刑律的官员，都能做到公正执法，受到人们的赞扬。锦衣卫和东厂，本来是令人闻风色变的特务机关，但在弘治年间，几乎成了摆设。至于廷杖和下诏狱，更是没有发生过。

弘治年间，担任锦衣卫指挥使的朱骥，在执法的时候只用小杖责打犯人。如果犯人罪不至死，他会尽量减轻刑罚，给犯人以活命的机会。

节俭治国

朱祐樘大力提倡节俭，尽量减少皇宫的各项支出。与成化年间相比，皇宫每年的支出节省将近一半。他下令停止各类花费巨大的活动，不许大兴土木。为了减轻百姓负担，他叫停了名目繁多的民间采办。他严禁皇亲国戚侵占农民的田地，祸害百姓。他还多次下令减免一些负担过重的地方税收，给老百姓以休养生息

的机会。

　　朱见深生前喜欢穿用松江府进贡的一种大江细布制成的衣服，每年要给松江加派上千匹布的任务。这种布用细绒织成，非常耗费人工。朱祐樘当太子的时候，就拒绝穿用这种衣服，说："用这种布缝制的衣服，抵得上几件锦缎衣服。穿这个太浪费了。"等他即位后，就下令松江停止进贡这种布。

　　朱祐樘在位期间，政通人和，经济繁荣，社会安定，明朝再度呈现出盛世气象，这一时期被后世称为"弘治中兴"。

知识加油站

首辅：亦称"首揆"。明代对首席大学士的习称。

揭帖：古时候监察部门长官揭发不法官吏的一种文书；也指旧时张贴的启事、文告。

大兴土木：古时候建房多用到土石和木材，"大兴土木"多指大量建造房屋。

弘治十二年科举考试

科举泄题案

弘治十二年（1499年）春天，全国各地的考生云集北京，三年一度的会试在贡院如期举行。

会试一共三场，每场三天。九天下来，众考生虽然疲惫不堪，却也如释重负。至于能不能考中，就看老天爷怎么安排了。

号称"江南四大才子"之首的唐伯虎信心满满，志在必得。他仿佛已经看见状元的桂冠在向自己招手。唐伯虎的自信是有底气的，就在去年的乡试中，他中了解元，成为南直隶省第一名。而上一届的该省解元，在殿试中发挥出色，高中状元。从乡试解元到殿试状元，只差一步了。

然而，令唐伯虎意想不到的是，状元的桂冠没等到，一口黑锅却从天而降。

原来，有人弹劾此次主考官程敏政提前泄露考题，而泄露考题的对象直指唐伯虎和他的好友——一起参加此次会试的徐经。

唐伯虎是苏州人，徐经是江阴人，二人都是南直隶考生。此次相约一同赴京赶考，同住一家旅馆。在会试前，二人一起前往拜会翰林学士、少詹事程敏政。

程敏政与去年南直隶乡试的主考官梁储是好友。梁储非常欣赏唐伯虎的才华，回到北京后，专门让程敏政看唐伯虎参加乡试时写的文章。程敏政也夸赞唐伯虎的文章写得很好。

唐伯虎本打算拜访梁储，可梁储奉旨外出，不在京城，唐伯虎便与徐经一道拜访了程敏政。当时，程敏政还没有被指定为主考官。因为，按照规定，会试前一两天才确定主考官人选。

唐伯虎请程敏政为自己题写了一幅字，给了一点儿润笔费。

徐经家里是大地主，非常有钱，这次出门也很高调，仆人、车马、财物一应俱全。到程敏政府上拜访，徐经自然也不能空手，也送了一些礼物。

二人不只拜访了程敏政一人，还拜访了大学士李东阳，还有吏部侍郎兼詹事府詹事吴宽等高官名士。

李东阳与徐经家是世交，徐经爷爷的墓志铭还是他给写的。吴宽与唐伯虎是苏州老乡，吴宽对这个才华横溢的小老乡也非常看好。

唐伯虎与徐经过于张扬，并不避讳到处拜访朝中高官的行为，引起了其他考生的嫉妒与不满。

考试结束后，还没等发榜，就有人传言，说二人提前从程敏政那里得到考题。恰巧，程敏政阅卷时，发现一篇写得非常好的文章，对别人说，文章一定是唐伯虎所作。这话传出去，更加引起了其他考生和朝中官员的不满。很快，有官员上奏弹劾程敏政泄露考题。

自从"南北榜案"之后，科举作弊在明代很少发生。朱祐樘得知有人泄露考题后很生气，就让另一名主考官李东阳独自审阅考卷。李东阳发现，唐伯虎和徐经的考卷当时还没有被阅取。这说明，根本不存在泄题事件。

然而，事情既然出了，就要给众考生一个交代。于是，主考官程敏政被免职，唐伯虎和徐经先是被下了诏狱，后又被取消了

成绩。朝廷把唐伯虎打发到地方做小吏。

吴宽怕唐伯虎到地方上不受重视，还专门给当地的官员写了一封书信，请对方多照顾。然而，状元梦碎的唐伯虎却不屑于当小吏，他回到家乡，成天喝酒、吟诗、作画。妻子嫌他不上进，与他离了婚。于是，唐伯虎更加放浪形骸，不务正业。

徐经一直盼着皇帝开恩恢复他的考试资格，可直到死也没有等到那一天。虽然他本人没有做出什么大的成绩，但他的玄孙徐霞客却是举世皆知的大旅行家。

弘治十二年同科考生的交结

被程敏政认定是唐伯虎所做的那篇文章，其真正的作者叫王守仁。

王守仁，号"阳明先生"，是心学集大成者，被后世称为"圣人"。王守仁的文章虽然得到主考官程敏政的盛赞，在随后举行的殿试中，却没能进一甲前三名，只中了二甲第六名进士。他的父亲王华可是成化十七年（1481 年）的一甲头名状元。

殿试录取分为三甲，一甲录取前三名，分别是状元、榜眼和探花；二甲录取名额不定，弘治十二年殿试的二甲录取九十五名；三甲录取二百零二名。

王守仁虽然没考中状元，不过，与唐伯虎相比，那也是天壤之别了。正常情况下，王守仁和唐伯虎，一个走上仕途，一个流

落民间，二人之间很难再有什么交结。可是，在二十年后的一次重大事件中，他们及另外两位弘治十二年的同科考生，也在同一时间、同一事件中发生了交结。

正德年间，江西南昌的宁王朱宸（chén）濠起兵造反。王守仁领兵前往南昌平叛。就在这一时期，王守仁与三位曾经同科的考生发生了交结。

第一位就是唐伯虎。当时的唐伯虎，因为名气大，被宁王花重金请到府上，准备让他协助自己夺取天下。唐伯虎虽然爱喝酒，脑子却不糊涂。他隐隐觉得宁王早晚要出事，就天天醉酒，撒酒疯，并找机会逃离了宁王府。唐伯虎逃走没多久，宁王就造反了。因此可以说，唐伯虎和王守仁通过宁王间接地发生了一次交结。

第二位叫张文锦，是弘治十二年殿试二甲第六十名，赐进士出身。张文锦当时担任安庆知府，他预料到宁王将来一定会造反，就提前做好了准备。后来，宁王起兵顺江而下，准备攻打安庆南都，被张文锦率领守军击退。这为王守仁平叛提供了有力的局势。

第三位叫武文定，是弘治十二年殿试三甲第一百一十九名，赐同进士出身。当王守仁平定宁王之乱时，武文定正驻守在江西吉安。他稳定了城里的局势，又打开城门迎接王守仁进城，追随王守仁一起平定了宁王之乱。

同科状元

一般来说，状元总是引人注目的。然而，无论当时还是后来，与唐伯虎和王守仁相比，弘治十二年殿试状元的知名度要差

很多。他的名字叫伦文叙，来自南海县（今广东佛山），是一个穷人家的孩子。伦文叙的父亲务过农，做过工，后来靠撑渡船维持一家生计。这样的家庭培养出一个状元，简直就是奇迹。伦文叙后来继续创造奇迹，他的五个儿子中，有三个考中了进士，堪称"学霸"家庭。

创造奇迹的伦文叙尽管不如唐伯虎和王阳明出名，不过，喜欢写对联的人应该都知道他。因为，他在前人的基础上，创新了对联的形式和内容，成为对联宗师，流传下来很多名对。

一场科举考试，有人金榜题名，有人名落孙山，众多考生的命运也因此发生了改变。对于大多数人来说，科举考试是公平的，大家也只能通过这条渠道进入仕途，实现人生抱负。伦文叙的父亲是个穷苦人，并没有影响伦文叙成为状元；王守仁的父亲是状元，他也照样得参加科举考试；唐伯虎和徐经因为涉嫌作弊，糊里糊涂地丢掉了功名，而且终身与科举无缘。

当然，也有人可以不用参加科举考试，就能一步登天，比如皇帝。只可惜，皇帝只有一个。一般来说，除了皇帝的儿子，其他人压根儿就没有机会参与竞争。

对于朱祐樘的儿子朱厚照来说，更是连竞争对手都没有，因为他是独子。

知识加油站

直隶：旧省名。明称直隶于京师的地区为直隶。洪武初建都南京，以应天府为直隶。永乐初年移都北京，又称直隶北京的地区为北直隶，简称北隶；直隶南京地区为南直隶，简称南直。

少詹事：太子东宫设立詹事府，负责管理东宫内外事务。詹事是主管，少詹事是副主管。

润笔费：请人做诗文书画的报酬。

放浪形骸：行为不受世俗礼法的约束。

玄孙：孙子的孙子。

同进士出身：科举时代按照中试等级赐予的一种资历称号。明清分三甲，第三甲赐同进士出身。

正德八虎

八虎出场，大臣退避

弘治十八年（1505年）五月，朱祐樘病重不起，把内阁大臣刘健、谢迁和李东阳召到乾清宫，交代了后事，希望他们好好辅佐十五岁的太子朱厚照。第二天，朱祐樘就去世了，庙号孝宗。

朱厚照即位，第二年改元正德。对于父亲留给自己的顾命大臣，他并不满意。因为，这些人总是一本正经地劝他做这做那，搞出一堆条条框框来约束他。

十五岁的朱厚照，正处于青春逆反期，讨厌刻板的教条，希望形成独立思想和自主意识。无论顾命大臣们打着什么名义和旗号，说教和约束总是令人不舒服的。能让朱厚照觉得轻松愉快的，只有他的"八虎"。

"八虎"不是八只老虎，而是以刘瑾为首的八个太监。他们都是朱厚照当东宫太子时的老班底。他们了解朱厚照的喜好，知道他爱玩儿，就想出各种办法陪他玩儿，让他开心。

陪着皇帝踢球骑马、玩鹰遛狗、看戏娱乐等，就是"八虎"的日常工作。这些游戏玩腻了，刘瑾等人就陪着皇帝玩角色扮演，在宫中模仿街市的样子，开设各种店铺，摆起各种小摊，让太监和宫女扮演老板、摊贩及普通市民，朱厚照扮作富商逛街消费、游玩。

除了陪皇帝玩耍之外，"八虎"还替皇帝做挡箭牌。刘健等大臣向朱厚照上疏，提出一些主张和建议。朱厚照不想批准，又不愿意当面得罪刘健等人，就让"八虎"出面，指示刘健等人按照自己的意思修改奏折。

　　刘健等人对"八虎"依仗皇帝的权力制约大臣深恶痛绝，就一起上奏，请求朱厚照严惩以刘瑾为首的"八虎"。奏折里的文字非常严厉，上升到了朝政得失、国家存亡的高度。这令朱厚照深感不安，于是，他把司礼监太监王岳等人叫来商议，准备把刘瑾等人安置到南京。刘健等人不同意，坚持要除掉"八虎"。王岳也同意刘健的意见。

　　刘瑾一看事情不好，就带着"八虎"其他成员跪在朱厚照面前，说王岳想害他们。朱厚照问缘由。刘瑾说，因为王岳勾结大臣

们，想阻止皇帝自由出入，怕他们这些人碍事，才想除之而后快。

朱厚照非常生气，就让刘瑾负责掌管司礼监，"八虎"中的马永成和谷大用掌管东厂和西厂。

刘健等人一看，皇帝改了心意，又开始重用"八虎"，知道他们再待下去也没什么好处，而且还可能遭到打击报复，于是纷纷递上辞呈。朱厚照一一批准。

从此，"八虎"各自占据要职，正式出场。

刘瑾专断，百官遭殃

许多官员都向朱厚照上奏，请求留下刘健等重臣。朱厚照不理他们。刘瑾则让锦衣卫把这些官员抓起来，先处以廷杖大刑，然后免官。兵部主事王守仁想为这些官员求情，结果也被刘瑾抓起来，打了五十大板，贬到贵州的深山老林里当驿丞去了。

有一个名叫蒋钦的官员，刚出狱，又上奏，请求皇帝杀了刘瑾，再杀了自己，一命换一命。刘瑾把他抓起来，打了三十大板，扔到监狱里。蒋钦在监狱里仍然上奏，请求皇帝杀了刘瑾。于是，刘瑾又让人打了他三十大板。这回，蒋钦不上奏了。因为，打得过重，三天后他就死了。

刘瑾记恨刘健等人，以及那些希望刘健等人继续留在朝廷里的大臣，就以皇帝的名义，把这些人拉了个名单，列为奸党，然后张榜挂在朝堂上；接着又把群臣召集到金水桥南（今天安门与

天安门广场之间），让他们跪下，听任自己教训。

刘瑾希望皇帝多玩乐、少管事，就怂恿皇帝在西华门外建了宫殿，叫作豹房。每天，皇帝在豹房里玩角色扮演，一会儿扮成店老板，一会儿扮成市场管理者，一会儿又扮成消费者。皇帝玩累了，就找一大帮教坊乐工来唱戏。

刘瑾每次向皇帝汇报工作，专挑皇帝正玩儿得开心时。皇帝很烦，就说："我用你是干什么吃的？老来烦我！"这样一来，刘瑾就不用事事都汇报，可以自己做主专断了。

有人在皇帝必经的道路上放了一封匿名信，上面列举了刘瑾的大量罪状。刘瑾看到后，又以皇帝的名义，召集三百多名官员跪在奉天门下，等天黑的时候，都抓起来投进监狱。李东阳等人极力施救，刘瑾才把他们放出来。

"八虎"内斗，刘瑾垮台

在"八虎"之中，刘瑾最狡猾最狠，另外七个人认他做老大。刘瑾掌权以后，这七个人求他办事帮忙，刘瑾从来不管。于是，这七个人都对他有怨言。

刘瑾想把"八虎"中的张永赶到南京去。张永不服，当着皇帝的面儿，把刘瑾打了一顿。皇帝为了缓和他们之间的矛盾，让谷大用请两人喝了一顿酒。两人表面上和好了，心里却一直记恨对方。

正德五年（1510年），安化王以讨伐刘瑾的名义造反。朝廷派右都御史杨一清率兵平叛，张永以监军的身份一同前往。

张永出发前，皇帝身穿戎装，一直送到东华门。刘瑾本来想趁着张永不在宫中，向皇帝说他的坏话，一看皇帝对张永这么好，只得作罢。

叛乱平定后，杨一清对张永说："多亏您和我一起来，才平定了叛乱。只是这种叛乱容易平定，国家内部有隐患，怎么办呢？"说完，在张永的手心里写了一个"瑾"字。

张永觉得这事很难办，怕万一扳不倒刘瑾，反而引火烧身。杨一清又给他鼓劲儿，又出主意，这才让张永下定决心。

　　张永回到宫中后，皇帝为他设宴接风，刘瑾也在跟前。到了晚上，等刘瑾走了，张永向皇帝告发刘瑾，说他想造反，还把安化王罗列的刘瑾罪名拿给皇帝看。皇帝认为刘瑾辜负了自己，就下令让张永把刘瑾抓起来。

　　张永连夜让负责锦衣卫的马永成带人抓获刘瑾。皇帝最初的意思是把刘瑾送到凤阳，囚禁起来，并没打算杀了他。张永及"八虎"中的其他六人都明白，皇帝还顾念与刘谨的情分，一旦皇帝后悔，放了刘谨，他们这些人肯定就没有活路了。于是，张永派人抄了刘谨的家，搜出了数不清的金银财宝，还有两把藏着匕首的扇子。皇帝生气了，下令把刘瑾投进诏狱，严加审问。

　　许多大臣都通过走刘瑾的后门，才得以升官，因此，在审讯刘瑾的时候都不敢多问。刘瑾得意地说："这些做大官的，都出自我的门下，谁敢问我？"

　　驸马都尉蔡震说："我是国戚，可以审问你。"于是，让人抽刘瑾的耳光，问他："官员都归朝廷所用，怎么说出自你的门下？再说，你藏武器、铠甲干什么？"

　　刘瑾说："用来保卫皇上。"

　　蔡震问："为什么藏在自己家里？"

　　按照明朝的法律，私藏武器、铠甲有谋反的嫌疑。刘瑾没办法证明自己的清白，只得伏法。

　　王振、刘瑾这些太监，看上去权力很大，实际上，他们已经无法与秦汉时期的专权宦官相提并论。

　　以内阁为首的百官，惹不起皇帝，只能想办法对付太监这些工具人。因此，当皇帝强势的时候，太监就得势，欺压内阁和百官；当内阁强势的时候，太监就处于弱势，随时会被皇帝扔出去当替罪羊，以缓和自己与内阁及百官的关系。

知识加油站

顾命大臣：皇帝临终前委以治国重任的大臣。

戎装：军装。

驸马都尉：古代官职之一。负责皇帝车驾的副车之马。魏晋以后，这个职务通常只授给皇帝的女婿。

国戚：皇帝后妃的亲戚。

刘六、刘七起义

官逼民反

对于皇帝来说，内阁和百官相当于打工的，而那些宗室和外戚、勋戚则相当于股东。有好处，股东那一份儿自然少不了。土地是"分红"的一种形式。因此，明朝从开国时起，就有皇帝赏赐宗室、外戚、勋戚土地的例子。后来，就连太监也能得到大量的土地。毕竟，帮着皇帝监督内阁、打压百官也不是好干的活儿，闹不好，还得当替罪羊被杀掉。因此，皇帝也不亏待这些工具人，该赏钱赏钱，该给地给地。

一开始，皇帝赏赐的大多是闲置土地或是荒地。后来，这类土地没有了，包括宗室、外戚、太监等权贵的胃口却上来了，就开始抢占农民耕种的土地。于是，原本属于农民的土地都成了权贵们的私产。农民惹不起权贵，只能打掉牙往肚里咽。渐渐地，权贵拥有良田万顷，而农民却地无一垄，沦为佃农或者流民。

朝廷里有正直的大臣向皇帝反映情况。权贵反而倒打一耙，

说是农民占了他们的土地。皇帝本身都在大搞皇庄，与民争地，又怎么能够限制权贵这样做呢？所以，皇帝只好睁一只眼，闭一只眼，大家各顾各的。

明朝还有一项政策，为了节省政府开支，把军马交由农户代为饲养，再由政府给予农户一定补贴。这看上去是个公平的交易，实际上，对于农户却是一种负担。因为政府对农户养马有严格的要求，马病了、死了，或者繁殖的数量不够，都要罚款。罚款多，补贴少，农民靠种地维生，哪儿来的时间养马，又哪儿来的钱交罚款？

久而久之，农民的地越来越少，养马的任务却越来越重。在这双重压力之下，广大农民实在受不了，就起来造反。一时间，全国各地农民起义此起彼伏，风起云涌。

正德五年（1510年），在北直隶（今京津冀及河南、山东部分地区）文安，爆发了由刘六、刘七领导的农民起义。

刘六、刘七是兄弟俩，都有一身骑马射箭的好本领，专好打抱不平。最初，他们不堪忍受地主和官府的欺压，在霸州等地打家劫舍，杀富济贫。后来，朝廷派人到当地缉捕盗贼，对他们的家属进行残酷迫害。刘六、刘七一怒之下，就在老家召集了一帮贫苦农民揭竿而起，造反了。

攻城略地

刚开始时，刘六、刘七只有几十个追随者，后来，当地的穷人纷纷起来响应，很快就发展到一万多人。

山东、河南一带的穷苦农民在杨虎的带领下，也起来造反，与刘六、刘七的起义军遥相呼应，一起对抗官军的围剿。

因为大多数起义农民都承担着政府的军马饲养任务，所以，起义军队伍里拥有很多军马。既有人，又有马，起义军的实力并不比官府的军队弱。甚至，官军拥有的战马还不如起义军多。

在刘六、刘七的带领下，起义军迅速向周边发展，打下了数十个州县。他们所到之处，官军闻风色变，不敢迎战，一路溃逃。

起义军每打下一个地方，就消灭那里的地主、官僚，打开粮仓救济穷人，释放监狱里的穷苦百姓；同时，从官府的兵器库里得到武器装备，壮大自己的军事力量。

饱受地主和官府欺凌的农民们终于盼来了出头之日，他们有的直接参加起义军，有的为起义军提供粮食和器械，以各种形式支持起义军。

起义军的声势越来越大，令朝廷感到震惊。皇帝派出两名官员前往剿灭起义军。结果，这两名官员不大懂打仗，只求躲在城里自保，不敢与起义军正面作战。

起义军长驱直入，一路攻城略地，总共打下九十多个州县，对明朝政权形成严重的威胁。

形势的发展对起义军越来越有利，刘六、刘七提出了"建国扶贤"的口号，计划先在北直隶站稳脚跟，再打过长江，占领南京，最终实现建立新政权的宏伟目标。

艰苦斗争

朝廷派兵部侍郎陆完率领大批戍边的军队前往剿灭起义军。

当陆完率领军队走到涿州时，忽然收到起义军进逼北京的消息，于是，赶紧掉头回京。原来，进逼北京的是由杨虎领导的另一支起义军队伍。

在陆完和北京军队的联合打压下，杨虎的起义军敌不过，往

南撤退。地方上的官军也配合朝廷的军队一起向杨虎的起义军发起进攻。杨虎的起义军损失惨重，边战边退。

随着朝廷派出的军队越来越多，刘六、刘七的起义军也面临着巨大的压力，不得不开始收缩战线。

在一次作战中，刘六、刘七被箭射中，受了伤，便率领军队往南撤退。在撤退过程中，起义军还捎带着烧掉了朝廷运送粮草的官船，切断了官军的后勤供应。然而，朝廷的军队实在太多。不久，朱厚照又派太监谷大用率领五千名军士，带着先进的火器，配合陆完一起作战。

悲壮落幕

杨虎在一次战斗中不幸落水淹死。起义军在他的手下刘惠和

赵鐩（suì）的带领下继续战斗。赵鐩原来是文安县的一名诸生，有一定的文化学识，而且孔武有力。刘六、刘七起义后，赵鐩带着家人躲在河塘里，起义军发现他们一家人，却被他打退。刘六、刘七见他如此厉害，就邀请他加入起义军队伍。

赵鐩加入起义军后，针对起义军队伍普遍没有文化、组织性纪律性极差的缺点，强调严明军纪，禁止起义军骚扰百姓，在强化战斗力的同时，也赢得了民心。

起义军打出"虎贲三千，直抵幽、燕（今北京、河北）之地；龙飞九五，重开混沌之天"的旗号，转战河南一带，打下不少州县，一直打到湖广、襄阳等地。

朝廷派出重兵围剿，不久，刘惠在战斗中战死。赵鐩被官军抓获，押到北京，处死了。他们领导的起义军也被官军击溃了。

在官军的重兵围堵下，刘六、刘七率领的起义军逐渐向南方转移。到了湖北黄州（今湖北黄冈）时，刘六率兵抢船渡江，不慎落水身亡。刘七率领起义军继续转战于长江沿岸。坚持战斗几个月后，刘七及起义军的骨干力量被官军包围，因寡不敌众，被害身亡。

就这样，这场由刘六、刘七领导的农民起义，经过为时三年的艰苦战斗，最终悲壮落幕。

知识加油站

勋戚：有功勋的皇亲国戚。

建国扶贤：建立国家，扶持贤能的人当皇帝。

诸生：这里是指明代已入学的生员。

应州大捷

"小王子" 犯边

如果说此起彼伏的流民起义和农民起义，对于明朝统治的影响相当于"内伤"的话，那么拥有强大实力的蒙古军队，对于明朝的伤害就相当于严重的"外伤"。

刘六、刘七起义对明朝造成的"内伤"还没好利索，号称"小王子"的达延汗又率兵进犯宣府、蔚州、太原。当地明军守备薄弱，不能组织有力的防御。而蒙古骑兵神出鬼没，令明军不堪其扰。

正德十一年（1516年）秋天，"小王子"又率兵进逼居庸关。明朝兵部调集了辽东、延绥等地的精兵，与宣府、大同的守军共同配合作战，取得了镇西大捷。

镇西大捷虽然暂时打压了蒙古骑兵的嚣张气焰，却并未伤到其筋骨。战后，"小王子"退守威宁海子（今内蒙古商都东南），虎视眈眈，随时准备卷土重来。为了保障边防安全，兵部没有撤回辽东和延绥的援军，让他们原地待命，与当地守军协同防御；同时，积极准备下一场大战，以彻底解除来自蒙古骑兵的威胁。

关注军情，换防出京

"小王子"犯边的军情连续不断地送达朝廷，引起了朱厚照的注意。

朱厚照是一位军事迷，喜欢读兵书，更渴望亲自带兵打仗。然而，成天待在深宫里，他根本就没有亲临前线的机会。手下的那些大臣，也不可能给他这样的机会——毕竟，土木堡之变才过去六七十年，英宗亲征蒙古被俘的前车之鉴仍历历在目。

朱厚照没办法，只好在豹房里模拟作战。他让太监们分成两拨，一拨装作守军，另一拨假装进攻。他扮成将军模样，带着太监们玩攻守作战游戏。可是，游戏玩得再过瘾，也比不上实战。于是，朱厚照开始寻找亲临前线作战的机会。

对于内阁呈送上来的票拟，朱厚照大多懒得关注，唯独关于兵部的一些情况，能让他打起十二万分的精神。因为，通过关注兵部的动态，他可以了解到边关的军事情报。

朱厚照时刻关注着"小王子"屡次进犯的军情，同时也在了解和分析兵部对于边防前线的军事部署。

从镇西大捷到现在，已经一年了，明军再没有捷报传来。相反，蒙古军队的军事行动却越来越频繁了。朱厚照的直觉告诉

他，明军与蒙古军队的决战可能即将打响。于是，他决定亲自到边关指挥作战，即使双方打不起来，那也可以趁机巡视一下边防军务，开阔眼界，增长见识。

皇帝要出巡，必须要经过内阁同意。朱厚照知道，内阁大臣们肯定不会同意，指定会拿英宗亲征做例子，劝他打消念头。因此，朱厚照打算瞒着他们前往边关。

一天，朱厚照带了几个太监，换了衣服，偷偷溜出皇宫，一路骑马飞奔居庸关。到了关口，朱厚照一行却碰了钉子。没有兵

部的命令，守关的将领死活不肯放行。朱厚照亮出皇帝的身份也没有用。没办法，他只好又回到了宫中。

既然硬闯不行，那就智取。朱厚照下令，让总管西厂的太监谷大用临时接管居庸关。就这样，朱厚照堂而皇之地出关而去。

大臣们知道了，赶紧来追，却被谷大用阻挡在关内，因为出不去，大伙儿只得任由朱厚照往边关去了。

威武大将军朱寿

正德十二年（1517年）九月的一天，大同总兵王勋收到一封书信，大意是让他大力整顿军务，加固城池，做好迎战蒙古军队的准备。信的落款是"总督军务威武大将军总兵官朱寿"。

作为一位治军多年的总兵，王勋还是第一次听说"朱寿"的名号。兵部也从未发文通知过他有这么一号人物。王勋把书信翻来覆去看了好几遍，还是丈二和尚摸不着头脑，想不出来这位朱寿大将军到底是什么来头。

然而，从书信的内容来看，显然不是有人开玩笑。因为，这位大将军"朱寿"对于当前的形势非常了解。

当时，号称"小王子"的达延汗率领军队就驻扎在威宁海子，处于大同和宣府之间，紧挨着明朝的边关，随时都有进犯的可能。

在这样的形势下，朱寿寄来这样一封书信，合情合理。而且，书信行文规范，措辞严谨得体，对于当前形势的分析和判断

非常精准，肯定不是一般人所为。

经过多方打听核实，王勋的判断是正确的。这位自称"总督军务威武大将军总兵官朱寿"的，的确不是一般人，而是当今皇帝朱厚照。

前线指挥，调兵遣将

朱厚照一行先到了边防重镇宣府，待了几天，根本看不到蒙古骑兵的影子。于是，他带人继续深入，到了阳和。这里是真正的边防前线，随时都可能遭到蒙古骑兵的攻击。朱厚照一心要与蒙古骑兵决战，根本不怕。他下令就在这里建立前敌指挥部，紧接着，就向各军事重镇发布指令。

以皇帝的名义发号施令，当然是不行的。这一点，居庸关守将的态度就可以证明。朱厚照想出一招，以皇帝的身份封自己为总督军务威武大将军总兵官，名字也改为朱寿。

就这样，包括大同总兵王勋在内的各位重要将领都收到了名为朱寿，实际上来自皇帝朱厚照的指令。将军们可以不听皇帝的指挥，却不能不听总兵官的命令。于是，朱厚照直接越过兵部，成了名副其实的前线总指挥。

经过两个月的时间，朱厚照对各处的将领和驻军情况，以及边防的军事形势有了比较深入的了解。这时，"小王子"率兵五万进犯大同，朱厚照终于有了一展身手的机会。

　　王勋接到情报，赶紧向朱厚照汇报，希望他赶紧离开前线，以保安全。

　　朱厚照自然不会临阵逃跑，反而下令，让王勋率兵出城，在半路上截住敌人。大同的兵力不多，守城都困难，更何况主动迎敌。王勋不想去，却不敢违抗命令，只得服从。

　　朱厚照又派两支队伍前往支援王勋，命令其他将领各自坚守阵地，严防蒙古骑兵的同时，随时准备听从调遣。

决战应州，大胜而归

王勋的队伍快到应州（今山西朔州应县，距大同一百多里地）时，遇上了"小王子"的大部队。双方爆发了一场激烈的遭遇战。

王勋明明知道明军力量与对方相差悬殊，但为了迷惑敌军，他下令将士们猛冲猛打，拼死作战。

一时间，战场上杀声震天。"小王子"误以为自己是和明军的主力部队作战，就采取了守势。战斗进行到傍晚时，"小王子"才发现，原来明军人数有限，于是下令把明军包围起来，准备第二天一举歼灭。

结果，第二天一大早就起了大雾，明军趁着敌人没有发现，逃出了包围圈，进了应州城里。

"小王子"随后率兵追来，王勋率兵出城迎敌，双方再次

发生激战。加上朱厚照派出支援王勋的两支队伍，明军的实力仍然不能与蒙古骑兵抗衡。然而，王勋指挥作战非常勇猛，下马督战，亲自上阵杀敌。在王勋的带动下，明军全力以赴，多次打退蒙古骑兵的进攻。

战斗一直持续了四天。明军被蒙古骑兵分割包围，眼看就要撑不住了。这时，朱厚照率领大部队前来增援。明军合兵之后，又与蒙古骑兵苦战了两天。在朱厚照的指挥下，明军边战边退，将敌军引至朔州。

这时，又是一场大雾。朱厚照命令明军趁着大雾，向敌军发起总攻。他身先士卒，斩杀一名敌军。混乱之中，双方伤亡都很惨重。"小王子"一看占不到便宜，于是下令撤退。

明军也快撑不住了。朱厚照见好就收，下令收兵回师。

没多久，"小王子"死了，蒙古骑兵在很长时间内都没来侵犯明朝。

知识加油站

居庸关：在今北京市昌平区。长城要口、古九塞之一。取"徙居庸徒"之意为名。地势险要，为交通要冲。

葡萄牙人强行租占澳门

葡萄牙使者

　　就在朱厚照取得应州大捷的当年，一支葡萄牙武装船队远渡重洋，来到了广东屯门岛（今香港屯门）。随船而来的，还有自称是葡萄牙国王使者的皮雷斯。

　　此前，葡萄牙人已经灭了作为明朝藩属国的满剌加国，控制了明朝通往印度洋的马六甲海峡。葡萄牙人还想进一步凭借坚船利炮，打开明朝的国门。当然，面对明朝这样一个大国，葡萄牙人不敢像对待小国满剌加一样，直接动武，而是以派遣使者的方式来进行试探。

　　当时，远在欧洲的葡萄牙还没有与明朝建立外交关系，包括朝贡贸易。明代实行海禁政策，一般的外国船只无法进入中国境内，只有得到朝廷承认的、具备朝贡资格的外国船队才能入境。

　　葡萄牙人先向当地的备倭都指挥申请前往广州。还没等广州官方正式回复。葡萄牙人就要硬闯珠江。备倭都指挥只好派人带

领船队前往广州。

抵达广州之后，葡萄牙人兴奋不已，又是鸣礼炮，又是竖旗杆。

广州官方惊呆了，他们从来没有见过这么不按规矩行事的外国船队。负责广州安全事务的梧州镇守太监、总兵官、两广总督先后赶到广州，调查处理葡萄牙船队入使事件。

两广总督以葡萄牙人不向朝廷官员行跪拜之礼为由，打了翻译二十棍，随后带着葡萄牙人学习了三天的明朝礼节，才正式接见他们。

两广总督答应皮雷斯，向朝廷汇报葡萄牙请求开通朝贡的事，让皮雷斯原地待命。

朱厚照收到了两广总督的汇报，颁下圣旨，让葡萄牙人返回

本国，带来的贡品照价收购。

皮雷斯不甘心，决定在广州待下去，等待机会。

当朱厚照借平定宁王叛乱的名义南巡之时，皮雷斯终于得到了觐见皇帝的机会。朱厚照虽然接见了皮雷斯，但并未明确答应他的要求。皮雷斯只能继续等待。

就在这时，在广州的葡萄牙人开始作乱。他们不服从官方的抽税制度，干起了海盗的营生。他们甚至自行设立贸易区，向其他国家的商船强行收税。最后，葡萄牙人干脆占据了屯门岛，作为他们的大本营。

屯门岛海战

正德十六年（1521 年）八月，广东海道副使汪铉（hóng）向占据屯门岛的葡萄牙人发布公告，让他们马上离开屯门岛。与此同时，汪铉做好了武力收复屯门岛的准备。

葡萄牙人拒绝离开。于是汪铉率领明军向屯门岛发起进攻。战斗进行得非常激烈。葡萄牙人凭借威力巨大的火炮死守屯门岛。很快，停泊在周边的另外两艘葡萄牙海船闻讯也赶来助战。明军组织了几次强攻，结果都失败了。

广州市舶司有一名官员，曾经上葡萄牙人的商船抽过税，认识船上的大明水手。汪铉私下与两名大明水手建立联系，通过他们弄到了葡萄牙人火炮的资料，让工匠仿制。随后，汪铉组织了

第二次进攻。汪铉提前准备了一些装满油料和柴草的小船，趁着海风刮向葡萄牙海船的时候，驾驶小船快速冲过去。葡萄牙人的船只体形庞大，行动缓慢，一时躲不开火船的冲击，纷纷着火，船上的人乱作一团。

汪铉命人潜入水下，将那些没着火的船只逐一凿穿。葡萄牙人见势不好，赶紧跳船逃命。

汪铉见时机已到，一声令下，数千明军冲向葡萄牙人，跳上对方的船只，展开激烈的肉搏战。早已陷入慌乱之中的葡萄牙人无心恋战，乘坐三只还没有被破坏的大船，趁天黑逃跑了。

皮雷斯一行在北京也受到了朝廷群臣的抵制。朱厚照下诏拒绝葡萄牙人的朝贡请求，将其驱逐出境。不久，朱厚照去世。临时执政的内阁首辅杨廷和将皮雷斯一行赶回了广州。

这时，屯门海战已经发生。广州政府对皮雷斯等人也不再客气，将他们关进了监狱。没多久，皮雷斯就病死在狱中。

清除葡萄牙人的据点

汪铉率领明军对葡萄牙人连续进行了四十多天的军事围剿。葡萄牙人受到了严重打击，元气大伤。明朝政府要求葡萄牙人离开国境，同时将马六甲海峡控制权归还给当地人。葡萄牙人充耳不闻，照旧做着海盗营生。

嘉靖元年（1522 年），葡萄牙人驾驶几艘小型战舰抵达广东

新会西草湾，准备武力夺取屯门岛。明朝政府派出船队围剿。经过一番激战，葡萄牙人大败而逃，又到其他地方抢掠去了。

明朝军队在这次战斗中缴获了一部分先进的武器，再次进行仿制，以增加武装力量。

葡萄牙人见明军势大，就与其他海盗勾结起来，在浙江、福建一带活动，并在双屿建立了据点。当时，东南沿海既有倭寇作乱，又有本土海盗为祸，再加上葡萄牙人的武装侵扰，明军四处出击，但无法彻底剿灭。

嘉靖二十七年（1548年），副都御史朱纨派军队进攻双屿，将盘踞在这里的海盗势力全部赶走。

葡萄牙人逃到福建金门岛，和当地海盗会合一处，继续在漳州和泉州一带活动。

第二年，朱纨和福建巡海道副使柯乔合兵攻打金门岛。葡萄牙人打不过，又逃往别处。朱纨和柯乔率领明军一路围追堵截，消灭了大批海盗。葡萄牙人趁着混乱逃走。

经过明军的连续追剿，葡萄牙人在东南沿海的据点全部被清除。

强行租占澳门

葡萄牙人见开通朝贡贸易和武力割据的手段都失败了，于是又生一计，谎称商船在澳门（当时称"濠镜"）遭遇了风暴，希

望在这里登陆晾晒货物。同时，葡萄牙人又向当地官员行贿，获得登陆许可，上岸定居了下来。

就这样，葡萄牙人凭着贿赂政府官员，得以在这里长期居留。时间久了，葡萄牙人竟然把这里当成了自己的领地，开始私自扩充居住地，修建炮台，并自行设置官员进行管理。

当地政府官员得了贿赂，睁一只眼，闭一只眼，任由葡萄牙人自行其是。

隆庆年间，葡萄牙人按照惯例，带着五百两白银到衙门向海道副使行贿。当时，海道副使正在与其他官员谈事，就以租金的名义收下了这笔银子。为了掩盖之前的受贿行为，他随后把银子

上交缴国库。从此以后，葡萄牙人占据澳门的行为转为公开租借。

葡萄牙人强行租占澳门之后，从国内迁入大量葡萄牙人，开展贸易活动。

为了保证澳门的主权完整，明朝政府在澳门周围增加了军事力量，并修建关闸，加强防备，把澳门相关事宜的管辖权始终掌握在明朝政府手中。

葡萄牙人对澳门的这种强行租占行为，一直持续到清朝晚期。

知识加油站

备倭都指挥：明代专门为打击倭寇设立的军事职务。

海道副使：又称巡察海道副使、巡视海道、巡视副使、海道等，主要职责是处理沿海海防等事务。

宁王之乱

南巡改南征

正德十四年（1519年）三月，朱厚照下诏，宣布自己要南巡。诏书一下，朝廷上下一片哗然。

朱厚照给出的理由是到南方体察民情，了解民意。而群臣则认为，朱厚照只不过是想去南方游玩而已。于是，翰林院的一帮人率先上疏反对。

他们拿秦始皇和汉武帝出巡做例子，认为朱厚照也想同他们一样，搞搞排场，显显威风。

他们还说，朱厚照之前出巡西北（应州大捷），已经搞得人心惶惶了，再搞南巡，只会让南方的官吏们以迎接皇帝为名，趁机剥削百姓，导致百姓四处逃散。

为了更具说服力，他们以朱厚照的安全说事，隐晦地指出，南方有的藩王可能会造反，万一去了那里，被藩王趁机害了，麻烦就大了。

大臣们劝阻南巡的理由很充分，但是朱厚照根本不屑一顾。群臣仍不肯罢休，紧接着，兵部、吏部、礼部等各部官吏纷纷上疏劝阻。

　　朱厚照让人统计了一下，总共有一百多名官员上疏。这令他很生气，于是派锦衣卫抓捕了六名官员，罚其他一百零七名官员在午门外跪五天。

　　皇帝的愤怒与惩罚没能吓退群臣，又有几十人上疏劝阻。朱厚照更加生气，下令让所有人戴上刑具，白天罚跪，晚上再押回监狱。

剩下的大臣们被吓坏了，不敢再上疏劝阻。那些被罚跪的大臣，有的被贬官，有的被外调，有的被除名，有的被罚俸禄，有的被打板子，还有的被打死。在群臣的压力下，朱厚照最后也不得不收回南巡的诏书。

大家本以为这事就算过去了，没想到，一起突发事件又让朱厚照动了南巡的心思。

同年六月，江西宁王朱宸濠以朱厚照责罚群臣为由头，指责他荒淫无道，不配当皇帝，起兵造反了。叛军杀死朝廷命官，向各地发布檄文，声讨朝廷。朱宸濠命人守住大本营南昌，自己率兵渡江东下，一路攻城略地，出了江西，打下安庆，准备攻占南京。

七月中旬，消息传到北京，朱厚照召集兵部官员商讨对策。大家建议派兵征讨。兵部尚书王琼认为，南赣巡抚王守仁在江西，一定不会坐视不理。朱厚照却没有答复众人的建议和意见。原来，他要率兵亲征。

群臣再次劝阻，当然无效。于是，朱厚照准备南征。

宁王与皇室的恩怨

宁王朱宸濠起兵造反，并非一时兴起。其实，南昌宁王府与皇室的恩怨，早在明朝初期就结下了。

明成祖朱棣当初发动"靖难之役"时，手下兵马不足，想到了封地在大宁的弟弟——宁王朱权。于是，他带兵找到朱权，连

哄带骗把他挟持到了北平，如愿收编了宁王的八万精锐之师。为了让朱权死心塌地跟着自己干，朱棣许诺他，将来成功之后，分他一半江山。

朱棣当上皇帝以后，不再提当初的许诺，对于朱权的安排也闭口不谈。朱权只好自己找上门，要求朱棣把自己封到富庶的苏州或者杭州。朱棣不答应，只让他在湖北、四川一些偏远的地方选择封地。朱权再三争取，最后，被封到了江西南昌。

朱权到了南昌后，有人诬告他。朱棣派人调查，没有找到证据。自那以后，朱权整天写书、作画、修道，不谈论政事，以避免朱棣的猜忌。

朱权死后，王位传给了孙子朱奠培。又有人诬告朱奠培谋反。当时的皇帝——英宗朱祁镇又派人查了很久，依然没有找到证据。

经过几番折腾，宁王府与皇室之间，关系越来越冷淡。到了朱奠培的孙子朱宸濠继承王位时，宁王府与皇室之间的积怨更深。从即位之日起，朱宸濠就开始谋划造反，夺取皇位。为了增加军费，他大幅增加地方百姓的税赋，劫掠过往的商人，以积攒钱粮，为起兵造反做准备。

朱厚照因为南巡一事，与朝中大臣们公开闹翻，并引来广泛的非议。这让朱宸濠找到了起兵的借口。于是，他断然与皇室摊牌，兵戎相见了。

王守仁平叛

当朱宸濠起兵造反的时候，时任南赣巡抚的王守仁正在去往福建平叛的路上。听到朱宸濠造反的消息，王守仁二话不说，立即回兵江西吉安（距南昌四百多里），与知府伍文定一起，征调粮食，准备武器和兵船，向各地发檄文，宣布朱宸濠的罪状，号召全体官民一致抵御叛军。

附近的很多官员听说王守仁起兵平叛，纷纷前来加入。王守仁把众人召集起来，说："朱宸濠要是出了长江顺流东下，那么，一定没办法保住南昌。我到时设计阻止他，用不了多久就能剿灭

他。"随后，他派了很多间谍到周边各个府县大肆宣扬，说朝廷派出的各路兵马，总计二十万大军，已经分头行动，前来平叛。王守仁又伪造了朱宸濠手下两名主要官员投降朝廷的书信，故意让他看到。

朱宸濠对这些情况将信将疑，特意装作和那两名官员商量进攻计划。那两人劝他赶紧打到南京，登基称帝。朱宸濠怀疑他俩想故意把自己支走，然后投降朝廷，就拖延不走。

过了十来天，朱宸濠没见到王守仁所说的二十万大军，这才明白自己上当了。于是，他立即率兵顺江东下，一路打到了安庆。

王守仁听说南昌城里兵员很少，对那些劝他带兵救援安庆的人说："我们不如直捣南昌。叛军的精锐部队都出去了，城里守备空虚。我军刚集合起来，士气正旺，一定可以攻下南昌。叛军听说南昌失守，一定会返回救援。我军在江上迎战，就可以打败他们。"

南昌很快就被王守仁的军队打了下来。朱宸濠在安庆听说南昌失守的消息，连忙带兵回援，结果被王守仁派军队在半道上截住。经过一番激战，叛军战败，朱宸濠被擒获。

从朱宸濠起兵造反，到王守仁平定叛乱，只有四十二天。

朱厚照二次"平叛"

王守仁平定叛乱的消息传来时，朱厚照已经率兵到了涿州。他给自己封了一个"奉天征讨威武大将军镇国公"的头衔，召集了数万兵马，准备南征，亲手擒获朱宸濠。

照理，既然叛乱已经平定，朱厚照应该回师了。可是，他没有这样做，而是继续南下。随行太监中，有的人收过朱宸濠的贿赂，害怕王守仁见到皇帝后揭发他们的罪行，就造谣说，王守仁先与朱宸濠通谋，怕造反不成，才起兵平叛。

王守仁给朱厚照上疏，请求献上俘虏，阻止他继续南下。朱厚照不同意。

王守仁押着朱宸濠到了钱塘（今杭州西湖附近），碰上了大太监张永。王守仁说，江西这个地方太穷了，经不起皇帝的兵马来折腾。张永赞同他的意见，让他把朱宸濠交给自己来处理。王守仁同意了。

张永把朱宸濠交给了朱厚照。朱厚照命人把朱宸濠放了，再模拟在江上对战的场面，由自己亲手抓获他，接着，宣布平叛胜利。之后，朱厚照在外面晃悠了一年，才回到北京。

走到通州时，朱厚照下令，把朱宸濠处死。从此，历代宁王与皇室之间的恩怨彻底了结了。

知识加油站

檄文：古代用于征召、晓谕的政府公告或声讨、揭发罪行的文书，特指声讨敌人或叛逆的文书。

俸禄：封建时代，政府发放给各级官吏的薪水，主要形式有土地、实物、粮食、货币等。

南赣巡抚：明代官名，最早设置于弘治年间，全称为"巡抚南赣汀韶等处地方提督军务"，主要管辖江西的南安、赣州，广东的韶州、南雄，湖广的郴州，福建的汀州。

大礼议

朱厚熜进京

朱厚照在北归途中意外落水，连受惊，带着凉，引发肺炎，回京没多久因病去世，庙号武宗。由于朱厚照既没有子嗣，又没有亲兄弟，到底让谁来继承皇位，成了一个大问题。

朱厚照的母亲张太后和内阁首辅杨廷和一起临时执掌朝政。二人经过商量，决定派人迎接朱厚照的堂弟——兴献王朱厚熜进京继承皇位。为了使朱厚熜继位具有合法性，二人以朱厚照的名义拟了一份遗诏，说朱厚熜已经长大成人，可以继承皇位。

朱厚熜时年十五岁，父亲朱祐沅在两年前去世了，他和祖母、母亲一起在兴献王的封地——湖北安陆，过着衣食无忧的生活。

三月底的一天，京城里陆续来了两拨人。第一拨是太监谷大用带领的宫里的人；第二拨是以定国公徐光祚、驸马都尉崔元和礼部尚书毛澄为首的朝廷里的人。他们都是来迎接朱厚熜进京的。

打前站的谷大用想拜见朱厚熜，被拒绝了。直到朝廷派来的

人都到齐了，朱厚熜才接见他们。

朱厚熜一家人跪着迎接完圣旨后，宫里和朝廷派来的人再跪下拜见朱厚熜。这时，他的身份已经不再是普通的王爷，而是即将上位的皇帝。

朱厚熜先去祭拜了父亲的陵墓，随后，辞别了祖母和母亲，在众人的簇拥下，往北京去了。

为自己争名分

朱厚熜一行到了北京郊外，停了下来。他为什么不直接进京呢？这里头有讲究。那就是，他到底以什么身份、什么规格进京。就为这事儿，朱厚熜和朝廷里的官员们发生了争执。

根据杨廷和的授意，礼部官员请朱厚熜以孝宗皇太子的礼仪规格进皇宫继位。朱厚熜不同意，他说："遗诏说的是让我继皇帝位，并没说让我以皇太子的名分继位。"

杨廷和代表大臣们请朱厚熜接受礼部制定的礼仪规格，以皇太子的身份，由东华门进入，先居住在文华殿，然后选个日子举行登基仪式。朱厚熜还是不同意。

张太后和杨廷和犟不过朱厚熜，只得让群臣给他上书，请他进宫继位，不再提名分的事。朱厚熜就在郊外接受了群臣的上书。

这一次的名分之争，以朱厚熜的胜利宣告结束。随后，他从皇城的正门进入，拜了宗庙社稷，又拜了朱厚照的灵位，见过张

太后，在奉天殿即位，将第二年定为嘉靖元年。

从此，朱厚熜开始了长达四十六年的皇帝生涯。

为父母争名分

朱厚熜登基之后，马上下令让礼部官员一起商议给父亲兴献王确立封号。礼部官员们认为，朱厚熜应该称伯父孝宗为父亲，改称父亲兴献王为叔父，称母亲蒋氏为叔母。礼部尚书毛澄和六十多名文武官员正式向朱厚熜上书，给出礼部的意见，还威胁说，谁要是对这个意见有异议，就是奸臣，应该杀掉。

朱厚熜可不吃这一套。他想，自己当了皇帝，难道连亲生父母都不能相认？于是，他立即驳回了礼部的意见。就这样，皇帝和大臣们僵持起来。

不久，进士张璁（cōng）上书说，朱厚熜继承的是皇位，而不是过继给孝宗当儿子，请求在北京为兴献王设立宗庙。朱厚熜高兴地说："这下我们父子的名分就保住了。"他立即把张璁的奏章交给礼部，让群臣一起讨论张璁的建议。

杨廷和等人坚决不同意张璁的主张，与朱厚熜闹起了对立。朱厚熜试图缓和与群臣的关系，便主动向杨廷和示好，还赏赐给毛澄很多黄金，想让他们改变主意，转而支持自己。可是，两人坚持原则，不肯让步。

朱厚熜几次下诏书，为父亲兴献王加封尊号，都被杨廷和等人挡了回去。朱厚熜刚当上皇帝，满朝文武，除了张璁，没有几个支持他的，暂时还不能同杨廷和这些重臣撕破脸，便忍了下来，被迫把张璁贬到南京做一个小官。

过了一段时间，朱厚熜下令，追封父亲兴献王为兴献帝，册封祖母为皇太后，母亲为兴献后。接着，他又把母亲蒋氏从家乡接到了北京。他要求用皇太后的礼仪迎接母亲入宫。杨廷和等人不同意。朱厚熜为此又哭又闹，声称自己要放弃皇帝之位，陪着母亲回到家乡养老去。杨廷和等人无奈，只得退了一步，以奉迎皇太后的礼仪把蒋氏请进了皇宫。

杨廷和辞官

被贬到南京的张璁和同事桂萼再次上疏，请皇帝称孝宗为伯父。这实际上是再次为朱厚熜的父母争名分。朱厚熜当然高兴了，就把二人调进北京，封为翰林学士，专门负责礼仪方面的工作。接着，他又把大臣们召集起来，商量这件事。

杨廷和见朱厚熜的态度很强硬，就提出辞职。这时，朱厚熜的皇位已经巩固，在朝中也有了自己的亲信，立刻批准了他的辞职请求。

杨廷和辞职后，大臣们顿时感到群龙无首。出于对朱厚熜批准杨廷和辞职的不满，数百名文武官员集体上疏进言，坚持让他按照宗法规定的小宗入大宗，认孝宗做父亲。

朱厚熜非常生气，下令让更多的大臣参与讨论。结果，新加入进来的大臣们也都反对张璁和桂萼的提议，和朱厚熜唱反调。朱厚熜恼羞成怒，狠狠地处罚了反对自己的群臣。

有的官员被臭骂一顿，有的官员被罚了俸禄，有的官员被免了官，还有的官员被锦衣卫抓进了监狱。群臣一看形势不好，便开始妥协。

面对群臣的压力，朱厚熜也做了一些让步，同意在父亲和母亲的封号前加上"本生"二字，意思是明确自己和父母的血缘关系，但在宗法上也委婉地承认孝宗为父亲。

左顺门事件

　　没过多久，朱厚熜下令，准备给父亲和母亲正式举行加封仪式，让礼部做好准备工作。

　　群臣又是一片哗然。早朝结束后，杨廷和的儿子——状元杨慎召集群臣，说："国家养我们这些士人一百五十年，为坚守节操大义而死，就在今日。"随后，两百多名大臣在左顺门前下跪，请求朱厚熜收回成命。

朱厚熜在文华殿听到门外哭声震天，就让太监通知群臣退下。但是，群臣根本不听，直到中午仍然跪着。杨慎和几个大臣一边砸门，一边大哭。

朱厚熜实在受不了，就派锦衣卫出去抓了几个领头闹事的人。不料，其他人哭得更凶了，都冲上去砸门。朱厚熜再次下令，把群臣都抓起来。结果，一百多人被下了诏狱，八十多人被停了职。

随后，朱厚熜完全按照自己的意愿为父母加封了尊号。那些大臣有的被罚停了俸禄，有的被打了板子。其中，有十六人被当场打死。

左顺门事件之后，朝臣的势力受到了抑制，朱厚熜的权威树立了起来，和他唱反调的人也越来越少了。

后来，朱厚熜又多次改革礼制，最终把自己的父亲追封为睿宗，先是在太庙边上建了一座世庙，单独祭祀。后来，干脆把一天皇帝都没当过的父亲请进了太庙。

这场发生在皇帝和群臣之间的礼制之争，前后持续了二十年之久，称为"大礼议"。左顺门事件之前的三年，斗争最为激烈，大量的朝臣受到了严厉的惩处，甚至丢掉了性命。之后十多年间的礼制改革，虽然也遇到了不同程度的阻碍，但是在皇权的压制下，都以朱厚熜的胜利而告终。

知识加油站

宗法：古代用来调整家族关系的制度，根据血缘关系分为大宗和小宗。这种制度是以血缘关系为基础，核心是嫡长子继承制。

太庙：封建时代皇帝供奉祭祀祖先的场所。

嘉靖新政

还田于民

在朱厚熜即位之前，有一个多月的皇权空档期。内阁首辅杨廷和成为朝政的实际决策者。他着手实施了一系列的改革，对于正德年间的一些弊政，或废除，或调整，同时趁机铲除了一些奸臣和旧的利益集团。

朱厚熜即位后，马上发布了一道诏书，提出改革弊政的口号。这时的朱厚熜，只有十五岁，还没有治国理政的经验。因此，起草诏书和制定内容的，其实还是以杨廷和为首的内阁大臣们，只不过是借了皇帝的名义而已。

这道诏书，成为嘉靖新政的纲领性文件。根据诏书要求，包括锦衣卫在内的各个政府机构，一共清退了十多万人，大大减轻了政府的财政负担；朝廷减免漕粮十余万石，缓解了东南地区农民的赋税压力。

在所有的改革措施当中，革除皇庄对于老百姓的好处最大。

　　自从宪宗开了皇庄的先例之后，皇亲国戚纷纷效仿，到处抢夺民田。到了孝宗时期，北京附近的皇庄就有五处，占有田地一万多顷；勋戚和太监占有的庄田有三百多处，占有田地三万多顷。武宗即位一个月，就建了七处皇庄，后来又增加到三十多处。全国各地的豪强侵占的民田更是不计其数。

　　明朝开国初年，全国登记在册的田地有八百多万顷，到了正德年间，只剩下不到一半。

　　明代的户口和田地是绑定在一起的。失去了田地的农民成为流民，流民不入户籍，致使全国户籍人口大幅减少。田地减少，户籍人口减少，政府的财政收入就减少。皇室、贵族和地方豪强

占有大多数的田地，却不需要向政府缴纳税赋。老百姓无地可种，自然也没办法缴税。因此，国库越来越空。赶上大灾之年，朝廷没有足够的粮食救灾，百姓就吃不上饭。

新政要求，对全国土地实施重新丈量清算，大量隐匿不报的田地被清理出来；大量皇庄被清退，勋戚、太监和地方豪强占有的田地也被政府收了回来，退还给了农民。土地失而复得，令农民们欣喜若狂，劳动积极性空前高涨。这样一来，政府的税赋也有了保障，国家治理的基础得以重新夯实。

用人治吏

嘉靖初期，朱厚熜年少，在治国理政方面主要依靠杨廷和等人。除了在"大礼议"一事上，他同杨廷和这些朝廷重臣持对立态度，其他方面，基本上都能取得一致。这个时期的官吏任免，也主要由杨廷和等内阁大臣决定。

随着与杨廷和等大臣之间的矛盾越来越深，朱厚熜开始有意识地培养忠实于自己的人。杨廷和辞职之后，又经历了左顺门事件，通过几年的斗争，朱厚熜的皇帝权威已经树立了起来，官吏的任免权也牢牢地掌握在了自己手中。

朱厚熜多次下旨，让朝廷内外的官员们注意访查贤才。他指出，如果有才识优异、能够担当重任的人，可以不拘一格使用；吏部如果有了空缺，也可以酌情任用，不必因为避嫌而推脱。

朱厚熜在用人方面很有一套。在"大礼议"事件中，张璁坚定不移地站在他这一边，是立过大功的人。照理说，左顺门事件之后，群臣已经被他降伏，应该重用张璁了。然而，朱厚熜并没有这样做，而是任命一个曾经反对自己的大臣做首辅。两个月后，这位大臣辞职，他又陆续换了三任首辅，直到三年之后，才正式任命张璁为内阁首辅。刚过两年，他又让张璁卷铺盖回家。还没等张璁回到家，他又把张璁喊回来，接着当首辅。几番折腾下来，张璁哪里还敢居功自傲，只能乖乖服从，尽心尽力地卖命。

和张璁一起支持朱厚熜的桂萼，很有政治抱负，也具备极强的施政能力。在朱厚熜的支持下，桂萼针对原来实行的均徭法和十段册法中存在的弊病，提出了更符合当时社会现实的一条鞭法。

对于桂萼这样的能人，朱厚熜在任用上真正做到了不拘一格。从翰林院学士，到詹事府兼学士，再到礼部侍郎，最高做到礼部尚书和吏部尚书，赐予太子少保兼武英殿大学士的荣誉头衔，桂萼的升迁之路一帆风顺。而在各个位置上，桂萼也都做出了应有的贡献。

改革科举制度

科举制度是明代朝廷选拔人才的重要渠道。随着社会的发展和形势的变化，科举制度中的一些不足之处逐渐暴露出来。

张璁认为，当时的科举制度存在两大弊端：一是考试的文体

不正，也就是考生应试的风气太过浮华不实，空话、套话太多；二是主考官的选用有问题，缺乏必要的监督措施。

张璁提出，考试的文体一定要平实简易，论理就把道理说明白，说事就把事情说清楚，要贴近现实，杜绝浮华。在主考官的任用上，各省乡试的主考官要从翰林及各部中挑选真正有学识的人担任；同时，还要再派遣两个人担任考官，进行监督。在北京和南京举行的乡试，除了命题的主考官，还要再加派两三名京官作为分考官，以弥补主考官的不足。在强化考官队伍的基础上，还要让御史参与考试选拔，力求公正公平。

朱厚熜完全赞同张璁的提议，要求礼部立即照做。全国各地严格执行张璁的提议和要求，试卷的文风一改以往的浮华不实，呈现出崭新的风貌。

朱厚熜在批阅完廷试的试卷后，没有按自己的好恶评定名次，而是让张璁等人根据公平公正的原则，进行合理的评定。就这样，一批又一批具有真才实学的人才被选拔出来，成为国家的栋梁之材。

新政效果和影响

朱厚熜下令取消了外戚的世袭制度，减少了权贵的派生数量，减轻了国家财政和人民的负担；取消了以往派驻各地担任监军的太监，避免太监势力过大，干涉正常的军政事务。

嘉靖新政是一次比较全面的改革，涵盖了国家和社会的方方面面，使得嘉靖早期的政治面貌焕然一新，社会经济有了较快的发展，百姓的生活也得到了一定程度的改善。

嘉靖时期实施的一些具有创新意义的新政，被后来的执政者学习、效仿。万历年间，张居正在全国范围内推行的一条鞭法，正是桂萼最早提出来的。

知识加油站

漕粮：中国旧时历代由水路运往京师供应官、军的粮食。因运输方式为漕运，因此称为漕粮。

武英殿大学士：明代自朱元璋废除中书省和宰相之后，为了减轻皇帝的工作压力，增设四殿：建极殿、中极殿、文华殿、武英殿；二阁：文渊阁、东阁。"四殿""二阁"都属内阁，设置大学士，协助皇帝处理朝政。

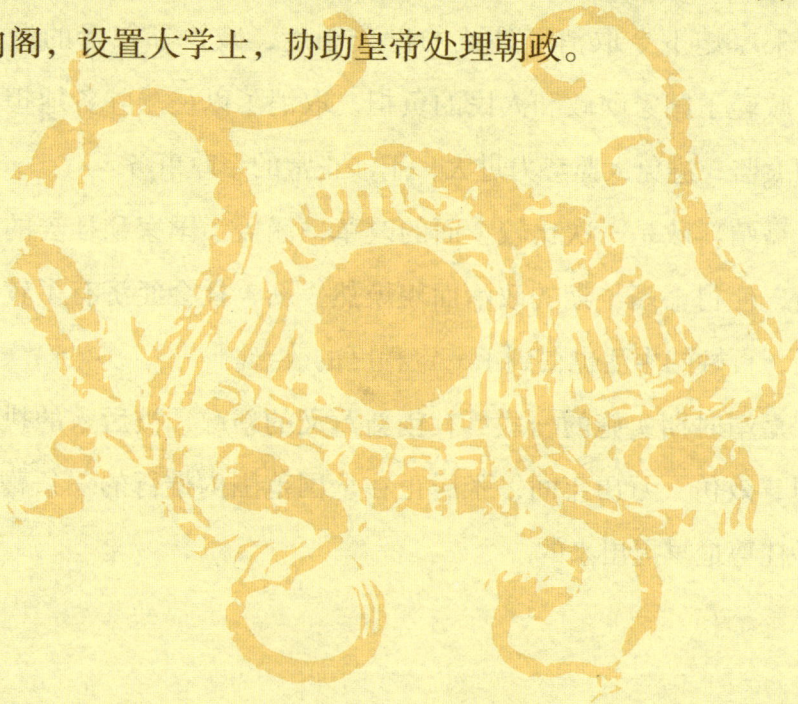

壬寅宫变

痴迷炼丹，迫害宫女

朱厚熜刚当上皇帝那些年，比较勤奋，做了一些利国利民的好事。时间一久，他开始骄傲起来，也不再像以前那样勤于政事，转而痴迷于炼丹术，成天与一帮道士炼制金丹，希望吃了可以长生不老。

其实，金丹的原材料里包含铅、硫黄等化学成分，服食之后，不仅达不到长生不老的功效，还会严重危害人的身体健康和心理健康。这一点，在朱厚熜身上得到了充分体现。

朱厚熜吃了金丹之后，不但身体状况越来越差，而且性情也变得越来越暴躁。他并不认为这些症状是服食金丹导致的，反而以为是金丹吃得太少的缘故。因此，他更加使劲儿地炼制金丹。

炼制金丹需要大量的露水。采集露水的任务基本上都由宫女们来完成。为了完成任务，宫女们不得不晚睡早起，想尽一切办法采集露水。昼夜温差较大的时候，露水就容易形成。北方的冬

天，由于温度过低，水汽都结成了冰霜，很难采集到露水。

　　喜怒无常、性情暴躁的朱厚熜一旦发现宫女没有采集到足够的露水，就虐待她们，被他虐待致死的宫女达到二百多人。

　　眼见身边的姐妹们一个个被处罚、虐待，直至死去，宫女们活得胆战心惊，生怕哪一天噩运降临到自己头上。

　　有一个名叫杨金英的宫女，不甘心就这样在恐惧中等待死亡的来临，生出一个大胆的念头——刺杀皇帝。干这么大的事儿，仅凭她自己当然是不行的。于是，杨金英私下与苏川药、杨玉香、张金莲等十五名宫女秘密谋划，结成同盟，准备选择合适的时机动手。

宫女造反，刺杀皇帝

嘉靖二十一年（1542年）的一个冬夜，杨金英等十六名宫女趁朱厚熜睡熟后，悄悄地进入他的房间，用提前准备好的绳套勒住他的脖子，要勒死他。

朱厚熜惊醒了，拼命挣扎。宫女们有的掐住他的脖子，有的用布团堵住他的嘴，有的用黄布蒙住他的脸，有的按住他的胳膊，有的按住他的双腿，令他动弹不得，也呼喊不了。

朱厚熜还在挣扎。慌乱之中，宫女们把绳子打了一个死结，根本勒不死人。宫女们一看不行，手忙脚乱拔下各自的钗和簪子，没头没脑地往朱厚熜身上扎去。然而，朱厚熜还是没有死。

这时，张金莲害怕了，偷偷跑出去，到坤宁宫找到方皇后，把乾清宫发生的事情告诉了她。

方皇后大吃一惊，急忙带着侍卫和太监赶到乾清宫。

当众人赶到时，朱厚熜已经不再挣扎。宫女们以为他已经死了，又见有人来了，便纷纷四下逃散。

方皇后一面派人追捕宫女，一面让人解下勒在朱厚熜脖子上的绳子，实施救治。浑身是伤的朱厚熜完全陷入昏迷状态，怎么弄也醒不过来。

方皇后让人到太医院把御医许绅喊来，抢救朱厚熜。许绅赶到时，已经是第二天上午七八点钟。他调制猛药，给朱厚熜服下。五六个小时过后，朱厚熜开始发出声音，紧接着，吐出几大

摊又黑又紫的瘀血，渐渐苏醒了过来。

　　参与刺杀朱厚熜的宫女们都被抓了起来。方皇后让人对宫女们严刑拷问，认定幕后主使是后宫的王宁嫔，还有一个朱厚熜很宠爱的曹端妃也被牵扯进来。方皇后说，虽然曹端妃没有参与刺杀行动，但也是知情者。曹端妃不服，直喊冤枉。方皇后根本不理会，以皇帝的名义把曹端妃抓了起来。

　　受到伤害和惊吓的朱厚熜，这时连话都说不利索，哪里顾得上处理这些事情。于是，方皇后代表皇帝全权处置，把曹端妃和王宁嫔在宫里处死了。杨金英等宫女被押送到西市，以凌迟酷刑

处死。

嘉靖二十一年，按天干地支纪年是壬寅年，因此，这次事件也称为"壬寅宫变"。

移居西内，从此罢朝

"壬寅宫变"后没多久，御医许绅得了一场重病。他说："我不行了。在宫变的时候，我知道要是救不了皇帝，自己肯定要被杀掉，因此受了惊吓。这病用药是治不好的。"果然，许绅很快就死了。后来，朱厚熜给许绅的儿子封了官，对他很是照顾。在"壬寅宫变"中，方皇后救了皇帝性命，立了大功，朱厚熜给她的父亲升了爵位。对于曹端妃的死，朱厚熜耿耿于怀，认为是方皇后出于嫉妒才冤杀了她，可是，又没法儿责备方皇后。毕竟，如果不是方皇后及时赶到，恐怕自己的命也保不住了。

至于杨金英等宫女，朱厚熜是既恨又怕。他没想到，这些平时看上去柔弱、怯懦的宫女，竟敢冒着生命危险刺杀自己。

"壬寅宫变"之后，朱厚熜时常梦见惨死的妃子和宫女向自己索命。他不敢在紫禁城里住下去，于是，就搬到了紫禁城外的西内居住。

自从搬到西内，朱厚熜不再上朝，专心修道炼丹，祈求长生不老。他宣称，自己之所以在"壬寅宫变"中幸免于难，就是因为多年潜心修道，感动上天，受到神仙保佑。话虽这样说，"壬

寅宫变"对朱厚熜造成的身心创伤实在是太大了。他因此而变得更加疑神疑鬼，经常更换居住房间。即使是身边的太监都不能确定他的住处。

知识加油站

　　炼丹术：这里的炼丹术就是将一些化学原料，通过火烧的方式，炼制成类似于丸药的东西，称为金丹，供人食用。中国四大发明之一的火药，就是在炼丹时无意中制成的。

青词宰相

要当首辅，先写青词

朱厚熜在西内一心修道，成天炼丹，创下了二十多年不上朝的纪录。他虽然不上朝，但是对于朝政的掌控力一点儿也没有减弱。因为他把内阁也搬到西内来了，以方便他随时听取内阁的汇报，并对他们发号施令。

内阁大臣当中，首辅是最高负责人。朱厚熜对首辅的选拔和任用，有一个不成文的规定——青词一定要写得好。嘉靖年间，朱厚熜一共用过十三任内阁首辅，除了早年的几位首辅，大多数首辅都是青词高手。这些首辅，执政能力当然都很强，不过，如果不是因为青词写得好，恐怕也未必能坐上首辅的位子。

那么，"青词"到底是什么东西，竟然让朱厚熜如此重视？明代皇帝大多信奉道教。道教有一种仪式，叫斋醮（jiào），就是道士做法事，祭祀天上的神仙。在举行斋醮仪式的时候，道士还要在一种青藤纸上用朱笔写上一些祷告类的文字，这就是青词。

青词被认为是道士与神仙沟通的一种文字形式，写好之后烧掉，就当是神仙收到了。

朱厚熜时常以道士的身份在皇宫里举行斋醮仪式，每次都得烧青词，而他本人又懒得写，就命令群臣代写。擅长写青词的大臣，往往更容易得到朱厚熜的赏赐和青睐。

内阁大臣严嵩和徐阶因为青词写得好，得到朱厚熜赏赐的麒麟服。这种麒麟服原本只有公侯才有资格穿。

翰林学士严讷、李春芳因为青词写得好，得到朱厚熜赏赐的仙鹤服。仙鹤服原本是一品文官的官服，二人当时的级别不过是五品而已。

赏赐高级别的袍服，只能算作一种荣誉，直接升官才是真正的实惠。有很多人都因为青词写得好，受到朱厚熜的赏识，从而获得了升迁的机会。最大的官，当然就是内阁首辅。那些因为青词写得好而当上首辅的，被人们称为"青词宰相"。其中有两位为后世所熟知：夏言和严嵩。

夏言

朱厚熜提出将"天地合祭"的礼制改为"天地分祭"，准备修建天坛和地坛。这是继"大礼议"之后的又一次礼仪制度改革，或者，可算作"大礼议"的一部分。这次改革，又引起了群臣的大讨论。

当时的夏言，还只是吏部的一个小官，他迎合朱厚熜的心思，上了一道奏疏，赞成礼制改革，并且列出了一堆理论依据，因而得到了朱厚熜的赏识。从此，夏言开始一路升迁。靠"大礼议"之功升任内阁首辅的张璁一直打压夏言，夏言却也不怕他，公开和张璁对着干。最后，朱厚熜选择支持夏言，让他取代了张璁，担任内阁首辅。

朱厚熜之所以对夏言青睐有加，不光是因为他能干，还因为他写得一手好青词。

为朱厚熜写青词，既要文采好，还得猜测他的心事，知道他想跟神仙们祷告什么。这两点，夏言都具备。

　　凭着写青词当上首辅的夏言，把更多的精力用在了处理政务上，对于写青词这件事就不大上心了。到了后来，他干脆开始偷懒。朱厚熜交代的青词任务，他总是一拖再拖，不能及时完成，或者直接把这任务推给其他人去做。时间久了，朱厚熜对他越来越不满。

　　这时，另一个青词高手进入朱厚熜的视线。他就是夏言的江西老乡——严嵩。

　　严嵩比夏言大两岁，中进士比夏言早十二年，刚开始官也比夏言做得大，却没有夏言升迁得快。夏言当上首辅的时候，提拔了这个老乡，让他做自己的助手——次辅。

　　严嵩明白，要想让朱厚熜更加赏识自己，必须写好青词。于是，他苦练青词，揣测朱厚熜的心思。夏言不愿写，他来写，而且还要写得更好。

　　朱厚熜自制了一种"香叶冠"，这是在举行斋醮仪式时戴的道冠。因为夏言和严嵩都为他写青词，所以，朱厚熜赏赐给二人每人一顶"香叶冠"。夏言不戴，说这不合朝廷的礼数，还劝朱厚熜也不要戴。严嵩不仅规规矩矩地戴上，还在外面加了一层纱把它好好地保护起来。

　　朱厚熜觉得夏言不听话，开始疏远夏言而宠信严嵩。后来，终于找了个机会，把夏言换掉了，让严嵩当上了首辅。

严嵩

夏言担任内阁首辅期间，虽说在写青词方面爱偷懒，但在治国理政方面却是很勤勉。他在任期内，追回了二百多万亩权贵侵占的庄田，改善了民生，增加了国库收入。严嵩与他相反，在治国理政方面用的心思不多，在写青词方面却是全力以赴。

严嵩当上首辅以后，不惜耗费巨大的人力、财力、物力，为朱厚熜修建二三十处斋宫秘殿，以方便他修道炼丹、举办斋醮仪式。朱厚熜每次举办斋醮仪式，所用的青词都由严嵩执笔。

为了写出让朱厚熜满意的青词，严嵩倾注了很大的精力，甚至达到了废寝忘食的地步。

在"庚戌之变"中，蒙古兵包围了北京，在城外大肆杀戮。作为首辅的严嵩不去组织抵抗，却在专心致志地写青词。当有大臣求见他，商讨退敌大计时，他竟然以正在写青词为由拒绝接见。

严嵩当上首辅的时候，已经六十多岁了。年龄大了，反应迟钝。朱厚熜布置的青词任务太多的时候，严嵩自己写不过来，就让儿子严世蕃代写。

严世蕃非常聪明，不但青词写得好，还善于揣摩朱厚熜的心思。朱厚熜喜欢搞一些玄乎的东西，写给严嵩的手谕往往意思隐晦。严嵩弄不明白皇帝的真正意图，就让严世蕃解读，严世蕃总是能精准地解读出来。

凭借为朱厚熜写青词，严嵩父子在内阁掌权达十五年之久。

在嘉靖朝的十三个内阁首辅之中，严嵩在位时间最久。

朱厚熜既要靠严嵩为自己写青词，更要借助他为自己敛财。严嵩为了讨好朱厚熜，宁可掏空国库，也要尽量满足他的一切经济需求。国库的钱都来自民间，朱厚熜要多占多用，严嵩也要捞个够，其他的权贵自然也不能干看着。这样一来，严嵩就得想方设法搜刮民财，以满足皇帝、权贵和自己的需求。人民的生活因此越来越困苦。

朱厚熜是个非常精明且疑心很重的人，对于严嵩父子既利

用又防范。严嵩怕引起朱厚熜的猜忌，比较收敛。严世蕃却很骄横，喜欢弄权，被人们视作严嵩的代言人。然而，朱厚熜并不想让严世蕃做首辅，而是找了个机会，治了他的罪，把他杀了。严嵩受了儿子的牵连，被贬了官，打发回老家，贫病而死。

严嵩下台后，另一个擅长写青词的内阁大臣徐阶当上了首辅。

知识加油站

庚戌之变：嘉靖二十九年（1550 年），蒙古首领俺达汗率兵入明朝，打到了北京城外。这一事件称为"庚戌之变"。

奏疏：古代大臣写给皇帝汇报工作或提建议、意见的文书。

手谕：上级或尊长亲笔写的指示。

"俞龙戚虎"抗倭

海禁与倭寇

朱厚熜成天修道炼丹，看似逍遥自在，实际上，他的心里并没有那么踏实。"青词宰相"们向他汇报工作，尽管大多是报喜不报忧，可有些事毕竟是瞒不住的，比如倭寇之患。

倭寇是以日本流亡武士为主体的海盗团体。明代中叶的日本，正处于战国时代，各大军阀长年混战，一些战败的武士流落到我国东南沿海地区，组成武装力量，杀人越货，无恶不作。

为了防止倭寇作乱，明朝从建国开始，就实行严厉的海禁政策，"片板不许入海"，禁止人们下海通商，想切断倭寇的生财门道。倭寇在海上抢不到财物，就跑到岸上来。这样一来，沿海百姓可就遭了殃。

俗话说，靠山吃山，靠水吃水，海边的百姓自然得靠出海打鱼为生。政府不让出海，导致百姓生活困难，再加上倭寇作乱，简直让人没法儿活了。于是，有些人干脆当了海盗，跟倭寇联合

告示

片板不许入海

如有人擅自制造三桅
以上不合规□船
且运载违林
围外买卖胜
共同谋划聚集，或代关
导指引海盗劫掠百姓
主犯砍头枭首示众
全家发配充军

起来，对抗官府。时间久了，海盗和倭寇成了一体，无法分辨，人们也就把他们都统称为倭寇。

到了嘉靖年间，倭寇横行，不但威胁到沿海百姓的生命财产安全，也影响到明朝在东南沿海地区的统治。

为了彻底清除倭患，朱厚熜先后派了许多文武官员到东南沿海，组织领导抗倭军事行动。在与倭寇的斗争过程中，涌现出许多抗倭英雄。其中，最有名的当数俞大猷和戚继光。

俞大猷抗倭

俞大猷是福建泉州晋江人，出身军人世家，自幼好诵读诗书、练习剑术、研究兵法。他曾以武举人的身份参加金殿会试，受到朱厚熜赏识，被授予千户的军职，奉命守卫金门。俞大猷在任上剿灭海盗，立了很多战功。

后来，朝廷任命俞大猷为备倭都指挥，负责防御和清除倭寇。在剿灭倭寇的过程中，俞大猷经常打胜仗。倭寇一听他的名字，就胆战心惊，不敢对阵。他的抗倭故事在民间广为流传。

一天晚上，俞大猷乔装打扮，亲自潜入敌营刺探军情。当时，倭寇刚刚抢掠了一大批财物，正在杀羊宰牛，大搞庆祝活动，不一会儿，一个个喝得酩酊大醉。俞大猷看见栅栏里关着一些没有杀掉的羊，灵机一动，派一名手下偷偷抱出一只羊，趁倭寇不注意，倒挂在一面大鼓前。

羊受了惊，拼命挣扎，羊蹄蹬在鼓面上，"咚咚"作响。醉得迷迷糊糊的倭寇听见，以为是明军杀来了，吓得拿起武器，胡乱砍杀起来。黑暗中，谁也看不清谁，倭寇们自相残杀了半天，才反应过来。这时，俞大猷提前安排好的明军趁乱杀了进来，将倭寇一举歼灭。

俞大猷的确是文武双全、智勇超群，不过，他也有打败仗的时候。

有一年，倭寇攻占了宁波普陀。俞大猷率军前往讨伐，将士

们攻至半山，倭寇突然开城门杀出来。明军措手不及，被倭寇击败。朝廷怪罪俞大猷指挥不力，却还是给了他一个戴罪立功的机会，让他继续攻打倭寇。俞大猷胜不骄、败不馁（něi），不久之后，在吴淞杀败倭寇，免除了罪责。随后，他又在健跳所（今台州三门县）击败了来犯的倭寇。

不久，一支两万人的倭寇队伍进犯嘉兴。俞大猷当时只有不到三百兵力，寡不敌众，在金山被倭寇击败。他退回城里，坚守不出。一直等到援军到来，才杀出城去，击败了倭寇，将他们赶到了王江泾。随后，俞大猷指挥明军向倭寇发动猛烈的攻势，杀敌无数。侥幸生还的倭寇狼狈地逃往海上。

有一次，俞大猷率兵平定宁波舟山的倭寇。倭寇依据险要地形，与明军抗衡。明军将其围困，却难以攻克。一天，下起了大雪，趁雪花飘飞，敌人视线不好，俞大猷下令从四面向倭寇发动攻击。倭寇拼死作战。各路明军奋勇争先，冲上去焚毁了敌人的栅栏。倭寇大量死亡，逃出来的也被歼灭。明军终于将舟山倭寇扫平。

戚继光和他的戚家军

戚继光与俞大猷一样，也出自军人世家。明代实行军职世袭制，俞大猷继承的是百户之职，戚继光继承的是登州卫指挥佥事一职。

当时山东沿海一带遭受到倭寇的烧杀抢掠，戚继光愤而写下"封侯非我意，但愿海波平"的诗句，用以表达自己抗倭卫国的志向。

后来，戚继光受命管理登州、文登、即墨三营二十五个卫所，防御山东沿海的倭寇。自此，他终于有了抗倭杀敌的机会。在与倭寇作战的过程中，他积累了丰富的斗争经验，也立了许多军功。朝廷见他能打仗，就调他到浙江抗倭。

戚继光到了浙江之后，发现卫所的将士作战能力一般，而金华、义乌的人比较剽悍。于是，他前往那里招募了三千人。在戚继光的指导训练下，这支队伍成为一支精锐之师，号称"戚家

军"。戚家军纪律严明，作战勇敢，令倭寇闻风丧胆。

关于戚家军抗倭的故事有很多，其中最有名的当数"戚继光斩子"。

有一次，三千多名倭寇在海门（今浙江台州椒江区）登陆，准备去临海、仙居一带抢劫。戚继光命令儿子戚祚国领兵设下埋伏，自己出兵迎战倭寇，假装战败，把倭寇引到包围圈里，等倭寇全部进入包围圈后，一举歼灭。

倭寇果然中计，陆续进入包围圈。戚祚国立功心切，不等敌人全部进来，就率先发动进攻。倭寇虽然主力被歼灭了，但还是逃掉了一小部分。

战后，戚继光依照军法行事，要斩戚祚国。众将为他求情。戚继光说："我是一军主帅，如果我的儿子违反了军令可以不杀，那么，以后怎么带兵？我下的军令还有谁去执行？"说罢，挥泪斩了戚祚国。从此，军中再也没有人敢违抗命令。

戚继光针对东南沿海的地形和倭寇的作战特点，创建出一种"鸳鸯阵"。

"鸳鸯阵"以十二名战士为一队，最前面的是队长，后面的十一名战士，有拿盾牌负责掩护的，有拿刀枪、狼筅（xiǎn）负责进攻的，还有一名战士是火头军。

"鸳鸯阵"灵活机动，有效抑制了倭寇的优势发挥，成为戚家军百战百胜的秘密武器。

戚继光不仅善于排兵布阵，而且武艺高强，每逢两军对战，

总是身先士卒，奋勇杀敌。

有一年，倭寇大举进攻桃渚等地，戚继光率领戚家军把守桃渚，在龙山大破倭寇。倭寇逃走之后，趁乱袭击台州。戚继光追踪而至，一马当先，直冲敌阵，亲手杀死倭寇首领。其他倭寇吓破了胆，走投无路之下，全部坠入江中淹死。

"俞龙戚虎"联合抗倭

在抗倭的过程中，俞大猷和戚继光曾经多次合作，取得胜利。当时人们将他俩合称为"俞龙戚虎"。

有一次，两人联合围剿倭寇。倭寇据守的地方，既高又险，易守难攻。俞大猷、戚继光联军虽然打了几个小胜仗，但是将士死伤惨重，包围了倭寇的据点很久都没有攻下来。尽管倭寇不断有援军到来，俞戚联军仍然没有撤退。就这样，两军一直僵持到第二年。

围困的时间一久，倭寇的补给就成了问题，人心开始动摇，士气越来越低落。俞大猷和戚继光瞅准机会，指挥联军发动猛烈进攻。倭寇终于抵挡不住，大败溃逃。俞戚联军紧追不舍，先后杀死倭寇四五千人，几乎铲除倭患。

此后，俞大猷与戚继光多次联合作战，最终平定了东南沿海的倭寇之乱，沿海的百姓们终于不用再提心吊胆地过日子了。

隆庆元年（1567 年），皇帝朱载垕见倭寇已经折腾不出什么

动静了，就宣布开放海禁，允许民间商人远渡南洋进行贸易，史称"隆庆开关"。

　　海禁的放开，仍然以保障海疆安全为大前提。因此，朝廷只选择开放福建漳州府月港（今福建海澄），并以月港为治所设立海澄县，设立督饷馆，负责管理私人海外贸易并征税。然而，对日本的贸易仍在禁止之列。

知识加油站

卫所：明朝军队编制实行卫所制。军队组织有卫、所两级。一府设所，几府设卫。卫设指挥使，统兵士五千六百人。

狼筅：也叫狼牙筅，一种长枪，原为明朝矿工起义军发明的武器，后被戚继光用来作为戚家军的武器装备。

南洋：明代指今东南亚一带。

海瑞骂皇帝

一封奏疏

嘉靖四十五年（1566 年）二月，朱厚熜收到一封奏疏。看过奏疏之后，朱厚熜勃然大怒，把奏疏狠狠地扔到地上，咆哮着下令："马上把这个家伙抓起来！不要让他跑了！"

侍立在朱厚熜身边的太监小心翼翼地说道："这个人向来就有痴狂的名声。听说他要上这封奏疏时，知道自己会惹您生气，肯定要被处死，就买了一口棺材，跟妻子儿女做了诀别，准备接受朝廷治罪。他家里的仆人也都跑了，一个没留。因此，他就没打算逃跑。"

听了太监的话，朱厚熜沉默了。过了一会儿，他又把那封奏疏拿过来仔细翻看，一天内，竟然看了三遍。朱厚熜一边看，一边叹息。

这封奏疏是谁写的，里面写了什么，竟让朱厚熜如此愤怒，却又再三翻看？

海刚峰

这封奏疏，就是历史上有名的《治安疏》。它的作者，就是

古代清官的典范——海瑞。

写这封奏疏时，海瑞不过是户部的一名六品主事而已。他的胆子怎么这么大，连当朝皇帝都敢骂？

正如那名太监所说，海瑞向来就有痴狂的名声。

早年间，海瑞在县城里担任主管教育的小官。有一次，御史到学校视察，其他官吏都跪下迎接，而海瑞却只是站着作了一个揖，说："到御史衙门，应该行部属的礼节。这个学堂，是老师教育学子的地方，不应该屈身行跪拜礼。"

不久，海瑞调到淳安担任知县。总督胡宗宪曾对别人说："听说海知县为母亲过寿，只买了两斤肉。"胡宗宪的儿子路过淳安时，嫌驿站的小吏照顾得不周到，就把小吏倒吊起来，打了一顿。海瑞知道后，说："胡公（宗宪）从前交代过，路过地方的时候，不能向当地索要东西，不能铺张浪费。这些人排场这么大，一定不是胡公的人。"于是，他命人把胡宗宪儿子的财物没收，入了官库，又派人去向胡宗宪汇报情况。胡宗宪只能怪自己的儿子有眼不识泰山，拿海瑞一点儿办法也没有。

一名高官路过淳安，海瑞只用非常简单的饮食招待他，并说："我们这是小县城，容不下您这么多的车马。"这名高官很生气，但因为之前听说过海瑞的名声，只得忍气吞声地离开了。

海瑞就是这么刚直不阿，哪怕是天王老子来了，只要违背制度和原则，他也要硬刚到底。因此，他为自己取了一个名号，叫"刚峰"，意思是像山峰一样坚挺刚直。

上疏骂皇帝

海瑞曾经在参加会试的时候向朱厚熜上过一道《平黎策》，论述了他对于治理海南的一些策略和建议。然而，这在当时并没有得到重视，海瑞因此在会试中落榜。后来，海瑞又参加过一次会试，也落榜了。于是，海瑞就以举人的身份，从基层官吏干起，勤勉做事，一直做到了户部主事。

这时，已经是嘉靖朝的晚期了。朱厚熜整日里修道炼丹吃药，身体越来越差，对于朝政的关心也越来越少，几乎到了不闻不问的地步。嘉靖新政时期打下的厚实家底，早就折腾完了。百姓的生活水平一天比一天差，民间流传着"嘉靖嘉靖，家家皆净"的民谣，讽刺朝政的腐败和皇帝、权贵的贪婪无度。

群臣被朱厚熜整怕了，不敢说实话劝谏。一些奸臣小人只知道溜须拍马，恨不得把朱厚熜捧上天。

海瑞忧心国事，牵挂黎民百姓的疾苦，决定冒死直谏。于是，他提前安排好身后事，奋笔疾书，写下了《治安疏》，交到了朱厚熜手上。

在《治安疏》中，海瑞没说几句客套话，就开始直接指责朱厚熜，说："您比汉文帝聪明，却不如汉文帝治国有方。您一心只顾修道，耗尽了老百姓的血汗钱，到处修宫殿，二十多年不上朝，法纪都快废掉了。您跟自己的两个儿子也不见面，使得人们认为父子缺乏亲情；您猜疑、羞辱、杀戮大臣，使得人们以为君

臣之间缺乏情义；您长住在西苑，不回皇宫，使得人们以为夫妇之间没有感情。官吏横行霸道，贪污受贿，老百姓都快活不下去了，洪灾、旱灾时常发生，盗贼越来越多。作为皇帝，您以为当今的天下，又怎么样呢？"

朱厚熜自比为上古时期的尧帝，海瑞却说他连汉文帝都不如，这当然令他大为恼火。然而，朱厚熜心里明白，海瑞说的可能是实情。于是，他压住心头怒火，继续看了下去。

接下来，海瑞更加不客气，说："作为皇帝，您的失误太多了，根本原因在于斋醮。您搞斋醮仪式，无非是为了求个长生不老。自古以来，就没有过长生不老的说法。您向陶仲文学习道术，称他为老师。陶仲文现在已经死了。他既然不能长生，而您又怎么能够求得长生呢？"

海瑞的《治安疏》，像一把尖刀，直捅朱厚熜的心窝子。但他不得不承认，海瑞说得没错。朱厚熜曾经非常信任道士陶仲文，认为他能帮自己实现长生不老的愿望。可是，正如海瑞说的那样，他自己都死了，又怎么能让别人长生不老呢？

指责完朱厚熜的过失，海瑞又诚恳地提出了改革朝政的方法与建议，希望朱厚熜能够任用贤明的大臣，执行正确的政策，改善老百姓的生活，使天下安定下来，国家强盛起来。

就这样，这封《治安疏》在朱厚熜的案头放了好几个月。

皇帝死了，海瑞活了

朱厚熜曾经说过："海瑞这个人想当比干，不过我可不是纣王。"这时的朱厚熜，已经病入膏肓了。海瑞的奏疏深深地刺激了他，令他心情更加烦闷抑郁。

一天，朱厚熜把内阁首辅徐阶叫来，说："海瑞说得都对。只是我病得太久了，怎么能够上朝理政呢？"

朱厚熜明白，这一切都是他自作自受，又接着说："我自己没有好好地保养身体，以致病成这样。但凡我能出来上朝，又怎么能够让这个人这样责骂呢？"

话虽如此说，毕竟皇帝的尊严受到了挑战，最终，朱厚熜还是下令把海瑞抓起来，投进了诏狱，让锦衣卫追查有没有人在他背后指使。锦衣卫审问不出结果，只好把海瑞转到了刑部，给他定了死罪。

刑部的判决结果由内阁呈送给了朱厚熜，朱厚熜没有批复，只是让放在他那里。

两个月后，朱厚熜病故，庙号世宗。太子朱载垕即位，第二年改元隆庆。

大牢的主管知道皇帝死了，预计海瑞可能会被释放，重新做官，就准备了好酒好菜招待他。海瑞以为自己要被绑去杀头，就旁若无人地大吃大喝起来。

大牢主管告诉他，皇帝已经死了。海瑞不敢相信，反问道："是真的吗？"说完，就大哭起来，把刚才吃进去的东西都吐了出来。

不久，朱载垕把海瑞放了出来，又让他做回原来的官职。

后来，海瑞又升迁了好几次。每当他到一个地方做官，没等他到任，当地的贪官污吏就丢下乌纱帽提前逃跑了。那些有权势的人家，提前把红色的大门涂成了黑色，避免太过招摇，引起海瑞注意。在地方上负责监督织造业的太监们，提前减少出行车辆和随从的数量，怕被海瑞抓住把柄。

毕竟，一个连皇帝都敢骂的人，谁又不怕呢？

知识加油站

尧帝：上古时期的帝王，与舜帝合称"尧舜"，是古代帝王的典范和榜样。

汉文帝：汉朝的第三位皇帝，他在位时期，政治清明，国家富强。他和汉景帝一起开创了历史上有名的"文景之治"。

比干：商朝末年的贤臣，因为劝谏纣王而被残忍杀害。

纣王：商朝的末代君主，也是历史上有名的暴君。

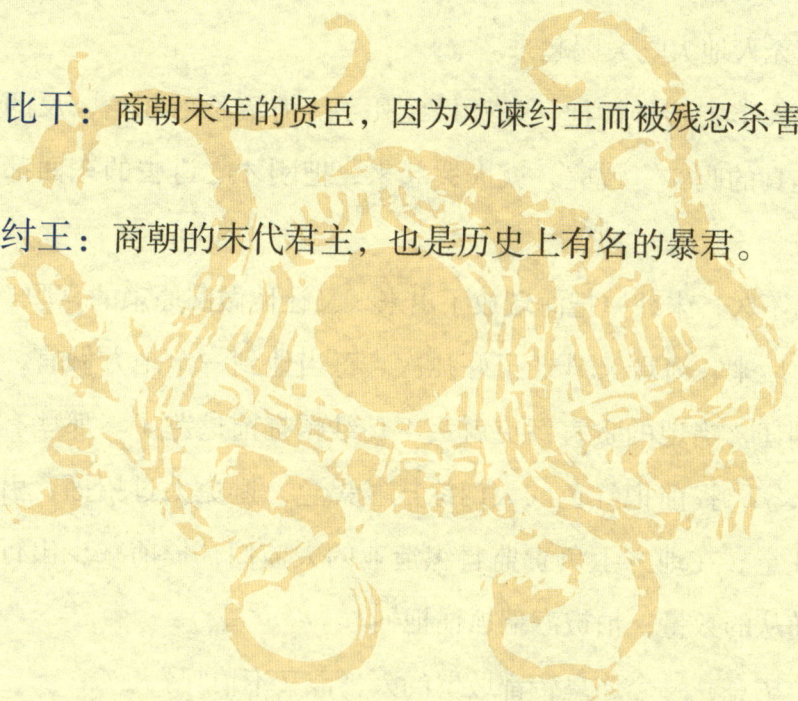

明长城那些事儿

戚继光修筑长城

隆庆二年（1568年），朱载垕看东南沿海的倭患已经解除，就把戚继光调到了蓟镇任总兵。蓟镇是明代九边重镇之一，防戍范围从山海关到居庸关，长一千多公里，主要负责牵制其他边镇、抵御蒙古军队入侵、保卫京城的安全。

戚继光上任之后，沿着防区内的长城进行巡视，发现这一带的城墙既低矮且单薄，有的城墙坍塌颓废，根本起不到阻止蒙古骑兵的屏障作用。原有的长城上，虽然用砖石砌了一些小台子，但这类小台子各自孤立，彼此之间毫无联系，既不能隐藏士兵，又无法贮存军火武器。当敌人弓箭齐发时，城上的守军很容易中箭受伤，失去战斗能力。

戚继光向朝廷汇报了这些情况，建议重修长城，得到批准。第二年，戚继光抽调士兵，开始修筑长城。

刚刚平定倭寇之乱的戚家军，在戚继光的指挥下，又投入修

筑长城的宏大工程。修筑长城虽然辛苦，可是，与打仗比起来又算得了什么？从血雨腥风中历练出来的戚家军，在东南沿海以血肉筑就钢铁长城，抵抗倭寇入侵；在塞北关山再次筑起一道坚固的长城，保卫边境的安全。

戚继光修筑的长城，包括烽火台、墙台、敌台、关城等建筑。烽火台和关城是一般长城的标配，而敌台和墙台则是戚继光的独创。去过长城的人可能会发现，在城墙上，每隔一定距离，就有一个突出墙外的台子，这就是墙台和敌台。

有了墙台，士兵可以探出身子，从侧面精准射杀敌人。平

时，守城的士兵也可在墙台上巡逻放哨。墙台上还可以建设房屋，叫作铺房，可以为守兵遮挡风雨。

敌台的作用是住人，储存武器、弹药。戚继光驻守蓟镇的十六年间，共建成一千多座敌台，大大加强了长城的防御功能。

在明朝二百七十六年的历史中，不仅戚继光在修长城，实际上，明朝历任皇帝都非常重视长城的修筑。他们为什么如此热衷于修筑长城呢？这得从朱元璋时代说起。

徐达和"万里长城"

第一次北伐取得胜利后，朱元璋下令将元大都改名为北平，同时为了防御蒙古军队反扑，让徐达在北平周边修筑长城。

秦代及后世历代修建的长城早已破败不堪，不能用作军事防御。没有长城的阻隔，善于骑射的蒙古军队出入关山就轻松了很多，对刚刚建立的明朝政权构成巨大的威胁。

在徐达的组织下，军队在北平周边修筑起了坚固的长城，包括居庸关、金山岭、古北口、喜峰口等段（这一带的长城都在蓟镇的军事辖区内，到戚继光驻防的时候，都已经破败不堪，因此，他才重新修建）。

过了几年，朱元璋派徐达率兵发动第二次北伐。结果，由于轻敌冒进，徐达所率的主力部队在草原上吃了败仗。

这次败仗使得朱元璋对蒙古军队更加不敢小看。于是，在继

续筹备北伐的同时，明朝进一步加大了修筑长城的力度。

由于明朝初期的长城大多是徐达主持修建的，再加上徐达作为主要军事将领，为明朝的建立和国防事业做出了巨大贡献，因此朱元璋称他为朝廷所倚重的"万里长城"。

长城与经济封锁

朱元璋去世后，他的子孙们接着修建长城。照理说，几代皇帝都这么卖力地修长城，边境应该非常安全了吧——事实并非如此。

在一般人的印象中，长城都应该像八达岭、居庸关、慕田峪或者山海关那样，有着坚不可摧的城墙、威武矗立的烽火台和巨石铺就的石阶走道。其实，这样的长城只能在一些非常重要的军事关口看到，而且在万里长城中，只占极小的比例。大部分的长城只是一些低矮的土墙。长城最低矮的地段，就是普通人加把劲儿也能翻过去。

既然如此，那么修筑万里长城还有什么用呢？

这就要说到长城除军事防御之外的另一个用途——经济封锁。

当时，蒙古骑兵之所以一而再，再而三地侵扰明朝边境，并不是为了夺取明朝的土地，而是为了获取必要的生活物资。作为游牧民族，蒙古人除了会打猎放牧之外，几乎没有其他的生活技能。像锅碗瓢盆一类的日常生活用品，他们都得通过边境贸易，从明朝人手中交换获得。

　　蒙古人和明朝之间的边境贸易，当时称为"互市"。互市需要双方进行商品交换。蒙古人通常用畜牧产品与明朝人交换必需的生活物资。然而，并不是所有的蒙古人都会遵守互市的规则，有的人会用武力掠夺的方式来达到目的。这样一来，明朝政府就会担心边境安全，从而关停互市。停了互市，蒙古人的生活物资就失去了来源，而那些专门从事边境贸易的明朝人和蒙古人也就断了财路。为了继续贸易，他们就会偷偷越过边境，私下进行贸易。

　　当然，这些低矮的长城仍然无法阻挡他们私下进行贸易。只是，要想翻越长城，就得冒着失去生命的危险。因为，长城就是边境线，一旦越境，就可能被明朝的士兵捕获，甚至杀死。

　　面对明朝的经济封锁，蒙古人只有采取进一步的武力行动，越境抢掠。这些低矮的土长城，根本无法阻挡蒙古铁骑。只是由于筑有这类长城的地区，不是军事重镇，蒙古人的小规模侵扰，除了对当地百姓造成困扰之外，并不能影响到明朝的国防安全，因此明朝政府和军队不是特别在意。只有当蒙古军队攻击明朝的军事重镇，对明朝的国防安全构成威胁时，朝廷才会调集重兵进行防御。这时，那些高大坚固的长城就发生了作用。戚继光修筑的长城，基本上就是专门用于军事防御的。

修长城的经济账

　　明朝立国二百七十六年，修建了东起鸭绿江，西到嘉峪关的

万里长城，而且有一部分完整地保留了下来，成为举世瞩目的建筑奇观。

修建长城，需要耗费大量的人力、物力、财力，为什么明代历任皇帝还要前赴后继地做这件事呢？这就需要算一笔经济账了。

首先，修建长城要比打仗省钱。

打仗需要付出巨大的经济成本。军队到边境作战，需要大量的战马，还要有充足的粮草供应。且不说马是昂贵的战略物资，粮草的运输成本竟然是粮草本身价值的好几倍！除此之外，还有军饷、武器装备等各项庞大的军费开支。古人曾经算过账，与高昂的战争成本相比较，修建长城无疑是最经济、最划算的。

其次，修建长城能带动周边地区的经济发展。

明代长城沿线，每隔一定距离就设有军事重镇，统称为九边十一镇。万历年间修建长城时，又增加了两镇。这些军事重镇都有军队驻守。为了解决粮草供应和军费开支问题，包括明朝在内，历代统治者都实行屯田制。

明朝政府规定，边镇军队只留三成兵力守城，剩下的士兵都要种地。收获的粮食，除了供应军队所需和军费开支，其余的上缴政府。据永乐元年（1403 年）统计，政府征收的总税粮当中，将近一半来自"屯田粮"。

有了长城做屏障，军队可以腾出大量兵力种地。受军队屯田的影响，长城周边地区的农业发展迅速，经济水平不断提高，就连周边的牧民也开始学习农耕，发展农业经济。

因此，无论从军事防御角度，还是经济封锁角度及经济成本角度来看，修建长城都是很划算的。这也是明代历任皇帝都热衷于修长城的原因。

知识加油站

　　九边重镇：明朝弘治年间，在北部沿长城防线陆续设立的九个军事重镇。

　　屯田制：政府为取得军队给养或税粮，利用士兵或招募农民垦种土地的制度。

　　总兵：官名。明初，镇守边区的统兵官有总兵和副总兵，无定员。总兵官本为差遣的名称，无品级，遇有战事，总兵佩将印出战，结束缴还，后渐成常驻武官。

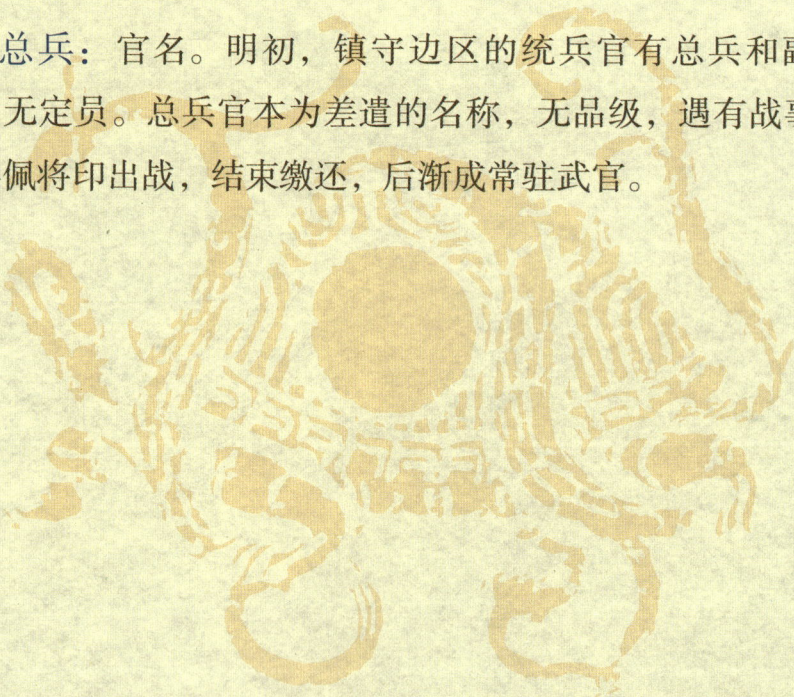

隆庆和议

把汉那吉来降

隆庆四年（1570年）冬天，大同城外来了十多个骑着高头大马的蒙古男女，为首一人嚷嚷着要见宣大总督王崇古，说是前来投降的。

这时的蒙古各部与明朝仍处在敌对状态，小规模的战斗时有发生。守门的士兵不敢放松警惕，赶紧跑到城里的衙门向大同巡抚方逢时汇报了情况。

方逢时亲自接见了这些蒙古人，一问才知道，他们竟然是蒙古土默特部首领俺答汗的孙子——把汉那吉和他的家人。

这事非同小可，方逢时马上向王崇古汇报，请示如何处理。

年初，王崇古曾经派出一些人到蒙古各部当间谍，从事招降活动。蒙古各个部落陆续有人前来归降，共计两千多人。不过，那些人大多是身份较低的蒙古人，因为在本部落不受重视，或者出于其他原因，才来投降。而像把汉那吉这样身份尊贵的蒙古人

怎么也会前来投降呢?

经过详细询问得知,把汉那吉之所以投降明朝,是因为争夺一个叫"三娘子"的女人失利,一气之下,他带着妻儿前来投降。

俺答汗与"庚戌之变"

俺答汗并不是蒙古大汗,只是一个部落首领,然而,他拥有的强劲实力,令蒙古大汗也要高看三分。俺答汗的军队战斗力之强,不但令其傲视蒙古各部,就连明军也闻风色变。

嘉靖二十九年(1550年),俺答汗向世宗朱厚熜提出,希望明朝能够开通互市,扩大和增加边境贸易。

"土木堡之变"以后,明朝对于蒙古军队一直持防范态度,生怕再发生类似事件。因此,历代皇帝不断加强边境军力,禁止边境贸易,避免蒙古军队乘机入侵。朱厚熜也一样,不希望自己成为第二个英宗,于是,断然拒绝了俺答汗的请求。不但如此,他还下令斩杀了俺答汗派来的使者。

俺答汗闻讯大怒,亲自率兵进犯大同,要用武力强迫朝廷屈服,同意开放边境贸易。宣府和大同两镇总兵仇鸾在损兵折将的情况下,重金贿赂俺答汗,请求他不要再侵犯大同和宣府,换个地方进攻。俺答汗拿钱办事,果然移兵东去,率领大军从古北口攻入北京郊外。

当时的内阁首辅严嵩认为,俺答汗不过是想抢掠一些财物而

已，并非真心要攻进北京，推翻明朝政权。他下令兵部不许派军队出城迎敌，任由蒙古军队在京郊烧杀掳掠。

就这样，俺答汗在没遇到任何抵抗的情况下，放纵军队在北京郊外大肆抢劫了八天，除了金银财宝之外，就连百姓家里的铁锅都抢了去——物以稀为贵，对于缺少铁制品的蒙古人来说，铁锅也是非常重要的。蒙古兵甚至以抢到铁锅为荣。

尽管如此，俺答汗依然觉得抢来的东西不够用，又胁迫朝廷答应开放部分边境贸易，这才大摇大摆地率兵回师。

这就是嘉靖年间有名的"庚戌之变"。

互相伤害

"庚戌之变"过后，明朝虽然被迫开放了一段时间的边境贸易，但是，很快就关闭了。这样一来，蒙古人又失去了生活物资来源。因此，俺答汗就时常派军队袭扰边境，抢掠财物。

为了报复蒙古人，每当秋季，明军就深入草原腹地，放火烧掉草场，使牧区的牛羊因为缺乏草料而无法过冬，这种行动称为"烧荒"；明军还经常袭击蒙古军营，赶走大量牲畜，这种行动称为"捣巢"。

长期以来，明军和蒙古军队互相袭扰，生活在边境地区的百姓们深受其害。

朱载垕即位后，俺答汗的武力入侵行动更加频繁，力度也越来越大。当时，以赵全为首的一批白莲教教徒被朝廷通缉，逃往塞外，投奔俺答汗。赵全善于谋略，且熟悉明朝边防军事部署情况。俺答汗接受赵全的建议，分兵四路向明军发起进攻，突破长城后，在多地进行劫掠，被杀死和劫掠的汉人数以万计。

在边关告急的危难时刻，朱载垕任命王崇古为宣大总督、方逢时为大同巡抚，镇守边境，抵抗蒙古军队入侵。

针对个别边防士卒通敌的现象，王崇古严令禁止士卒随意出城；同时，派一些士卒到蒙古部落里充当间谍，一边刺探军情，

一边招降。令王崇古意料不到的是，俺答汗的孙子把汉那吉竟然也来投降了。

谈判议和

王崇古想利用把汉那吉制约俺答汗，或者，用他交换赵全等人，于是，就让人将把汉那吉留在大同，好好招待。王崇古和方逢时一起给朝廷上了一道奏疏：如果俺答汗来要人，就顺势开通互市，让他把赵全及其他白莲教教徒押送回来，归还被掳去的人口。如果俺答汗要用武力进攻，就做出要杀死把汉那吉的样子，

让他感到害怕，不敢大举进攻。如果俺答汗不来要人，我们就好好安排把汉那吉，让他统领招降过来的蒙古人。将来俺答汗死了，他的儿子辛爱一定会继承权力和军队。到时，让把汉那吉率兵进攻辛爱，互相残杀，我们坐收渔翁之利。这是又一条计策。

内阁大臣高拱和张居正非常赞同王、方二人的意见，就让他们按计划实行，并下令封赏把汉那吉。

俺答汗听闻把汉那吉投降了明朝，大吃一惊，连忙派辛爱带兵进攻，向王崇古要人。辛爱不想让把汉那吉回来，故意磨蹭，不肯发动有力的进攻。俺答汗妄图用武力征服明军的希望破灭了。俺答汗的妻子一克哈屯由于思念孙子，成天哭闹，让俺答汗心烦意乱。

方逢时派使者到俺答汗大帐，与他谈判。俺答汗盛气凌人地说："自从我发兵以来，你们死了很多将领。"

使者说："我们的将领和您的孙子能比吗？现在朝廷对您的孙子很好，您用兵只是想让他早死而已。"

俺答汗本来怀疑把汉那吉已经死了，听了使者的话，就派人跟使者回去核实情况。王崇古让把汉那吉穿着朝廷赐给的袍服出来相见。

知道孙子活得好好的，俺答汗大喜过望。使者趁机说："如果您早上把赵全等人送来，晚上把汉那吉就能回家。"

俺答汗让身边的人都退下，对使者说："我本来就不想作乱，都是赵全这些人撺掇我干的。现在我的孙子投降，是老天爷安排

的啊。如果皇帝能封我为王，永远镇守北方，其他部落就不敢作乱。就算我死了，我的孙子继承我的王位，他受了朝廷的恩惠，怎么敢辜负呢？"

于是，俺答汗把赵全等人绑了，送给了明军，同时请求互市。王崇古也立即派人护送把汉那吉回家。

随后，朝廷和俺答汗深入交流协商，制定了相关的议和条款，正式开放了多地边境贸易，终结了自明朝开国以来的明蒙敌对态势。一直到明朝灭亡，北方的明蒙边境都没有发生战事，老百姓过了很长一段时间的稳定生活。

知识加油站

通缉：政府机关通令有关地区协同搜捕在逃的犯罪嫌疑人或在押犯人。

互市：中国历史上指对外贸易或同边境民族之间的贸易，也称通商或通市。

让孩子着迷的

明朝故事 ③

大发说书 潮白 编著

四川教育出版社

图书在版编目（CIP）数据

让孩子着迷的明朝故事. ③ / 大发说书，潮白编著
. -- 成都：四川教育出版社，2023.3
ISBN 978-7-5408-8603-5

Ⅰ. ①让… Ⅱ. ①大… ②潮… Ⅲ. ①中国历史－明
代－青少年读物 Ⅳ. ①K248.09

中国国家版本馆CIP数据核字（2023）第033603号

让孩子着迷的明朝故事③
RANG HAIZI ZHAOMI DE MINGCHAO GUSHI ③

大发说书　潮白　编著

出 品 人　雷　华
策 划 人　何　杨
责任编辑　杨　越　张　晓
装帧设计　册府文化
插图绘画　肖岱钰　周晔露　册府文化
责任校对　王　丹
责任印制　高　怡
出版发行　四川教育出版社
　　　　　地　　址　四川省成都市锦江区三色路266号新华之星A座
　　　　　邮政编码　610023
　　　　　网　　址　www.chuanjiaoshe.com
印　　刷　天津海德伟业印务有限公司
版　　次　2023年3月第1版
印　　次　2023年3月第1次印刷
成品规格　170 mm × 240 mm
印　　张　9.25
字　　数　98千字
书　　号　ISBN 978-7-5408-8603-5
定　　价　138.00元（全4册）

如发现质量问题，请与本社联系。总编室电话：（028）86365120
北京分社营销电话：（010）67692165　北京分社编辑中心电话：（010）67692156

目 录

张居正改革

两代帝师

隆庆年间，有两件大事与明朝的边境贸易有关，一件是"隆庆开关"，就是放开东南沿海的海禁，允许民间开展海上贸易；另一件是"隆庆和议"，就是放开西北关防的限制，允许明朝和蒙古各部开展边境贸易。在这两次历史事件中，有一个人始终全程参与，分别配合当时的首辅徐阶和高拱，圆满完成了使命。他就是当时的内阁重臣张居正。

嘉靖四年（1525年），张居正出生在湖广江陵（今湖北荆州）一个秀才家里。他小时候是远近闻名的神童，十二岁参加童试，中了秀才；十六岁参加乡试，中了举人；二十三岁时，参加会试和殿试，高中二甲第九名进士，被授予庶吉士。

庶吉士是皇帝身边的工作人员，负责草拟诏书，给皇帝讲解经典，也是未来内阁大臣的储备人选。担任庶吉士期间，张居正结识了内阁重臣徐阶，得到徐阶的关照和指导。

嘉靖晚期，接替严嵩当上内阁首辅的徐阶推荐张居正进入裕王府，担任侍讲侍读，成了裕王朱载垕的老师。

朱载垕当上皇帝后，张居正顺理成章地进入内阁，协助徐阶革除了嘉靖时期的一些弊政，成为内阁重臣。

隆庆六年（1572年），朱载垕去世，十岁的太子朱翊钧即位，次年改元万历。朱翊钧年少，朝政大事由母亲李太后和内阁协商处理。

这时，内阁首辅早已换成了高拱。他既高傲又强势，瞧不上秉笔太监冯保，对冯保说话一点儿都不客气。冯保是朱翊钧的贴身太监，被小皇帝称为"大伴"，对他特别宠信。冯保想当掌印太监，高拱坚决不同意，还向李太后建议，把冯保撵出皇宫。

张居正与冯保关系很好，就偷偷地把这件事告诉了冯保。冯保反过来向李太后告高拱的状。李太后本来就忌惮高拱擅权专断，便趁势免了高拱的职务，让张居正接任内阁首辅。

李太后非常欣赏张居正的才华和能力，让他给小皇帝朱翊钧当老师。张居正因而成为两代皇帝的老师。

万历首辅

张居正精力充沛，尽管每天有一大堆政务要处理，却不影响他教朱翊钧读书学习。他给朱翊钧制订了严格的学习计划——一旬十天，三天上朝，七天学习，每天上三堂课，每堂课两小时。

　　张居正对朱翊钧非常严厉。有一次，朱翊钧读书时读错了一个字，张居正就大声斥责并予以纠正，把小皇帝吓得脸色都变了。朱翊钧的衣服有些褪色，想换一件新的，张居正不允许，教育他要懂得节俭。朱翊钧年少贪玩，大晚上带着一帮太监到处晃悠，太监不听话，就用大杖打。张居正听说后，对朱翊钧严加斥责，让他写罪己诏，还处罚了引诱他犯错的太监。

　　李太后完全信任张居正，朱翊钧完全依赖张居正。作为内阁首辅和帝师的张居正，拥有了空前的至高无上的权力。凭借手中的权力，张居正进行了一系列的改革，开创了"万历中兴"的全新局面。

　　张居正进行的改革，从吏治开始。他制定了切实有效的"考

成法"，对官吏进行严格的政绩考核。

"考成法"要求，以六科控制六部，再以内阁控制六科。一切事务，从内阁到六科，再从六科到各个衙门，层层考核，明确责任，赏罚分明，一改以往政令拖沓、执行不力的现象。"朝廷早上发布的命令，到了晚上，万里之外的地方就已经开始执行。"这是当时人们对张居正内阁行政效率的描述。

"考成法"将原本由皇帝直接掌握的六科，改由内阁统领。内阁的权力提升到了极限，甚至代替了皇权。内阁的权力当然是由张居正掌控。这样一来，张居正说话比皇帝还管用。内阁成员对张居正又敬又怕，一个个在他面前唯唯诺诺，就像小吏一样，不敢以同事自居。

张居正知人善任，从兵部尚书到镇守全国各地的高级将领，都由他亲自任免。镇守蓟门的戚继光和镇守辽东的李成梁等名将，都很听他的话。

黔国公沐朝弼多次犯法，按照大明律，早就应该逮起来了。可是，司法部门惧怕他的权势，不敢处置。群臣也认为这事很难办。毕竟，从明朝开国时起，沐家就被封到了云南，经过二百余年的经营，那里早成了沐家的天下，谁敢招惹他们？

张居正知道后，下令让沐朝弼的儿子继承他的爵位，派锦衣卫骑快马去云南抓捕沐朝弼。沐朝弼惧怕张居正，没敢反抗，束手就擒，被押解到京师。张居正免了他的死罪，把他送到南京，幽禁了起来。

一条鞭法

万历九年（1581 年），张居正在全国推行"一条鞭法"。

"一条鞭法"是嘉靖时期内阁大臣桂萼首次提出来的赋税及徭役制度。具体内容包括：一、重新详细丈量土地，清查隐匿不报的土地，扩大土地税赋的征收范围，使税赋相对平均。二、统一税赋和徭役，禁止各级官吏巧立名目，乱收苛捐杂税，使税赋趋于稳定。三、废除历代以实物征收税赋和代替徭役的办法，改由官府根据实际田亩数征收税银。取消代办环节，避免地方有关人员侵吞税赋实物的弊病。用钱缴税是税制改革的一项进步，避免了以往用各种各样的物品来冲抵税款的弊端。

由于"一条鞭法"触及从中央到地方的权贵、豪强、地主的利益，受到强烈抵制。嘉靖年间，朝廷只是在有限的范围内推行过"一条鞭法"，没能在全国范围内推广。

要想在全国推行"一条鞭法"，必须有强大的执政力量和高效的行政手段。这两个前提条件，张居正都具备。即使如此，他也是在执政九年之后，时机成熟了，才敢出手。

当时的土地兼并和隐瞒不报情况非常严重。皇亲国戚、王公贵族、官僚太监和地主豪强占据了全国一大半田地，他们拥有免税的特权。这意味着全国有一半的税赋收不上来。

之前农民为了避税，把自家田地转让给拥有免税特权的人，导致土地大量流失，税赋大量缩减。

朝廷没有钱，就会爆发财政危机，不要说改善民生了，就连官吏的俸禄发放和军队的正常开支都成问题。这严重影响了统治基础的稳定。

张居正之前的内阁首辅们，并非不知道这里面的利害关系，也不是不知道"一条鞭法"的好处，可是他们手中的权力有限，根本惹不起庞大的、盘根错节的利益集团。就连敢骂皇帝的海瑞，也因为推行"一条鞭法"而受到利益集团的围攻，不得不被迫辞职。

那时，张居正还没有掌握最高权力，只能写信安慰海瑞。此时，张居正不但掌握了最高权力，而且，经过九年的苦心经营，从上到下已经形成了一整套高效的行政体系。

胸有成竹的张居正终于出手了！针对当时的情况，张居正从清算丈量土地入手，查出隐匿不报的土地近三亿亩，为国库增收了巨额赋税。

这是自明朝立国以来，规模最大的一次土地清理活动。因为规模最大，所以张居正得罪的人也最多。这些人对张居正恨之入骨，却又无可奈何。毕竟，就连皇帝都得听他的，更何况其他人呢！

改革余声

推行"一条鞭法"的第二年，张居正病逝。他用了十年的时间，把大明帝国从崩溃的边缘拉了回来。在他奠定的"万历中兴"基础之上，他的皇帝学生朱翊钧稳稳当当地坐了四十八年龙椅。然而，朱翊钧对这位老师并没有半点感恩之心，只有青春期被压抑的积怨和权力被压制的愤恨。

张居正死后不久，朱翊钧就收回了对他的所有封赏，包括谥号。张居正的家人被锦衣卫锁在宅院里，十几口人被饿死。张居正生前举荐和任用的人，都被削官贬职。张居正推行的改革政策，除了"一条鞭法"，其他全部被废除。

知识加油站

侍讲侍读：为皇帝和太子讲解儒家经典和治国之道的官员，相当于皇家私教。

罪己诏：古代的帝王在朝廷出现问题、国家遭受天灾、政权处于安危时，自省或检讨自己过失、过错而发布的一种口谕或文书。

六科：官署合称，指吏、户、礼、兵、刑、工六科，主要负责监察六部，每科主官为给事中。

徭役：古代统治者强迫人民进行的无偿劳动。

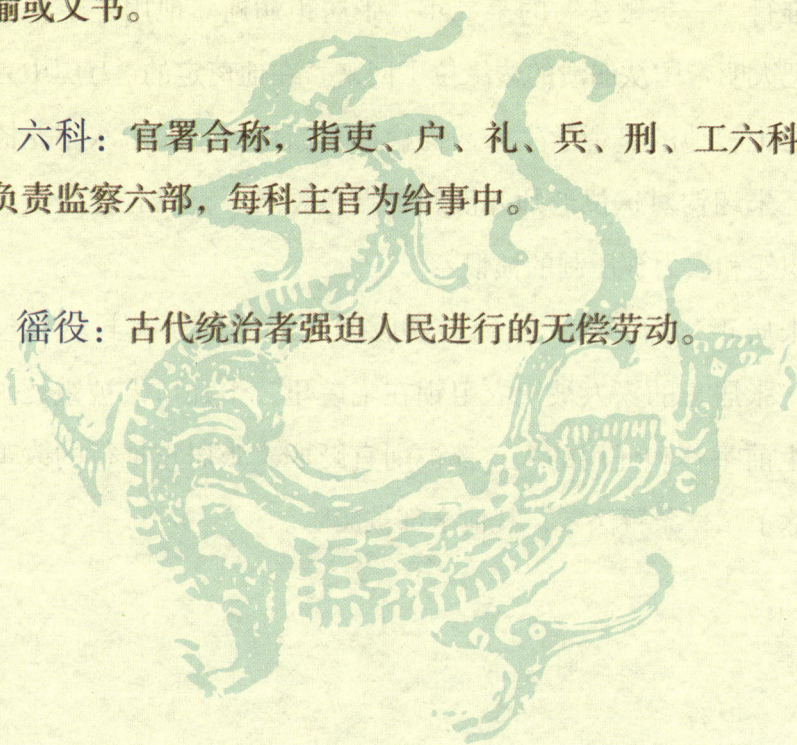

利玛窦传教

进入澳门

就在张居正去世的当年，意大利人利玛窦怀揣一部《圣经》，背着圣母像、地图、星盘和三棱镜等西洋物件，远渡重洋，来到了澳门。

利玛窦是天主教耶稣会传教士，奉命到明朝传教。之前，已经有好几拨传教士被派往明朝传教，受明朝海禁政策的影响，他们的活动范围只能局限在澳门。当时的澳门被葡萄牙人强行租占，因此，一些没有取得入境资格的外国人都把澳门作为了临时落脚点。

十多年前，耶稣会在澳门建立了耶稣会学院和教堂。为了方便传教，学院专门开设了汉语课程。

利玛窦在澳门待了一年，主要学习汉语，了解明朝的文化习俗。利玛窦对完全不同于拼音文字的汉语言文字产生了浓厚的兴趣，在写给老师的信里，他说："我最近一直在努力学习汉语，我向您保证，汉语与希腊语和德语大不相同。汉语有很多字词的意义广泛而模糊，一些词语甚至能够表达一千个以上的意思。而且，有时一个词和另一个词之间的唯一区别就在于，如何在四个高低不同的声调中进行定位。"

利玛窦具有极强的学习能力，很快就熟练地掌握了汉语的听、说、读、写。为了方便其他传教士学习汉语，利玛窦还专门编辑了一本《葡汉词典》。

传教广东

第二年，利玛窦经明朝政府批准，进入广东肇庆。他在当地建了一座欧式教堂，作为自己的住处和传教基地。当地人对于天主教一点儿也不了解。利玛窦担心受到抵制，或被驱逐出境，不敢公开进行传教活动。他向政府官员解释说，自己是来自西方的教士，因为仰慕明朝，才来到这里，希望能够留下来，侍奉天主一直到死。

人们并不在意利玛窦是什么教士，甚至把他误认为佛教徒。不过，利玛窦带来的各种西洋玩意儿，倒是引起了人们的好奇。

利玛窦对于明朝的文明也充满了好奇。他认为，明朝不仅是一个王朝，更是一个独立的世界。明朝的伟大举世无双。他发现明朝人都很好学，对医学、数学、天文学都很精通，只是没有上升到科学的高度。

为了方便传教，利玛窦认真研究学习当地的风俗礼节，尽量使自己的言行举止看起来更像一个明朝人，以此博得人们特别是官员们的好感。

利玛窦自制了一幅汉字版世界地图，向人们介绍海外各国的情况，在解释各种西方新鲜事物的同时，也向人们介绍天主教。为了方便宣传，利玛窦把一些天主教的经书翻译成汉文。

利玛窦在肇庆居住了六年，完全适应了当地的生活方式，也深入了解了当地的传统文化，同时，他也把西方的先进文明介绍

给了当地人。

　　当地士人瞿太素与利玛窦结识，并成了他的好友和弟子，还帮助利玛窦翻译了他带来的欧几里得《几何原本》的第一卷。在瞿太素的宣传下，利玛窦在当地结交了不少达官贵人，名声也越来越大。

　　不久，新任两广总督要把传教士从肇庆驱逐出去，利玛窦的

处境变得艰难起来。经过努力争取，利玛窦去了韶州（今广东韶关），在那里建立了第二个传教基地。

在韶州的时候，利玛窦一边传教，一边开始认真学习传统典籍"四书"，并将其翻译成拉丁文。

瞿太素劝利玛窦像明朝人一样蓄须留发，改穿儒服，以赢得人们的好感。利玛窦接受了他的建议，穿上儒服，戴上儒冠，把自己打扮成了明朝人的模样。

南昌传教模式

又过了六年，利玛窦得到一个去南京的机会。去了之后，却没办法留在那里，只好去了南昌，建立了第三个传教基地。

当地的王室成员和各级官吏对于利玛窦带来的地球仪、玻璃器皿和各类西方书籍很感兴趣。利玛窦就利用人们的好奇心，在传教基地举办展览活动，借机与这些上层人士进行交流。

利玛窦意识到，西方的传教模式在明朝行不通，要想被人们认可和接受，必须借用明朝人的传统文化作为包装。于是，他不再用建造教堂、不再采用西方的传统模式传教，而是创建了一套南昌传教模式，利用汉人自古就有的"上帝"概念，代替"天主"这个名称。

南昌传教模式获得了成功。利玛窦被任命为耶稣会明朝教区的负责人，全权负责在明朝境内的一切传教活动。耶稣会还授予

利玛窦一个新任务——去北京觐见皇帝，借助皇权为传教活动提供保障。

从南京到北京

三年后，利玛窦随南京礼部尚书王忠铭一道去往北京。王忠铭是利玛窦在韶州传教时认识的。当时，正好王忠铭要去北京述职，同时为皇帝贺寿，便邀请利玛窦一同前往。

利玛窦准备了欧洲生产的自鸣钟、八音琴等，作为献给皇帝的寿礼。到了北京，利玛窦先是兴奋，紧接着就是失望。王忠铭联系好的太监拒绝引荐利玛窦入宫。利玛窦到处托人，也无济于事。无奈，他只好返回南京，并在那里建立了第四个传教基地。

在南京期间，利玛窦结交了不少名士，其中包括当时的礼部官员，后来成为内阁首辅的叶向高、思想家李贽和科学家徐光启。

又过去了三年，利玛窦再次去了北京。他向皇帝朱翊钧呈上了自鸣钟、大西洋琴、世界地图和圣经等十六件贡品。

朱翊钧对这些西洋贡品很感兴趣，尤其喜欢大、小两架自鸣钟。大的自鸣钟被小心翼翼地摆放起来，小的自鸣钟则成了他爱不释手的玩物。由于自鸣钟构造复杂，需要定期检修，利玛窦就有了定期进宫的机会。

朱翊钧还让利玛窦教太监们学习演奏西洋琴。利玛窦参照宗教赞美诗歌的形式创作了八首乐曲，填上简单的中文歌词，起名

"西琴歌曲"，教太监们演奏。朱翊钧很赏识多才多艺、知识渊博的利玛窦，特别批准他可以长住北京。不仅如此，朱翊钧还让他以欧洲使节的身份出入紫禁城，并由朝廷发放俸禄。

在皇帝的关照下，利玛窦广泛结交士大夫，和他们探讨宗教知识，赢得了人们的尊重，同时，也收获了一大批天主教信徒。

徐光启这时已经调入北京翰林院，与利玛窦在一起交流的机会更多了。在利玛窦的影响下，徐光启加入了天主教，二人联手翻译了《几何原本》和《测量法义》等西方学术著作。

太仆寺少卿李之藻向利玛窦学习西方科学，并加入了天主教；随后，监察御史杨廷筠也加入了天主教，与徐光启、李之藻三人合称为"圣教三柱石"。

利玛窦在宣武门内建造了第一座天主教教堂——南堂，一直留存到现在。

在利玛窦和信徒们的共同努力下，天主教开始在全国范围内传播。同时，东西方的文化和学术交流也得以开展起来。

万历三十八年（1610 年），五十九岁的利玛窦因病去世。按照惯例，西方传教士死后应该移葬澳门。在时任内阁首辅叶向高等人的协调下，朱翊钧特批将他安葬于北京。

知 识 加 油 站

　　天主教：基督教三大教派之一（其他两教派是东正教和新教）。

　　《几何原本》：书名。是古希腊数学家欧几里得用公理化方法对古希腊数学知识所做的系统化、理论化的总结。成书于公元前300年左右。简称《原本》。

万历十五年

皇帝罢朝

万历十五年（1587 年），三月的一天，中午时分，冷清的皇城门口突然变得热闹起来。一批又一批身着盛装的官员，或坐轿，或步行，急匆匆地进入皇城。

原来，大家都听到一个消息——皇帝要举行午朝大典。文武百官不敢怠慢，赶紧整理衣冠，前往参加。

守门的禁卫军并没有接到相关命令，只是见到这么多的官员前来，以为确实有大典要举行，也就没有多问，一概放行。

文武官员进了皇城，但见端门和午门的城楼上下一片安静，根本没有要举行大典的迹象。大家不由得开始交头接耳，互相打听这是怎么回事。

不一会儿，皇帝身边的宦官出现了，宣布皇帝并未召集大家举行午朝。于是，上千名官员带着满腹的疑惑陆续散去。

紫禁城里的皇帝朱翊钧得知了皇城里发生的事情，认为这件事与礼部和鸿胪寺没能很好地履行职责有关。为了惩戒这种玩忽职守的行为，朱翊钧对这两个部门从上到下所有的官员罚俸两月。

随后，朱翊钧命令礼部对这次午朝大典事件进行调查。礼部查了半天，都没弄清到底是怎么回事。朱翊钧很生气，下令全部京官罚俸两月。

当皇帝就是这么任性。当然，张居正活着的时候，朱翊钧是断然不敢这么任性的。

这时，张居正已经去世五年了。五年来，朱翊钧感受到了当皇帝的权威，有时，却也很无奈。前些时候，他想立自己宠爱的三儿子朱常洵为太子，群臣不答应，非让他按规矩立长子朱常洛为太子。

朱翊钧贵为皇帝，却在这事上受制于群臣，不能自己做主，心里很是窝火。朱翊钧争执不过群臣，一怒之下，从此拒绝上朝。之后的二十多年间，朱翊钧向他的爷爷朱厚熜学习，躲在深宫，不再露面。

当初，朱厚熜就是因为多年不上朝，被海瑞骂了个狗血淋头。如今，海瑞怎么没动静了？

清官之死

还是万历十五年，一个寒冷的冬日，中国历史上有名的清官海瑞死于南京都察院右都御史任上。

金都御史王用汲看到海瑞去世时的场景，忍不住掉了眼泪。简陋的屋舍，一袭布衫，一只随身携带多年的破竹箱，箱子里存放着十几两银子和一条旧葛巾。这便是海瑞的全部遗产。

海瑞没有儿子，没有人为他张罗后事。王用汲凑了一笔钱，代为处理他的后事。在运送海瑞灵柩离开南京时，长江两岸的百姓头戴白帽、身穿白衣，排了一百多里的长队，哭泣着为他送别。

海瑞生前以清廉正直而闻名四海。百姓都希望他做高官，多为百姓干实事。朝廷却不知道该给他安排一个什么样的职务。当初，朱厚熜把他押在大牢里十个月，由于怕落下杀害贤臣的恶名，没敢杀他。朱载垕知道他是个清官，把他从牢里放了出来。然而，在给海瑞安排工作的问题上，朱载垕也很是头疼。对于这

样一个连皇帝都敢骂的清官，实在不好安排，弄不好，再让他把自己骂一顿，那不是自找的吗？于是，朱载垕把这个烫手的山芋扔给了内阁。内阁和吏部有招，让海瑞担任闲职，不让他干实事，省得他惹麻烦。

然而，海瑞是闲不住的，便主动向皇帝要求封个实职，一心一意为民伸张正义。他表态，如果不让自己干实事，就辞职。皇帝没办法，内阁和吏部也没办法，只好让他出任南直隶巡抚。

海瑞在南直隶巡抚的位置上只坐了八个月，就被迫辞职了。原因是他动了地主豪强的田地。其中，最大的一块田地是嘉靖年间的内阁首辅徐阶一家的。

海瑞上任的时候，徐阶已经退休在家有些时日了。尽管不做首辅了，可生活是不愁的，因为他家有几十万亩田地。这么多地，有相当一部分是从农民手中得来的。

徐阶家里放高利贷多年，还不起贷款的农民，只好把田地抵给徐家。时间久了，徐家自然就有了很多田地。

海瑞看不惯，要帮老百姓把失去的田地要回来。海瑞给徐阶写信，让他至少退出一半田地。

徐阶是海瑞的救命恩人。海瑞因为上疏骂嘉靖皇帝，被刑部拟了死罪，呈到内阁，徐阶给压了下来。虽然生杀大权最终在皇帝手中，但是，有了徐阶的帮助，海瑞保住了性命。否则，海瑞恐怕也是生死难测。

海瑞多少给徐阶留了些情面，只是让他退地，没有把他抓起

来。按照大明律，徐阶不仅要退地，还要坐牢。海瑞只是抓了徐阶的弟弟，杀鸡给猴看，震慑其他地主。

海瑞规定，每月有两天专门受理这类失地案件。但在一天之内，他竟然收到三四千件这类状子。

海瑞忙坏了。地主气疯了。于是，南直隶的地主们齐心协力要搞倒海瑞。很快，朝廷里就收到了一大堆弹劾海瑞的奏折。

皇帝和内阁大臣们听不到大多数百姓的呼声，却能看到一件又一件代表地主利益的奏折。于是，代表大多数百姓利益的海瑞被迫辞职了。

朱翊钧即位，张居正当了首辅。海瑞与张居正有过交流，表达了想出来做事的意思。张居正却只是写信安慰他，委婉地批评

他太过急躁。

张居正知道海瑞想干什么，却不敢给他机会。因此，在张居正担任内阁首辅的十年间，海瑞只能闲着。

直到张居正去世三年后，朱翊钧才起用海瑞，让他在南京右都御史的闲职上养老。

这时，海瑞已经是年过七旬的老人了。当北京的朱翊钧向爷爷朱厚熜学习，懒于朝政，跟群臣"躲猫猫"的时候，远在南京的海瑞已经没有了骂皇帝的力气。

将星陨落

海瑞去世不到两个月，抗倭名将戚继光在家乡郁郁而终。

戚继光去世的时候，已经被免官三年了。在他去世前三个月，一位监察御史向皇帝上疏，建议起用戚继光，结果被训斥了一顿，并罚了三个月的俸禄。

早已成人的皇帝朱翊钧与戚继光并没有多少交集，也谈不上矛盾，不肯起用他，只是因为他曾经是张居正重用的人。

戚继光因为平定了倭寇之乱而声名大噪，被朱载垕派往蓟州出任总兵。张居正升任内阁首辅之后，对戚继光的重视更胜从前，从各方面给予大力支持。有人弹劾戚继光，说他账目不清，有贪污的嫌疑，张居正替他压了下去。对于张居正的厚爱，戚继光也心怀感激。张居正因父亲去世，回乡处理后事。戚继光听说

后，专门派出一支戚家军小分队，配备最新式的火枪，一路护送周全。

张居正死后，戚继光被调离蓟州重镇，派到没有什么发挥余地的广东。很快，他又受到弹劾，被罢了官，打发回山东老家去了。

老骥伏枥，志在千里；烈士暮年，壮心不已。

戚继光晚年，只能在梦里重回遥远的疆场和长城，直到夜空里那颗明亮的将星黯然逝去。

衰落的开始

万历十五年，在明朝二百七十六年的历史上，只是极为平凡的一年。

这一年，有的地方闹旱灾，有的地方闹蝗灾，有的地方闹洪灾。这样的灾害，几乎每年都有，在皇帝和群臣眼中，正常不过，无非是照例开仓放粮赈灾，惩治贪官污吏，安抚百姓，平息民怨。

这一年，郧阳（今湖北十堰）发生兵变。这样的兵变在万历年间时有发生，也不足为奇。无非就是文官的地位比武将高，引发了武将的不满；或者军队内部克扣粮饷，军士奋起反抗。更换或打压一下文武官员，安抚或镇压一下底层军士，也就过去了。

这一年，朝廷册封的蒙古土默特部完成了顺义王王位的世袭交替，向皇帝呈表汇报；多个藩属国前来朝贡。表面上，明朝还

维持着宗主国的面子。

　　这一年，看似平凡，却隐隐潜伏着一个个危机。皇帝罢朝，备受文官武将们推崇的清官海瑞和名将戚继光先后离世，这一切更像一种帝国末日来临前的预兆。

知识加油站

午朝大典：皇帝中午召集百官上朝议事。

鸿胪寺：古代主管朝贡、庆典、祭祀等国家重大活动仪式的官署。

宗主国：封建社会，君主对其诸侯行使着支配权力。后来这种关系逐渐扩大到国与国之间。一国使他国从属于自己，并在一定程度上取得对其内政外交的支配权力。前者称为宗主国。

东林党争

犯颜直谏的顾宪成

"风声雨声读书声，声声入耳；家事国事天下事，事事关心。"

这是万历年间著名思想家顾宪成题写的一副对联。可以说，这副对联就是顾宪成的自我写照。

顾宪成出身于江苏无锡一个书香门第，三十岁时考中进士，担任户部主事。顾宪成刚上任没多久，赶上内阁首辅张居正生病。朝中群臣发起祈祷活动，户部从上到下的大小官员也赶紧跟进，搞集体签名活动，为张居正祈祷。顾宪成讨厌这种溜须拍马的行为，拒绝参加。同事怕他得罪张居正，替他签了名。顾宪成知道后，马上把自己的名字划掉。

顾宪成不怕得罪首辅，也不怕得罪皇帝。没过几年，他由于直言劝谏，触怒了皇帝朱翊钧，被贬到外地做官。顾宪成并没有因此消沉，而是一心为公，努力工作，凭借出色的政绩，再次升任吏部主事。

重新回到京城的顾宪成，还像从前那样，敢于直言。终于，他又把皇帝给得罪了。那么，这回又是因为什么事呢？

起因是一道诏书。这一年，朱翊钧下诏，同时册封长子朱常洛、三子朱常洵和五子朱常浩为王，但没有明确皇位继承人。朱翊钧之所以这样做，是为了给朱常洵当太子做铺垫。

此前，因为册封太子一事，朱翊钧和群臣已争论很长时间了。朱常洵是朱翊钧和郑贵妃生的儿子，郑贵妃是朱翊钧最宠爱的妃子。爱屋及乌，朱翊钧就想册封朱常洵为太子。

群臣认为这不合礼制，极力劝阻，恳请立朱常洛为太子。朱翊钧争辩不过，就想出一个主意，先将三个儿子同时封王，等时机成熟时再立朱常洵为太子。封建时代，人们认为太子是一国之本。因此，朱翊钧和群臣之间的争论被称为"国本之争"。

顾宪成从圣旨中看出了朱翊钧的心思，上了一道奏疏，坚持要明确朱常洛的太子身份，否则，就应该收回这道诏书。顾宪成的奏疏合情合理，论证严谨，令朱翊钧无法反驳。群臣也都纷纷上疏附和顾宪成的提议。朱翊钧没办法，只好收回诏书，但心里暗暗记恨顾宪成。

第二年，内阁首辅年老退休。朱翊钧下令让吏部推选几位首辅候选人。顾宪成与吏部尚书一起拟定了七名人选，报了上去。朱翊钧一看，这七人全是平时和自己对着干的"刺儿头"，特别是顾宪成提名的一名大学士，在前几年曾经担任过内阁首辅，因为在"国本之争"中带头反对朱翊钧，被免了首辅一职。现在，

顾宪成竟然再次把他列为提名人选。朱翊钧勃然大怒，马上下令削去顾宪成的官籍，打发他回老家。

顾宪成为官公正清廉，享有极高的声誉，备受人们尊敬。得知他被免官后，朝廷内外纷纷上书，希望皇帝能让他复出为官。朱翊钧怕顾宪成复职以后再跟自己对着干，没有同意。

东林书院

顾宪成回到家乡江苏无锡之后，积极投身讲学事业，一边传授知识，一边宣传自己的政治主张。由于他学识好、名声大，不但当地的读书人愿意听他讲学，全国其他地方也有很多学子慕名前来求学。

随着学生越来越多，讲学的地方就不够用了。顾宪成想把宋朝学者杨时讲学的东林书院翻修一下，当作自己讲学的场所。当地的士大夫听说后，纷纷出资赞助，把东林书院翻修一新。

顾宪成和弟弟顾允成，以及同道中人高攀龙、安希范、刘元珍、钱一本、薛敷教、叶茂才等人，在东林书院发起成立东林大会，制定了《东林会约》，规定每月举行一次小型集会，每年举行一到两次大型集会。

顾宪成反对王守仁创立的心学思想，倡导学以致用，他说："在朝廷做官的人，不好好地辅佐皇帝；在地方做官的人，不关心民生疾苦；退隐山林之间的人，不关心世道变化——作为君子

是耻于这样做的。"

在讲学的过程中，顾宪成常常引用时事，进行深度剖析。朝廷里的人，执政水平如何，官风如何，都被他用作教学素材；对于政治腐败、民生艰难的社会现实，更是大加批判。

顾宪成针砭时弊的讲学风格，受到人们的追捧。那些与他有着同样被贬官经历的人，不远千里来拜访他，以他为榜样。朝廷里也有不少官员，仰慕他的风范，赞同他提出的政治主张，跟他遥相呼应。

渐渐地，东林书院成了一个全国知名的舆论中心。在这里听

过顾宪成讲学的、赞同顾宪成理念的，团结在一起，形成了一个政治派别，被人们称作"东林党"。

东林党和党争

古时候所谓的"党"，只是一些为了利益或价值观而结成的群体，没有严密的组织形式。所谓的"党人"，不必承担任何责任与义务，只是互相提携和帮助而已。实际上，当时的人们并不认可"党"这个称谓。只有在政治上的敌对势力才叫对方为"某某党"。因此，"东林党"的称号，实际上是顾宪成等人的政治对手送给他们的。

同样，东林党人也称他们的政治对手为"浙党""楚党""齐党"等。"浙党"指的是浙江籍官员群体，"楚党"指的是湖北籍官员群体，"齐党"指的是山东籍官员群体。这三个党，以浙党势力最大，楚、齐二党依附于浙党，合称"齐楚浙党"。齐楚浙党联合起来，一致反对东林党。东林党也与他们展开了激烈的斗争。这种斗争，被称为"党争"。

党争的主要手段是京察。京察是一种京官的考核制度，每六年进行一次。东林党人主持京察的时候，就会尽力打压齐楚浙党人，提拔任用东林党人。反过来，齐楚浙党人也这样对待东林党人。

有一年，掌握北京京察实权的东林党人大批驱逐齐楚浙党人，掌握南京京察实权的齐楚浙党人大肆贬谪东林党人。

六年后，齐楚浙党人掌握京察实权，把大批东林党人赶下台。

又过了六年，东林党人掌管京察实权，又把齐楚浙党人驱逐殆尽。

后来，太监魏忠贤掌权，形成阉党势力。齐楚浙党人依附于阉党，一起对付东林党人。再后来，阉党垮台，东林党人又上了台，继续与阉党残余、齐楚浙党展开党争活动……就这样，党争一直持续到明朝灭亡。

东林党的政治主张

东林党人大多来自江南地区。当时的江南一带，工商业开始兴起。有不少东林党人的家里就是从事工商业的。因此，他们主张

将工商业提到和农业一样的地位，反对设置重重关卡，征收重税。

朱翊钧为了增加宫里的收入，派太监到各地组织采矿、征税，东林党人对此极力反对。

东林党人李三才在出任凤阳巡抚时，看到担任矿监和税使的太监横征暴敛，祸害百姓，就给皇帝上疏，对太监们的行为严加斥责。由于太监往往是代表皇帝的，李三才不能直接惩处，就大力打压太监的爪牙，该捕的捕，该杀的杀。他搜集太监的手下贪污税银的证据，向朝廷上奏弹劾，使这些人得到了应有的惩罚。

李三才敢于打击矿监和税使，很受老百姓的爱戴。齐楚浙党怕李三才凭借出色的政绩进入内阁，就上疏弹劾他。顾宪成和其他东林党人则发文驳斥齐楚浙党人，双方展开激烈的争辩。为了平息争论，证明自己的清白，李三才不得不主动辞职。

朱翊钧去世后，矿监和税使随之取消，因反对矿税而被贬官的东林党人得以复出。

东林党人的政治主张还包括广开言路和反对太监干政。

由于东林党人长时间受到打压和排挤，要求广开言路，是希望有个发声的机会，让自己的政治主张能够被朝廷听到并接纳。

而反对太监干政，从某种意义上来讲其实就是反对皇权。敢于反对皇权，或许正是顾宪成给东林党人留下的基因。毕竟，当初顾宪成就是因为和皇帝对着干，才被削籍免官的。

知识加油站

针砭时弊：针砭是中医的治病手段，这里指像治病一样，指出当时社会存在的弊病，以求得到解决。

阉党：结成同盟的太监及依附于太监的官僚。

横征暴敛：以强制手段向人民征收赋税，搜刮钱财。

葛成抗税

遍地税监

从万历二十四年（1596 年）开始，朱翊钧派了很多太监到全国各地充当矿税监。按照常理，收税应该是各地官府的事情，为什么皇帝要亲自派人参与呢？原因很简单，皇帝缺钱了。

万历二十五年（1597 年），皇宫失火，半个紫禁城陷入火海，三大殿全被烧毁。朱翊钧需要很多钱来重新修建皇宫。这笔钱自然要从国库里出。

张居正执政的时候，朱翊钧曾经想为母亲翻修宫殿，被张居正顶了回去。当时的国库是有些钱的，张居正那么做，只是想培养小皇帝的节俭意识而已。现在的朱翊钧倒是不用再受张居正的约束，可自从张居正死后，朝廷财政收入一年不如一年，现在国库里也没有多少钱了。修建宫殿耗费巨大，国库负担不起。况且，国家这么大，需要用钱的地方多着呢，不能可着皇帝一家来吧！

朱翊钧冥思苦想，琢磨出了一个主意——派太监到全国各地

收税。

于是，太监们迅速行动起来，有去广东的，有去山东的，有去陕西的，有去河南的……一时间，由太监担任的税监遍地开花。

太监们奉了皇帝的命令收税，地方政府也拿他们没办法，只能配合。只是苦了从事工商业的百姓，原本只要向地方政府缴一次税就可以了，现在，又多出来很多名目的税款，辛辛苦苦赚取的利润就这样白白地拱手交给了太监们。收到税款后，税监通常只上交三分之一给皇帝，剩下的全落入自己的腰包。

当时，全国的工商业正处于蓬勃发展的时期，特别是江南地区，纺织业一枝独秀，每年创造了巨额利润。太监们最喜欢到这样的地方当税监。司礼监太监孙隆就幸运地被派到苏州和杭州担任税监。

孙隆抽税

孙隆到了苏州以后，立即展开大规模的税收活动。他先是在各个重要的通道上都设立税卡，巧立名目，征收税款。他规定，对于流动商贩，不管是肩挑背扛的，还是手提臂挎的，统统按十分之一抽税；各类店铺生意，统统按十分之二抽税；经营纺织机坊的，统统按十分之三收税。

孙隆在当地招募了一些地痞恶霸担任税官，放任他们任意抽税，欺凌大小商贩。有的税官，见货就抽税，不管之前是否缴

过，如果遇到商贩反抗，就动手打人。有的税官，名为收税，实际上就是明抢，吓得大大小小的商人们都不敢做生意。特别是绸缎生意，受到很大影响。

对于税官们的做法，孙隆心知肚明，却从来不管。只要能收上税来，即使打死人，他也不在意。

在孙隆的支持和庇护下，税官们更加无所顾忌，横行霸道。苏州的商户们怨声载道，苦不堪言，都憎恶地称税官为"税棍"。

尽管如此，孙隆仍然觉得不满足。后来，他又加大了对纺织业的税收力度，规定每台纺织机要缴三钱税银；一匹织缎，要缴五分税银；一匹织纱，要缴二分税银，并且绸缎和纱料在出售之

前，必须先缴税；然后，由税官加盖印章，才能进行交易。否则算犯法，不但要接受很重的处罚，还要被抓起来。

孙隆的新税收政策一宣布，立即在苏州城引发了一场轩然大波。

葛成抗税

苏州城里有一万名左右的纺织工人，他们没有田地，没有产业，只能出卖劳动力维生。每天天不亮，纺织工人就得起来工作，辛苦一整天，夜很深了才能休息。从事这么重的体力劳动，他们得到的报酬却非常有限，甚至连维持基本的生活都困难。

纺织工人们知道，自己辛辛苦苦创造的价值，都被税官们掠夺了。可是，面对凶神恶煞的税官，无权无势的纺织工人不得不忍气吞声，以免招来不必要的麻烦。

在纺织工人中间，有一个人叫葛成。他善良勇敢，乐于助人。有一次，邻居老太太因为丈夫生前拖欠官府派织的绸绢，遭到税官的刁难，还把她的女儿抢走做抵押。老太太惹不起税官，只能哭天抹泪。葛成知道后，把自己所有的积蓄掏出来，替她赎回了女儿。

纺织工人们都非常敬佩葛成的为人，把他当成可以依靠的领头人。

孙隆的新税收政策推出以后，包括葛成在内，所有的纺织工

人都愤怒了。大家觉得不能再忍耐下去了，为了生活，一定要起来抗争。

很快，全城的纺纱和织绸缎的机户都关门停工，以示抗议。全体纺织工人自发组织起来，展开了轰轰烈烈的抗税运动。葛成被大家推举为运动的领袖。

葛成制订了统一行动的计划，严禁趁机抢劫，提出"杀死税棍，赶走孙隆"的口号，并带领大家焚香盟誓。随后，在葛成的带领下，纺织工人们走上街头，向各个税卡进发，打死了无恶不作的税官，烧毁了税官们的房屋。

抗税运动得到苏州人民的广泛支持，越来越多的人参与进来。声势浩大的队伍包围了孙隆的衙门，齐声呐喊着要求罢税，还要活捉孙隆。

平日里耀武扬威的孙隆，早就被吓破了胆，在下人的协助下，化装翻墙，如同丧家之犬，逃离了苏州。

抗税运动一直持续了三天。愤怒的纺织工人打死了近二十名税官。苏州知府朱燮元等一众官员眼见形势不妙，赶紧出面，承诺答应纺织工人的诉求。抗税运动取得了初步胜利。

葛成入狱与抗税风潮

正当纺织工人以为抗税运动取得了胜利，准备庆祝的时候，官府却调来了军队，要秋后算账，抓捕参加过运动的人。

面对官军的威逼，葛成毫不畏惧，挺身而出，自己担下了所有的罪责。他愤怒地斥责了朱燮元的虚伪和狡诈，说如果他敢向广大纺织工人动手，一定会落得与那些税官一样的下场。

恼羞成怒的朱燮元把葛成下了大牢，准备判处他死刑。

人们很快得知了葛成入狱的消息，全城百姓涌到官府门前请愿，要求释放葛成。

迫于广大群众的压力，官府没敢杀害葛成，却也没有释放

他，只是一直将他押在牢里。

在苏州抗税运动的影响下，全国各地掀起了反抗税监的斗争。朱翊钧派往各地的税监，有的被驱赶，有的被杀死。为了平息一波又一波的抗税风潮，朱翊钧不得不撤回了一些地方的税监。

葛成在监狱里待了十三年，始终没有屈服。最终，官府没办法，只好把他放了。他的事迹在民间广泛流传，唤起了民众的反抗精神，也震慑了统治阶级。为了表达对葛成的敬意，人们尊称他为"葛贤"，还为他建了纪念祠，画了神像，供奉了起来。

知识加油站

知府：明代设省、府、州、县，一府的最高行政长官叫"知府"，一州的最高行政长官叫"知州"，一县的最高行政长官叫"知县"。

万历三大征

宁夏之役

万历二十年（1592年）初，宁夏原副总兵哱拜和他的儿子，时任副总兵哱承恩，纠合先锋官刘东旸起兵造反。叛军杀死宁夏巡抚党馨等人，放火烧了巡抚衙门，收了巡抚大印，散发府库里的钱财，释放牢里的囚犯，胁迫总兵张惟忠以"军队因为饷银被扣而引发激变"的名义上奏朝廷。

叛乱的起因的确与党馨克扣军饷有关，不过，这只是诱因之一，最主要的原因是哱拜与党馨之间的矛盾。

哱拜是蒙古鞑靼人，在嘉靖年间就投降了明朝。宁夏巡抚王崇古见他作战勇猛，很器重他。哱拜仗着军功，横行霸道，在当地为非作歹。

后来，党馨接任巡抚，因看不惯哱拜父子的作为，就抓住把柄，惩治了他们。党馨向来瞧不起这些武将，他利用手中的权力，故意克扣军饷和其他军用物资。这下，党馨把整个军队都得

罪了。

哱拜父子霸道惯了，哪能忍受党馨这样收拾，就利用军队对党馨的不满，起兵造反了。叛军以宁夏城为大本营，先后占领了周边多座城池，还与蒙古军队联手，一起应对明军的围剿。

陕西巡抚叶梦熊奉命平定叛乱，他先后派出两路军队进剿叛军。一路由抗倭名将麻贵率领，阻击蒙古军队；另一路由辽东名将李成梁的儿子李如松率领，直扑叛军大本营宁夏城。

麻贵率兵捣毁了蒙古大营，追击蒙古军队到贺兰山，把他们全部驱逐出边塞地区，切断了哱拜的后援。

李如松率大军将哱拜和刘东旸等叛军围困在宁夏城内，展开了激烈的攻城战斗。叶梦熊亲自来到前线督战。

叛军顽强抵抗。明军在城墙边摞起数万沙袋，一直摞到和城墙一样高，都没能攻进城去。李如松下令，在城下挖掘长堤，然后把黄河水引过来，水淹宁夏城。一时间，宁夏成了一座水城。周边的叛军赶来支援，都被明军打了回去。尽管如此，城内的叛军仍在负隅顽抗。

这时，叶梦熊想出一条妙计。他给城内的哱拜和刘东旸各写了一封信。告诉哱拜，如果他能杀了刘东旸，念在他以往有功的分上，可以免了他的罪；又告诉刘东旸，朝廷认为他是被胁迫叛乱的，如果他能杀了哱拜父子，朝廷就不追究他的罪责。

哱拜父子和刘东旸收到信，都怕对方先下手，就开始互相攻杀。混乱中，刘东旸被杀，李如松趁机率兵攻入宁夏。哱拜在家

中自尽，哮承恩被擒获。至此，经过六个月的战斗，这场叛乱全部平定。

朝鲜之役

正当明军全力应对宁夏叛乱的时候，日本人发动了对朝鲜的战争。

当时，日本的丰臣秀吉刚刚征服了各路诸侯，统一了日本，准备渡海经朝鲜进攻明朝，称霸东北亚。他给朝鲜国王李昖写了一封信，说日军要借道朝鲜进攻明朝，让朝鲜人让出道来，还要配合日军一起攻打明朝。

朝鲜拒绝了丰臣秀吉的无理要求，丰臣秀吉

就派兵攻打朝鲜。

朝鲜在军事上准备不足，再加上军队战斗力差，在日军的凌厉攻势下节节败退，不到二十天的时间就丢掉了京师汉城，紧接着，平壤也失陷了，随时面临着亡国的危险。

李昖一边流亡，一边接连派遣使者向明朝政府求助。由于双方沟通不及时，明朝政府直到两个月后才派出一支一千多人的先头部队赴朝参战，随后，又陆续增兵至两千多人。

当时，宁夏之役还没有结束。明朝政府两线作战，在军力部署和粮草供应方面都有些吃力。而朝鲜的领土大部分都被日军所占领，也不能为明军提供粮草，再加上明军不熟悉当地情形，连吃了几个败仗。于是，明军采取了拖延战术，一边与日军谈判，一边抓紧集结军队和粮草到中朝边境。

万历二十年（1592 年）平定了宁夏叛乱的李如松率兵入朝，打响了收复平壤的战斗。他利用明军的火炮优势，集中向城内日军发动猛烈攻击，同时给日军留出一条出城的退路。日军打不过，从这条退路突围，结果被提前埋伏的明军一路追杀，死伤惨重。这一战，明军以不到八百人阵亡的代价，消灭了九千多名日军，取得平壤大捷。

在接下来的一场战斗中，李如松低估了日军的实力，以少量兵力与大部日军对阵，结果惨败。之后，双方陷入僵持阶段。

在明军与日军陆地作战的同时，朝鲜水军在名将李舜臣的率领下，与日本水军在海上展开激战。经过几轮攻防，双方也陷入

了僵持阶段。

在这种情况下，明朝政府和日本政府开始和谈。谈判一直持续了四年，也没谈出个结果。双方又打了起来。明军集结了十余万兵力，在朝鲜军队的配合下，接连打了几场胜仗。

万历二十六年（1598年），丰臣秀吉病死，日本国内乱作一团。留在朝鲜的日本军队没了主心骨，军心也乱了。于是，日军开始陆续撤回国内。

等日军全部撤走以后，明军宣布胜利，班师回朝。朝鲜之役正式结束。这一战之后，直到清朝末年，日本都没有再入侵。

播州之役

就在朝鲜之役处于僵持谈判阶段的时候，明朝国内又发生了一件大事——播州（今贵州遵义）土司杨应龙起兵造反了。叛军攻克了播州周边的一些地方，气焰很是嚣张。

杨应龙家族从唐朝开始就统治播州，历朝皇帝也只是象征性地给个封号，任由杨氏家族在那里当土皇帝。只要他们名义上归顺朝廷就可以了。然而，杨应龙却连这个名义也不要了，一心想造反，脱离明朝的统治。

这已经是杨应龙第二次造反了。宁夏之役刚结束不久，他就发动了第一次叛乱。当时，朝廷派三路兵马围剿，却被他击败。于是，朝廷改围剿为安抚，免了杨应龙的土司一职，罚了他一些

钱。然而，对于杨应龙来说，这样的处罚根本没有什么意义。他表面上应承着，暗地里却积蓄实力，琢磨着再次起兵造反。

三年后，杨应龙觉得自己的实力积蓄得差不多了，再次造反。这时朝廷正忙着对付日本人，没工夫对付他，于是杨应龙在

贵州一带横行无忌，势力越来越大。

朝鲜之役结束后，朱翊钧马上命令都御史李化龙总理四川、湖广、贵州三省军务，征集浙江、福建、云南、广东等地将士，全力围剿杨应龙。

李化龙曾任辽东巡抚，立下赫赫战功，是一位智勇双全的将军。在他的指挥下，明军直扑播州，一路势如破竹，将杨应龙逼到海龙屯（今贵州遵义西北）。李化龙派人切断了屯内守军的水源和柴火，将海龙屯围得水泄不通。双方相持了四十多天。其间，李化龙的父亲去世，他穿着孝服继续指挥作战。

眼看海龙屯就守不住了，杨应龙急了，手提战刀亲自到城头督战。然而，由于他平时为人残暴，得罪了手下人，因此大家都不愿意为他卖命。不久，明军攻破了海龙屯，绝望的杨应龙自杀身亡，播州之乱终于被平定了。

杨应龙家族统治播州近千年，历经二十九代，只因为他贪心不足，想搞独立王国，结果导致家族败亡。随后，朝廷废除了播州的土司制度，改由朝廷派遣流官进行管理，大大加强了中央政府对西南地区的统治。

知识加油站

万历三大征：从万历二十年（1592年）到万历二十八年（1600年）发生的三次战争，分别是宁夏之役、朝鲜之役和播州之役，合起来称为"万历三大征"。

土司：元、明、清各朝在边远民族地区授予其首领的世袭官职，也指被授予这类官职的人。

流官：指朝廷派到地方的官员，因为有任期限制，具有流动性，因此称为"流官"，与地方上世袭的"土官"相对。杨应龙担任的土司就是土官。

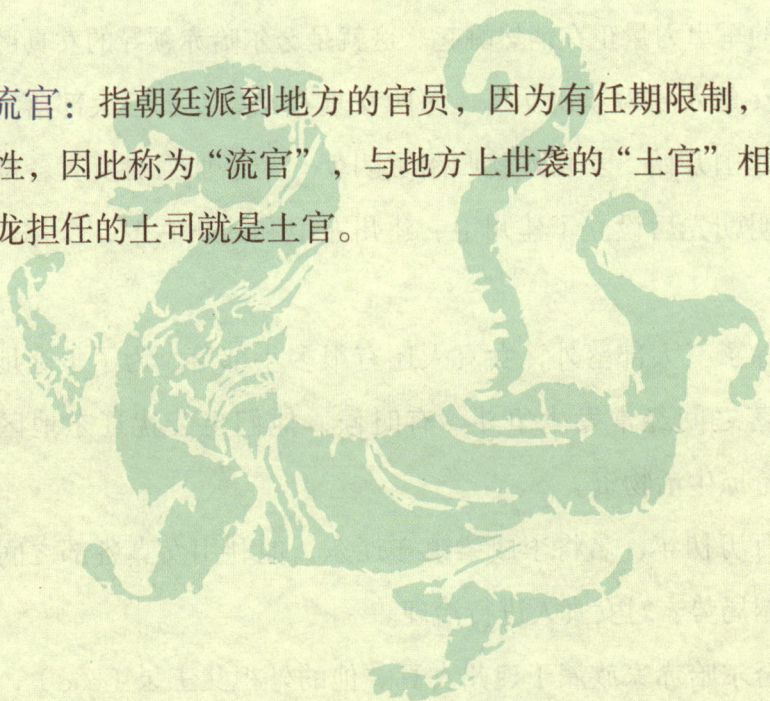

萨尔浒之战

后金崛起

正当朱翊钧忙着应对"三大征"的时候，在辽东地区，一股新兴的军事力量正在悄然崛起。这就是努尔哈赤领导的女真部落。

女真人分为建州女真、海西女真和东海女真三大部落。从朱元璋建国开始，女真人就归附了明朝。为了加强对女真各部的统治，明朝先后设立了建州卫、建州左卫和建州右卫，合称"建州三卫"。

除了三大部落外，女真人还有很多小部落。为了争夺地盘，各部落之间经常发生争斗。有时候，他们也袭扰辽东地区的汉人，抢掠生活物资。

万历初年，名将李成梁镇守辽东，他利用女真各部之间的矛盾控制局势，对女真人进行治理。

努尔哈赤家族属于建州女真。他的外祖父王杲（gǎo），因为不满朝廷的统治，起兵反叛，被李成梁打败，杀掉了。后来，王

呆的儿子阿台起兵为父报仇，遭到李成梁重兵围剿。阿台的妻子和努尔哈赤是堂兄妹。努尔哈赤的祖父觉昌安不忍心看到孙女跟阿台一起送死，就和努尔哈赤的父亲塔克世进城劝说阿台投降。这时，明军发起了进攻，觉昌安和塔克世死于乱军之中。

努尔哈赤既痛苦又愤怒，派人质问李成梁，为什么要杀死自己的祖父和父亲。李成梁为了安抚努尔哈赤，就赏赐了他三十匹马，又封他做龙虎将军，还恢复了他世袭的都督封号。

努尔哈赤虽然很想为祖父和父亲报仇，但是，他知道自己的实力太弱，不是李成梁的对手。于是，他忍下了这口气，假意接受李成梁的安抚，暗地里开始招兵买马，积蓄力量，为将来复仇做准备。祖父和父亲只给努尔哈赤留下了十三副铠甲，他就以这十三副铠甲起家，开始了统一建州女真各部的战争。

努尔哈赤用了五年时间，陆续

打败了建州五部女真，统一了建州女真。随后，他又相继征服了海西女真、东海女真、野人女真等各部，基本上实现了女真的统一。

为了便于对军民实行管理，努尔哈赤创建了八旗制度，将女真人分为黄旗、白旗、红旗、蓝旗、镶黄旗、镶白旗、镶红旗和镶蓝旗八旗。平时，旗人就是民；战时，旗人就是兵。作战、生产两不耽误。

万历四十四年（1616年），努尔哈赤在赫图阿拉（今辽宁省新宾满族自治县）建立政权，国号大金（史称"后金"），年号天命。

挑战明朝

努尔哈赤在统一女真各部的过程中，对明朝表现出顺从的样子，使辽东守军放松对他的警惕。

在此期间，李成梁受到弹劾，被朝廷免了官。后来，辽东总兵就像走马灯一样换来换去。这些总兵和下边的将领们只顾着为自己敛财，无心打理边防事务，军队的装备和数量逐渐减少，战斗力也越来越弱。

朱翊钧一看辽东的情况不大好，就让七十六岁的李成梁再次出任辽东总兵。然而，这时辽东军的不良积习已经养成，年迈的李成梁也没办法了。不过，英雄虽老，余威还在，努尔哈赤也不敢招惹他。

李成梁去世后三年，也就是万历四十六年（1618年），努尔哈赤对明朝正式宣战。他召开誓师大会，颁布"七大恨"作为反明宣言，历数明朝对女真人的七大罪状，其中第一大罪状就是明军无故杀害他的祖父和父亲。紧接着，努尔哈赤率领军队向明朝发动进攻，占领了抚顺、清河等地，准备继续进攻沈阳和辽阳。

努尔哈赤派人抓了三百名明朝百姓，杀了二百九十九人，割掉剩下一人的耳朵，让他回去报信，说："如果你们的皇帝认为我做得不对，那就约定时间作战；如果不敢，那就跪下求饶，每年给我送来黄金白银。"

朱翊钧得了信，鼻子都气歪了。这时，他才意识到问题的严重性，派兵部左侍郎杨镐（gǎo）到辽东主持军务，对付努尔哈赤。杨镐到了辽东，一了解，发现明军的问题太多了。当然，最主要的是缺兵少粮。

于是，杨镐一面向朝廷申请增加粮饷，一面从全国各地调集兵力，同时通知朝鲜准备协助作战。经过半年的准备，兵马来了不少，都集结在沈阳一带，然而，粮饷却迟迟不能到位。士卒们既没得吃，也拿不到饷银，不少人都逃跑了。留下来的人时常为了粮饷发生争执。由于兵源来自全国各地，将士们互相不熟悉，彼此谁也不服谁，成天斗来斗去，让杨镐头疼不已。然而，真正让他头疼的是，努尔哈赤已经亲率大军发动进攻了。不管他准备得怎么样，一场大战终究不可避免。

决战萨尔浒

万历四十七年（1619年）二月底，在朱翊钧的催促下，坐镇沈阳的杨镐制订了分兵四路、合力围攻赫图阿拉的作战计划。

当时的明军号称有四十七万人，实际上只有十二万人。不过，就算去掉夸大的部分，明军兵力还是占优势的，因为努尔哈赤手下只有六万人。

杨镐仗着兵多，想分兵合围，把后金军集中剿灭在赫图阿拉。在出兵之前，杨镐给努尔哈赤写了一封信，把自己的作战计划大致地介绍了一下。他的本意是搞个心理战术，先吓唬一下对方。没想到，努尔哈赤一看信，当时就乐了。为什么？很简单，杨镐想在赫图阿拉来场大决战，一下子解决问题。可问题是，努尔哈赤凭什么就一定要在城里等着四路明军杀过来？难道人家就不会提前迎战，逐个解决吗？

事实上，努尔哈赤也正是这样做的。他针对杨镐的作战计划，制订了十个字的应对策略——"凭你几路来，我只一路去"。他首先要对付的是从西面杀来的明军主力部队。

这支部队有六万兵马，由名将杜松指挥。杜松人称"杜黑子"，打起仗来喜欢撸起袖子，露出黑漆漆的双臂，手持金刀冲锋砍杀。他打过大小一百多仗，从来没有败过。

杜松是个急性子，想着提前赶到赫图阿拉，与努尔哈赤决一死战。因此，在四路大军当中，他的军队行进速度最快，把其他

三路兵马远远甩在后面。到了萨尔浒（今辽宁抚顺东大伙房水库附近）之后，明军不能再前进了。因为，萨尔浒附近的吉林崖有后金军驻守。杜松只有先把吉林崖的驻军解决掉，才能继续向赫图阿拉进军。于是，他下令将兵力一分为二，主力驻守萨尔浒，自己亲自率领一万兵马去攻打吉林崖。

努尔哈赤派出一部分兵力增援吉林崖，自己率主力部队进攻萨尔浒。第二天，两军在萨尔浒交战，一直打到中午。由于天色阴沉，大雾迷漫，对战双方谁也看不清谁。明军点燃火炬，以方便炮击。不料，还没等明军开炮，后金军弓箭手借着亮光，万箭齐发，射死、射伤明军无数。

努尔哈赤趁机率军直接冲进明军的营寨，一举击溃明军主

力。杜松连与努尔哈赤决一死战的机会都没得到，就在进攻吉林崖的战斗中阵亡了。

萨尔浒大战结束后，努尔哈赤根据之前杨镐信里所说的明军进攻路线、时间和兵力安排，继续执行"凭你几路来，我只一路去"的策略，依次击败了其他三路明军，乘势攻占了开原、铁岭等地。从此，努尔哈赤成为辽东一带的霸主，也成为明朝在东北地区实力最强的敌人。

知识加油站

　　女真人：别称"朱里真""女贞""女直"，我国古代少数民族名，今称满族。汉代至晋朝称挹娄，南北朝时称勿吉，隋唐时称黑水靺鞨。宋辽时期，女真人建立金朝，与宋朝南北分治天下。

明末三大案

梃击案

万历四十三年（1615年）夏天的一个傍晚，太子朱常洛居住的慈庆宫里突然闯进了一个不速之客。一名壮汉手持一根木棒，见人就打，好几个太监都被他打伤。

很快，太子的侍卫赶来，把这名壮汉抓了起来，并立即向皇帝朱翊钧汇报。朱翊钧下旨让一名御史审问。这名壮汉只说自己名叫张差，是蓟州人，再问，就开始胡言乱语，看上去像个疯子一样。御史问了半天，也问不出个所以然，就把他交给了刑部。

棍棒也叫梃，因此这件案子就被命名为"梃击案"。

刑部接手梃击案后，连着审讯了好几轮，发现问题越来越严重。张差竟然供出他是受了太监庞保和刘成的指使，闯宫刺杀太子，而庞保和刘成是郑贵妃的人。

这事牵涉郑贵妃就麻烦了。因为，郑贵妃和朱常洛之间本来就有很深的矛盾。

朱翊钧和他的皇后没有孩子，年轻时跟一个姓王的宫女生下了朱常洛，但他并不爱王姓宫女，对朱常洛也很冷淡。后来，朱翊钧爱上了漂亮且善解人意的郑贵妃，对她宠爱有加。郑贵妃为他生下好几个儿女，其中三皇子朱常洵更是被朱翊钧视若珍宝。朱翊钧一直想立朱常洵为太子，可是群臣坚持要立朱常洛为太子。朱翊钧争执不过，只得立朱常洛为太子，封朱常洵为福王，给了他四十万亩田地，封地在洛阳。朱常洵受封之后，仍然住在京城，过了十来年才去洛阳就藩。

这些年来，郑贵妃和朱常洛之间因为太子之位，一直处于互

相敌视的状态。现在出了梃击案，对于郑贵妃非常不利。群臣议论纷纷，认为是郑贵妃在幕后指使，想刺杀太子，然后改立朱常洵为太子。有人给皇帝上书，借弹劾郑贵妃的亲戚为名，矛头直指郑贵妃本人。

郑贵妃只能求助于朱翊钧，表明自己是无辜的，认为这有可能是太子一党自导自演的苦肉计。

多年来，所谓的国本之争，早已令朱翊钧身心俱疲，没想到，太子已经立了这么多年，还有人在这件事上做文章。为了平息群臣的议论，多年不上朝的朱翊钧专门召集朝会，让朱常洛一起上朝，向群臣表明自己没有改立太子的意思。

朱翊钧担心郑贵妃可能会卷入一场政治风暴，于是，他一边让郑贵妃去向朱常洛说明情况，一边向朱常洛及其背后的群臣施加压力，督促他们尽快结案。

在皇帝的压力之下，刑部不得不抓紧时间结案，把张差当疯子处死了。然后，又走过场似的审问了庞保和刘成。张差已死，庞保和刘成怎么说就怎么是。因此，他俩很快就放还宫里，不久，就被朱翊钧派人秘密处死了。

离奇的梃击案永远地成为一桩迷案。

红丸案

万历四十八年（1620年）七月，朱翊钧一病不起，他召集内

阁首辅方从哲等人，交代了后事，不久，就去世了。太子朱常洛苦苦熬磨了多年，终于如愿以偿继承了皇位。

朱常洛按照父皇的遗嘱，先后两次给边疆军士发放了百万帑金，作为犒赏。然后撤回了全国各地的矿监和税使，起用那些因为上疏建言获罪的大臣。随后，改元泰昌。

在登基大典上，朱常洛志得意满，准备在皇帝的位置上大显身手。不料十天后，他却突然病倒了。掌管御药房的司礼监秉笔太监崔文升开了一个药方，朱常洛服用后大泻不止，一晚上去了三四十趟厕所，随后，就陷入了昏迷状态。

御医们忙乎半天，好不容易把朱常洛弄醒。他觉得自己可能不行了，就下令召方从哲入宫，准备交代后事。朱常洛安排好身后事，又向方从哲问起鸿胪寺丞李可灼，说他有仙丹可以治病。方从哲怀疑李可灼说大话，建议朱常洛不要信他。然而，朱常洛病急乱投医，顾不了这么多，催促他让李可灼把仙丹送来。方从哲没办法，只好带李可灼入宫献药。

服食了仙丹之后，朱常洛的病情缓解了许多，可以从床上坐起来了。他夸赞李可灼的仙丹管用，让他再进献一粒。李可灼说此药药性比较烈，需要等三天后，再服食另一粒。

几天来，朱常洛的精神和身体状态似乎恢复得不错。然而，当他服下第二粒仙丹后，却在夜里猝然死去。

由于李可灼进献的药丸是红色的，因此这件怪事被称为"红丸案"。

在朱常洛服食第二粒红丸的当天，方从哲拟遗旨赏赐了李可灼，这引起了群臣的猜测和不满。

朱常洛死后，群臣纷纷要求追查皇帝死因。由于方从哲与郑贵妃关系向来不错，崔文升也曾经服侍过郑贵妃，因此有人怀疑这事与郑贵妃有关。

然而，所有的猜测都找不到证据。朱常洛真正的死因无法确认。最终，在群臣的压力之下，方从哲不得不辞官回家。虽然崔文升和李可灼进献的药方和仙丹没能救活朱常洛，可他们也只是奉旨行事而已，当时并没有受到严厉的处罚。

天启二年（1622年），皇帝朱由校下旨问罪，打发崔文升到南京守孝陵，发配李可灼戍边去了。

朱常洛的死因到底也没有一个说法。"红丸案"和"梃击案"一样，成了一桩历史悬案。

移宫案

朱常洛死后，十六岁的皇太孙朱由校成为皇位继承人。

由于父亲不受爷爷待见，朱由校从小也不怎么受爷爷重视。朱翊钧直到去世前，才册封他为皇太孙，使他具备了储君的资格。

朱由校幼年的时候，母亲就死了。因此，朱常洛把他托付给李选侍照顾。选侍是宫中地位较低的妃子。朱常洛即位之后，李选侍和朱由校一起搬进了乾清宫居住。李选侍曾经欺负过朱由校

的亲生母亲，对朱由校也很不好，经常责骂他。朱由校很畏惧李选侍，见到她就吓得发抖。

朱常洛宠爱李选侍，打算册封她为贵妃，但李选侍要求封自己为皇后。然而，没想到朱常洛刚当了一个月皇帝就死掉了，因此，李选侍的身份一直没有更改。

在朱由校还没有即位之前，李选侍和太监魏忠贤控制了乾清宫，两人密谋，准备拿朱由校当筹码和群臣谈判，让他们同意自己当皇太后，从而达到垂帘听政的目的。

朝臣杨涟到乾清宫，求见朱由校，商谈即位的事情。李选侍极力阻拦。群臣再三坚持，才得以见到朱由校。于是，大家赶紧保护他离开了乾清宫，到文华殿接受群臣的朝拜。

李选侍见不能再控制朱由校，就要求凡是大臣的奏章，必须先交给她过目，再转呈朱由校审阅。群臣一致反对，同时，要

求她赶紧搬出乾清宫。李选侍一口拒绝，又要求先封自己为皇太后，再举行新皇帝登基大典。她的要求遭到了群臣的拒绝。

群臣见李选侍不打算搬出乾清宫，就集体站在宫门外，逼迫她马上搬离。司礼监秉笔太监王安在乾清宫里督促李选侍搬走。迫于内外压力，李选侍不得已，只好抱着幼女搬离乾清宫，入住仁寿宫内的哕鸾宫。

随后，朱由校登基，改元天启。

没多久，哕鸾宫失火，李选侍和她的幼女差点儿被烧死。支持她的官员散布谣言，说她上吊自杀了，幼女也被扔到井里了，借此指责朱由校没有孝悌之情。

朱由校公开表示，之所以不同意册封李选侍为皇太后，是为了安慰生母的在天之灵，但是，自己会遵照父亲的遗命，厚待养母李选侍和小妹妹。

这场由移宫而引起的政治风波和皇室内部矛盾，就此宣告结束。

梃击案、红丸案和移宫案，合称"明末三大案"。

知识加油站

就藩：受封的藩王到封地就职。

帑金：国库贮藏的钱币。

储君：帝王的亲属中已经确定继承皇位等最高统治权的人。

垂帘听政：唐高宗在朝堂上跟大臣们讨论政事的时候，在宝座后挂着帘子，皇后武则天在里面参与决定政事。后来以此指皇后或皇太后掌握朝政。

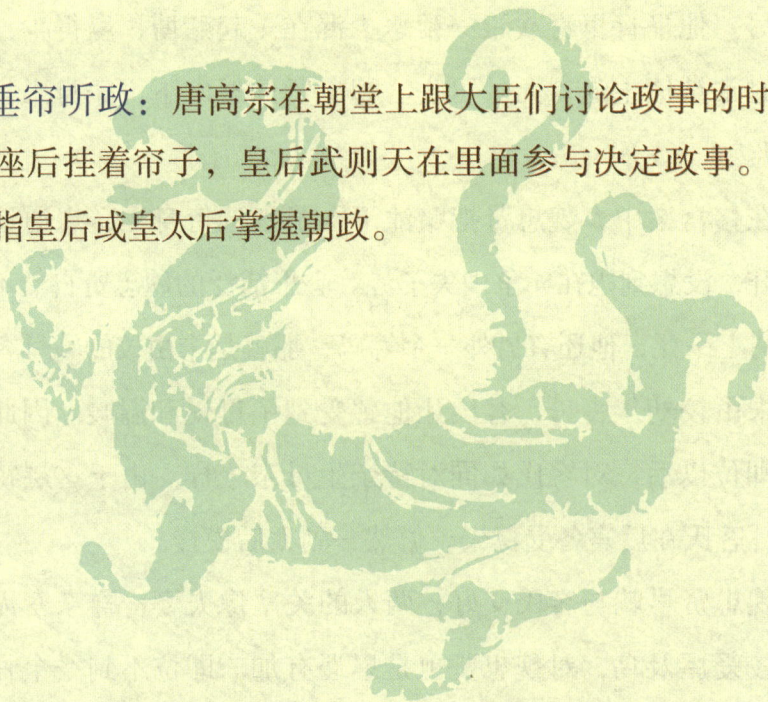

阉党首领魏忠贤

魏客联盟

魏忠贤原本是河北肃宁的一个小混混，擅长骑射，能够左右开弓。他平日里喜欢跟一帮恶少混在一起赌博，赢得少，输得多，时常被债主逼得无处可去。魏忠贤一怒之下，净身入宫，当了太监。

在移宫案中，魏忠贤把赌注下在了李选侍身上，想通过她往上攀升，没想到她在斗争中失了势。心思活泛的魏忠贤自然不会在一棵树上吊死，他还有另外一个筹码，那就是朱由校的乳母客氏。

朱由校幼年丧母，客氏让他感受到了母爱和温暖。因此，朱由校即位以后，对客氏如同对待亲生母亲一样。由于这层特殊的关系，客氏在后宫备受尊崇，俨然一副太后模样。

魏忠贤早就与客氏交好，两人的关系像夫妻一样亲密无间。朱由校爱屋及乌，对魏忠贤也是恩遇有加。即位不到一个月，朱由校就册封客氏为"奉圣夫人"，让他的儿子、弟弟和魏忠贤的

哥哥都做了官。魏忠贤不识字，按照规定是不能进司礼监的，因为客氏的缘故，朱由校让他做了司礼监秉笔太监。

魏忠贤和客氏把持后宫，利用皇帝的宠信作威作福，引起了群臣不满。御史们纷纷上书，请求皇帝把客氏逐出后宫。朱由校感念客氏当年对自己的照顾，舍不得让她离开自己，一再将御史的奏疏驳回去。

司礼监秉笔太监王安性情刚直，在宫中是老资格，很有威望。朱由校打算让他掌管司礼监。客氏很忌惮他，就唆使朱由校把他打发出宫，去服劳役，让另外一个听话的太监掌管司礼监。这样一来，魏忠贤名义上是司礼监的二把手，实际上整个司礼监都得听他的。

群臣想赶走客氏和魏忠贤，让王安回来重新掌管司礼监，于是连番上奏，强烈要求客氏出宫。

朱由校无奈，只得同意。可是，客氏刚出宫一天，朱由校就茶饭不思，像丢了魂一样，最后不得不把她再请回来。

客氏知道，如果王安不死，群臣们就不会死心，她和魏忠贤商量，要除掉王安。魏忠贤以前受过王安的提拔，不忍心下手。客氏以王安驱逐李选侍移宫为例，说明王安的势力和影响力太大，留着迟早是祸患。于是，魏忠贤就派人杀死了王安。

经过与群臣的几轮博弈，魏忠贤和客氏的联盟更加稳固紧密，在皇权的护佑下，二人的势力逐渐从后宫向朝廷渗透。

"阉党"与"东林党"之争

魏忠贤安排自己的侄儿掌管锦衣卫，又让听命于他的大臣担任内阁大学士，还在御史的队伍中安插了自己的亲信。对于不听话的朝臣，魏忠贤就让御史弹劾他，再让锦衣卫抓捕并严刑拷问，进行迫害；对于听话的朝臣，魏忠贤就把他当自己人，授意内阁给他升官。

朝臣们屈服于魏忠贤的淫威，也为了仕途顺利，就投靠了他。久而久之，在魏忠贤的周围，聚集起了一帮人，其中既有宫中的太监，也有朝廷的官员，统称为"阉党"。

当时的朝廷，掌权的东林党人居多。凡是与东林党人意见相左的朝臣，都被视作邪党。到了天启年间，随着魏忠贤的阉党势力越来越大，那些不容于东林党人的朝臣纷纷依附于魏忠贤，成为阉党成员，一起对付东林党人。

有一年，阉党中人上书诬告东林党人汪文言，将他下了镇抚司大狱。东林党的领袖、内阁首辅叶向高交代镇抚司的主管刘乔不要给汪文言定罪。

魏忠贤知道后，立即下令免了刘乔的职位，派自己人去掌管镇抚司。这引起了东林党人的强烈反抗，他们给魏忠贤列了二十四条罪状，集体弹劾他。

东林党人多势众，朱由校也不想招惹他们。魏忠贤见势不好，赶紧向东林党人赔罪，又向朱由校哭诉。客氏和司礼监的人

都在一旁为魏忠贤说好话，指责东林党人。朱由校为了体现皇帝权威，下诏斥责东林党人。

以叶向高为首的东林党人再度上书，要求魏忠贤下台。朱由校根本不理会。

有了皇帝的支持，魏忠贤没了后顾之忧，放开手脚对付东林党人。有人给他列了一个反对他的东林党人的名单，他按照名单一个个地整治。为了震慑群臣，他还恢复了廷杖之刑。东林党人有的被罗织罪名下了诏狱，有的被用廷杖当场打死，侥幸存活下来的都被免了官。

清理了东林党人，阉党几乎全面掌控了宫廷内外的权力。

权倾朝野

魏忠贤全面掌权之后，任用依附于他的齐楚浙党人，恢复了被东林党人废掉的工商税，增加了国库收入，减轻了农民的税赋压力，暂时稳定了朝廷的统治基础。

由于他处理各项事务比较得体，还能想办法为宫中和朝廷弄到钱，因此令朱由校很满意。

朱由校喜欢做木工活，常在宫里摆弄锯子、斧子等工具，制作各类木器。每当他干活儿时，魏忠贤就拿着一堆内阁送来的奏章，向他汇报请示。朱由校沉迷在木工的乐趣中，无暇过问，就随口应付，说："我知道了。你们看着处理就行，只要不欺骗我

　　就好。"时间一久，魏忠贤就独自掌握了批阅内阁奏折的权力。

　　镇守辽东的袁崇焕取得宁远大捷，向朝廷报功。魏忠贤找了个理由，抹掉了袁崇焕的军功，借机为自己的侄儿、族孙请封。

　　从朝廷到地方的官员，为了升迁，都拍魏忠贤的马屁，歌颂他的功德，为他建生祠。有一个监生甚至上书，请求把魏忠贤的塑像放在孔庙里，和孔子一样接受供奉。有的官员不主张为他建生祠，或者进了生祠不拜，都被依附魏忠贤的人抓起来，投入狱中。为了讨魏忠贤欢心，就连宗室亲王都上书恭维魏忠贤。在呈给魏忠贤的奏疏里，人们称他为"厂臣"，不敢直呼其名。大学士在起草圣旨时，也把他以"厂臣"的名义与皇帝并列在一起。

　　魏忠贤出行的时候，排场很大，看上去就像皇帝出巡一样。

士大夫跪立道边，称呼他为"九千岁"。朝野内外有人议论，说他想篡夺政权。

魏客联盟垮台

天启七年（1627年）八月，朱由校去世，庙号熹宗。朱由校无后，指定五弟信王朱由检继位，改元崇祯。

朱由检心里对魏忠贤大权独揽很是忌惮，但表面上没有表现出来。有些朝臣想试探朱由检的态度，就先上书攻击魏忠贤的党羽，紧接着，又有人上书议论魏忠贤本人。朱由检不发表意见，

仍在静静地观察形势的变化。

朝臣们认定朱由检不会偏袒魏忠贤，就鼓动一个贡生上书弹劾魏忠贤，列了他十大罪状。

朱由检召见魏忠贤，让人把奏疏读给他听。魏忠贤很害怕，就用重金贿赂朱由检身边的太监，求他为自己说好话。朱由检得知后，训斥了这名太监，把魏忠贤打发到凤阳安置。客氏也被下放到浣衣局干活儿去了。

魏忠贤走到半道，朱由检又派锦衣卫去抓他回来，准备重新审判。魏忠贤得了信，知道自己难逃一死，就和他的同伙在一家酒店痛痛快快地喝了一夜酒，然后上吊自杀了。

朱由检下令肢解魏忠贤，把他的人头悬挂起来示众，又用鞭子把客氏抽死，处死了他们安置在各个权力部门的人。

后来，朱由检让东林党人审查阉党案，把魏忠贤的党羽全部赶下台。至此，魏忠贤不但自己身死名灭，就连他的阉党也都被清除殆尽了。

知识加油站

生祠：给还活着的人建造的祠堂。

厂臣：明朝特务机构东厂和西厂的主管，特指魏忠贤。

浣衣局：宫中为皇室成员洗衣服的地方，同时也收容年老的或被废黜的宫女。

崇祯治乱

东林党人和烂摊子

朱由检杀了魏忠贤和客氏，诛灭了阉党以后，又撤换了依附于阉党的齐楚浙党人。从此，朝廷里的官员几乎全是东林党人了。

魏忠贤这些人虽说品行很坏，但是，他们有一个本事，那就是搞钱。不管用什么手段，他们总能搞到钱。尽管他们也从中贪污了很多，不过，好歹也交了一部分给国库，勉强地维持朝廷的基本运转。

东林党人的品德都没问题，不过，他们有一个最大的毛病，那就是喜欢标榜清高，高谈阔论，不切实际。另外，东林党人大多出自于江南地区，好多人家里都是商人。他们上台后，取消了很多工商赋税。而在魏忠贤把持朝政的时候，工商赋税是国库收入的重要组成部分。换句话说，朝廷运转离不了这笔钱的支撑。

朱由检要借助东林党人的力量来治理朝政，自然也要尊重他们的建议。因此，他们说取消工商赋税，朱由检也就答应了。这

使得原本空虚的国库更穷了。最穷的时候，朝廷甚至连京官的俸禄和京城军队的粮饷都发不出来。京城都穷成这样了，地方就更指望不上朝廷了。

其实，早从天启年间开始，国家财政就已经捉襟见肘、举步维艰了。后金军攻打朝鲜和蒙古，威胁到明朝的边防，朝廷也只能眼睁睁地看着，无力支援；西南地区两大土司作乱，整整七年，朝廷也只能听之任之；西北地区连续十多年闹饥荒，朝廷根本拿不出钱粮去救灾……

总而言之，当朱由检即位时，明朝政权早已是一个千疮百孔的烂摊子，就连勉强维持下去都变得极其困难。在这种情况下，最主要的任务就是先搞到钱，维持政权的基本运转。显然，指望东林党人是不可能了。他们制定的政策，只能让国库变得更穷。

最节俭的皇帝

东林党人搞不来钱，增加不了国库收入，朱由检只能从自己做起，大力提倡节俭。他原本就是一个节俭的人，小时候临摹字帖，如果字帖小而纸张大，他就会把纸的一边对齐字帖，等写完以后，再把其他空白的地方都写满，以免浪费纸张。

可以说，整个明朝，没有哪个皇帝比朱由检更节俭了。他即位以后，马上下令把自己的伙食费减至原来皇帝的百分之一。皇帝的衣服鞋帽，按规定是一天一换，他改为一月一换。宫中日常

使用的器皿，以金银玉器居多，他下令都改成瓷器和漆器。每年的端午节，按朝廷惯例，皇帝要赏给每位朝臣一把扇子，以示关怀，他把这把扇子的赏赐也取消了。

在皇帝的影响下，后宫也积极行动起来。周皇后和田贵妃带头穿不绣花纹的白布衫，化妆品能省则省，尽量不用。其他妃子和宫女一看，也竞相效仿，争当节俭标兵。周皇后还组织过一次后宫大生产活动，专门从江南运来纺织机，教宫女们纺纱织布。可是，有的宫女实在太笨，怎么教也教不会，气得周皇后干脆把纺织机劈了当木柴烧掉。

除了从自己和身边人做起外，朱由检还把一些看似没用的财政支出也都取消了，比如驿站。驿站本来是为政府传送公文、军情而设的，同时，兼作政府招待所。好多官员利用权力使用驿站的车马，在驿站免费吃喝。朱由检认为没必要设置太多的驿站，下令大幅度裁撤。实际上，仅靠裁撤驿站这一项，并没有给国家省下多少钱。

朱由检倡导节俭，朝廷里的权贵和百官也跟着模仿，上朝时能穿多破就穿多破，显得自己越节俭越好。其实，这些人大多数都有钱得很，家里金银珠宝无数，奴婢成群，要啥有啥。原来，国家的钱都跑到他们的腰包里去了。

朱由检对于这些情况也是有一定了解的。可是，他也拿他们没办法。因为，这些人的利益都是勾连在一起的，动了其中一个人，就会牵出后面一帮人。不管这帮人有没有治国的本事，朱由

检还得靠他们来维持政权的运作。

没办法，朱由检只能可着自己吃苦了。

没有效果的勤政

在明朝所有皇帝中，朱元璋是勤政的典范。他废除丞相制度之后，靠一个人统领六部，治理朝政，夜以继日，很是辛苦。与太祖皇帝比起来，朱由检在勤政方面并不逊色。他严格要求群臣勤于政务，同时，自己以身作则，每天听到鸡鸣就起床，直到半夜还在忙，从来不在宫中搞什么娱乐活动。除了正常的朝会，朱由检还经常召集重臣到文华殿，讨论朝政大事。

朱由检不像哥哥朱由校，把政事交给司礼监和内阁全权处置，而是亲自批阅，往往忙到半夜三更，还要下达圣旨。

群臣认为，朱由检的勤政，不但超越了太祖，而且在汉唐以来历代皇帝中都很少见。

然而，这时的明朝与开国时期根本没法比，朱元璋再忙再辛苦，毕竟能看到国运一天天兴旺起来，日子一天天好过起来。可朱由检呢，累个半死，国内形势不但没有半点儿起色，反而越来越差。他急于扭转形势，把责任归咎到内阁，于是频繁更换内阁首辅。他在位十七年，换了十八位首辅，仅崇祯元年一年就换了四位，内阁大学士也是频繁换血，五十多人像走马灯似的换来换去。整个明朝的内阁大学士不足二百人，崇祯年间就占了三分之一。

朱由检见东林党人太不务实，就任用了一些齐楚浙党人，用来弥补东林党人的不足。结果，两派人不但不能互补，反而搞起了党争，把朝廷搅和得乱七八糟，没有片刻消停。

面对复杂的形势和钩心斗角的群臣，朱由检既愤怒又迷茫。他不敢轻易相信任何人，却又渴望有人能成为他的股肱之臣，和他一起肩负起中兴大明的责任。只是，放眼朝堂，大多是自私自利的官员，又有几个人考虑皇帝的感受，在乎百姓的死活？

大饥荒

自从崇祯元年开始，全国遭受了罕见的大饥荒，其中，最为

严重的是陕西地区。由于终年不下雨，草木都枯死了，到了八九月间，百姓颗粒无收，只得抢着吃一种叫蓬草的植物。蓬草又苦又涩，吃了仅能充饥，免得饿死而已。一两个月以后，蓬草都吃完了，百姓就吃树皮。过了年，树皮也吃完了，百姓就吃土，并给这种土起名叫"观音土"。观音土仅能带来饱腹感，用不了几天，人就会因为无法排泄而被撑死。

死的人越来越多，瘟疫也随之而来了。人们不想等着饿死或感染瘟疫而死，就纷纷起来造反。一时间，西北地区的农民起义风起云涌，一发而不可收。

无休止的党争、后金崛起带来的威胁、地方上的变乱、连年不断的大饥荒、此起彼伏的农民起义、腐败的官僚集团……朱由检想治理这个烂摊子，却是越治越烂、越治越乱。

知识加油站

股肱之臣：股是大腿，肱是胳膊由肘到肩的部位。比喻皇帝的左膀右臂，最亲近的大臣。

一代名将——袁崇焕

国难思良将

朱由检接手了一个烂摊子，每天忙得焦头烂额，顾得了这头，顾不上那头。当然，他最主要的任务是保住手里的江山。农民起义和地方变乱虽说也让他发愁，不过，更让他头疼的是辽东的后金。自从萨尔浒之战以后，后金把都城迁到了沈阳，占了辽东的大部分地盘，留给明朝的，只剩下锦州、宁远和山海关这一条防线了。如果这条防线失守，北京城就保不住了；丢了北京，大明朝也就完了。

俗话说："家贫思贤妻，国难思良将。"这时，朱由检想起了赋闲在家的辽东名将袁崇焕。

明朝实行军职世袭制，一般的将领都出自将门，袁崇焕是个例外。他的父亲既不是将军，也不是官员，而是广东东莞的一个小商人。尽管家庭出身一般，可袁崇焕自小就志向远大，想要做一名将军，镇守边疆，上阵杀敌。

为了实现理想抱负，袁崇焕发愤用功，寒窗苦读，终于在三十六岁时考中进士，被朝廷派到地方做知县。尽管他在任上很有作为，为百姓做了不少实事，可这终究不是他的理想。

袁崇焕平时喜欢谈论兵法，遇到戍边回来的军士，就跟人家了解探讨边塞的事情，认为自己应该当一名驻守边疆的将军。

"是金子总会发光"，袁崇焕的军事理论终于受到了当时的皇帝——朱由检的哥哥朱由校的赏识，破格提拔他为兵部主事。

袁崇焕上任不久，就独自一人骑马跑到山海关实地考察，回来以后，他在朝堂上向大家介绍了山海关的地形山势，说："给

我兵马和钱粮，我一个人就可以守住山海关。"

朱由校见他说得有道理，就再次破格提拔他当佥事，让他监管山海关外的军队。

辽东经略孙承宗也很赏识袁崇焕，就派他去宁远驻守。袁崇焕一到任，先主持修筑城墙。他制定了城墙的规格，让参将祖大寿等人担任监工。第二年完工后，宁远就成了关外的军事重镇。袁崇焕忠于职守，发誓与宁远共存亡。他善于做官兵的思想工作，因此将士们都愿意为他卖命。

宁远大捷

宁远城刚修好，努尔哈赤就带领后金军队打了过来。袁崇焕召集众将士，誓死守城。他写下血书，向全体官兵下拜，激励大家忠心报国。将士们都表示愿意以死抗敌。

袁崇焕下令烧毁城外的所有民房，把守城的器械搬运到城里，在城墙的敌台上安置了十一门先进的红衣大炮，又让人把城墙上浇上水，冻成冰，以阻止敌军攀爬。针对努尔哈赤善用间谍的作战方式，袁崇焕专门派人挨家挨户搜查，防止奸细混进来窃取情报，扰乱军心和民心。一切准备好之后，袁崇焕下令全军以逸待劳，准备迎敌。

努尔哈赤在宁远城北扎下大营，又派一支军队驻守在宁远和山海关之间的路上，切断宁远和关内的联系，然后，派人进城劝降，遭到袁崇焕的严词拒绝。

袁崇焕下令朝后金军大营开炮，后金军伤亡惨重，只得转移营地。努尔哈赤随后发动攻城战斗，后金军如潮水一般涌来，箭矢像飞蝗一样袭向城头。袁崇焕从容地指挥明军，打退了后金军一次又一次的冲锋。

经过几天的血战，努尔哈赤终于发现城南的防卫最为薄弱，他赶紧命令攻城官兵重点进攻城南。后金军在城南的城墙上凿开了一个两丈见方的大洞，宁远城面临被攻破的险境。

在这紧急关头，袁崇焕亲自担土搬石，堵塞缺口。后金军攻势猛烈，袁崇焕也受了伤，鲜血染红了战袍，但他仍然镇定自若，继续指挥军民点燃浇满油的柴火并掺和火药作为武器，阻断了敌军的进攻。

双方连续作战数日，努尔哈赤见后金军损失惨重，攻不破宁远城，再加上自己也受了伤，不得不下令撤军。袁崇焕率领明军

取得宁远大捷。不久，由于努尔哈赤本来已经身患背疽，宁远久攻不克，他气急攻心，在沈阳毒发身亡。

努尔哈赤死后，他的儿子皇太极即位。为了给父亲报仇，皇太极亲自率领大军围攻锦州。袁崇焕率主力部队镇守宁远，派出四千兵马前往救援。后金军攻不下锦州，又转而进攻宁远，也被袁崇焕打退。

战后论功行赏，以魏忠贤为首的阉党指责袁崇焕不派大军救援锦州。袁崇焕如何辩解也没用，只得被迫辞职。

再守辽东杀文龙

朱由检杀了魏忠贤，清除了阉党，面对危机重重的辽东形势，决定起用袁崇焕，让他担任兵部尚书，督师辽东。因此，人们也称袁崇焕为"袁督师"。

袁崇焕再次受到重用，非常高兴，当着朱由检和百官的面，夸下"五年平辽"的海口。不过，袁崇焕也有担忧，怕皇帝听信流言蜚语，不能支持他在辽东实施的方略，影响他的部署。朱由检为了让他放心，赐给他尚方宝剑，给了他先斩后奏的权力。没有了后顾之忧，袁崇焕捧着尚方宝剑，意气风发地上任了。

辽东地区的守军，山头林立，彼此之间互相牵制，影响统一调度。这是袁崇焕一上任首先要面对的问题。当时，最大的山头是镇守东江的毛文龙。

东江在后金的侧后方，对于后金军起着重要的牵制作用。在宁远之战中，努尔哈赤之所以从宁远撤军，除了遭到宁远守军的有力抵抗之外，毛文龙出兵偷袭后金的后方，也是一个重要的因素。

毛文龙倚仗东江的特殊地位，一方面，向朝廷虚报兵员，骗取粮饷；另一方面，纵容部下和后金人做买卖，获取利益。

袁崇焕对于毛文龙的做法非常反感，想撤换掉他。一次，袁崇焕利用到毛文龙驻地视察的机会，与他协商更改军队编制，设立监管部门。毛文龙很不高兴。袁崇焕又劝他离职返乡，毛文龙断然拒绝。于是，袁崇焕设计将毛文龙骗到自己的营帐之中，在外面埋伏军士，宣布了他的十二条死罪，用尚方宝剑把他斩杀了。

毛文龙死后，东江的军心散了，分成了好几个山头。袁崇焕新派去顶替毛文龙的将领根本管不了东江兵。有的军士干脆投奔了后金。皇太极认为，东江的驻军已经不足以对后金形成牵制和威胁，就决定再次向明朝用兵。

袁崇焕担心后金军队绕开自己布置的防线，从蒙古部落入侵，就向朝廷上书，请求加强对蒙古部落的防范。可是，朱由检认为这不可能，没把他的建议当回事。

己巳之变

袁崇焕担心的事情果然发生了。皇太极率领十万大军绕过宁远、锦州防线，从蒙古部落突破喜峰口长城，攻陷遵化。从遵化

到北京，只有三百里的距离。

朱由检慌了，赶紧下令北京全城戒严，同时，下诏让全国各路兵马救援北京。

袁崇焕收到情报后，立即率领骑兵回援，在后金军之前抵达蓟州。朱由检授权袁崇焕，让他组织各路兵马，阻挡后金军，守卫北京。

后金军再次绕过袁崇焕布置的防线，直逼北京。当袁崇焕发现后，赶紧派军增援北京，但还是比后金军晚了四天。

皇太极知道袁崇焕的厉害，就让手下人四处散布流言，说袁崇焕已经秘密投降后金。

北京城里的权贵也对袁崇焕不满，说他纵容后金军在城外抢掠，导致他们的庄园田地都遭到了严重的损失。

朱由检疑心很重，就把袁崇焕下了诏狱。后金军在城外围了几个月，抢掠了好多财物，撤了。

这一年，是农历己巳年，因此，这次事件又被称为"己巳之变"。

自毁长城

朱由检觉得袁崇焕辜负了自己的信任，要治他的罪。袁崇焕知道再辩解也没用了，就写了一首诗表明自己的忠心："一生事业总成空，半世功名在梦中。死后不愁无勇将，忠魂依旧守辽东。"

崇祯三年（1630 年）八月，袁崇焕被凌迟处死。京城中的百姓不明真相，都认为袁崇焕私通敌人，是卖国贼。可叹一代名将袁崇焕，忠心报国，最终却在国人的误解中痛苦地死去。

后人明白袁崇焕的冤屈，将他称为"明朝最后的长城"，认为朱由检杀了他就等于自毁长城。的确，袁崇焕死后，明朝在辽东就再也没有什么可用的优秀将领了。

知识加油站

　　山海关：历史上的军事重镇，位于秦皇岛，是辽东地区到北京的必经之地。宁远和锦州都位于山海关外。袁崇焕坚持驻守宁远，目的就是在关外阻挡后金军，相当于为山海关增加了一道屏障。

　　赋闲：没有工作，在家闲着。

　　背疽：长在背部的毒疮。

吴桥兵变

一只鸡引发的兵变

崇祯四年（1631年）八月，后金大汗皇太极率兵围困大凌河城（今辽宁凌海）。总兵祖大寿一边加强城防，一边四处求救。

山东登州、莱州巡抚孙元化派骑兵参将孔有德率兵前往驰援。

孔有德部下都是辽东兵，与山东兵向来不和，与山东本地人相处得也不好。当孔有德率领部下行至吴桥（今河北吴桥，当时归山东管辖）时，兵士和当地人频繁发生摩擦。于是，人们都闭门罢市，拒绝为辽东兵提供给养。当时，雨雪交加，辽东兵又冷又饿。一名士兵实在饿不过，就从当地望族王象春家里偷了一只鸡来吃，结果被王家的仆人发现了。

王象春是东林党人，他的哥哥王象乾曾经在朝廷担任过兵部尚书。王家的仆人也都见过大世面，不怕当兵的，就到军营找到孔有德理论。孔有德不想得罪王家人，只好对那名偷鸡的士兵处以穿箭游营的刑罚。

穿箭游营是一种既令人痛苦，又让人丢面子的刑罚。受刑者先挨几十军棍，然后，用箭穿在耳朵上，绕着军营游行。

这名士兵受刑后，气不过，就潜入王家，杀了那名仆人。王象春的儿子找孔有德讨说法，孔有德无奈，只得下令杀了这名士兵抵命。

这名士兵的遭遇激起了广大官兵的同情和愤怒，跟孔有德一起出征的李九成趁机鼓动将士哗变。

孔有德见情势已经发展到这个地步，只好带着部队反了。叛军冲进王家，大肆抢掠，然后又把整个吴桥洗劫了一遍。孔有德一不做、二不休，索性带着军队攻城略地，杀回山东半岛。这次事件，被称为"吴桥兵变"。

祸乱山东

吴桥兵变的情况很快就传到了朝廷。在兵变的处置上，群臣分为两派，一派谴责孙元化统御下属不力，导致兵变发生，要求惩办孙元化，同时出兵平叛；另一派认为事出有因，应该对叛军进行招降安抚，避免事态进一步恶化。

就在朝中争论不休的时候，孔有德已经率兵攻陷了好几座城池，一路杀向登州。山东巡抚余大成听说后，以身体有病为名连着好几天躲在家里，最后不得已才派人前往平叛，结果反被叛军击败。余大成更加害怕，就不再出兵，准备通过谈判安抚叛军。

孙元化到了登州，也主张招抚叛军，他派张焘率领辽东兵在城外驻扎。孙元化派人给孔有德传话，想招降他们，孔有德不理他，照常派兵攻城。

张焘的辽东兵与孔有德的叛军本来都很熟识，因此有很多士兵投降了叛军。孔有德让这些降兵回到城里去，城内的守军不同意让他们进城，孙元化却下令把他们放了进来。孔有德派出一部分士兵混在降兵的队伍里跟着进了城。

在城里驻防的耿仲明与孔有德关系向来不错，趁机在城里放火制造混乱，随后又打开城门，把叛军迎了进来。于是，登州城落入了叛军之手。孙元化想自刎却没死成，和其他官员落入叛军手中。

孔有德从登州得到了数千兵马、大量饷银，还有数量众多的红衣大炮。孔有德劝孙元化称王，遭到拒绝，于是，他就推举李九成为叛军主将，自己和耿仲明为辅将，让孙元化给莱州的余大成写信，请求朝廷同意把登州让给叛军，作为安抚条件。余大成向朝廷汇报之后，朱由检大怒，撤了余大成的巡抚职务，派徐从治接任山东巡抚一职。

孔有德感念孙元化对自己的恩情，没有杀死他，隔了一段时间，把他和张焘几名官员放出了登州。

莱州之围

第二年年初，山东巡抚徐从治和登莱巡抚谢琏抵达莱州。很快，叛军也来围攻莱州。朝廷派兵部侍郎刘宇烈从北京附近调集了一支两万多人的军队前来支援，朱由检还特意派人送了六门红衣大炮给援军。

刘宇烈率部到达莱州城外五十里的沙河时，与叛军发生战斗。这支临时拼凑起来的部队，纪律性、组织性都差，根本不是叛军的对手，大部分士兵都成了俘虏，红衣大炮也落入叛军手中。

叛军用缴获的红衣大炮向莱州城发起猛烈的攻势，徐从治被炮弹击中而死。

朝廷接连派各路兵马驰援莱州，声势浩大，对叛军造成了巨大的心理压力。孔有德向朝廷表示愿意接受招抚。朝廷指示刘宇烈：一方面准备集结各路援军，发动进攻，解莱州之围；另一方面，让叛军做出具体行动，以证明他们愿意接受招抚。

刘宇烈向叛军转达了朝廷的旨意，让叛军撤了莱州之围。叛军放出风声，说招抚的事情已经谈妥，两军不用再互相发动炮击了。为了取信于官军，孔有德还把一名试炮的部下割耳游营。

刘宇烈派人捧着圣旨到叛军大营。孔有德声称，要见到谢琏，才能接受圣旨并撤军。谢琏和莱州知府朱万年出城宣旨时，孔有德下令杀死朱万年，把谢琏抓了，送到登州软禁起来。

朱由检得知前线情形之后，大为震怒，下令把孙元化和张焘

弃市，同时派人将刘宇烈押解到京城进行审问。随后，官军迅速集结，誓师后兵分三路，向叛军发动进攻。叛军打不过，四散溃逃，孔有德率领一部分叛军逃回了登州。

孔有德投降后金

驻守登州的李九成听说莱州兵败，杀害了谢琏，准备迎战官军。

不久，各路官军将登州围了起来。登州三面环山，北面靠海。官军从东到西筑起一道长达三十里的围墙，与城墙等高，两头抵海。这样，叛军的出路全部被封死，只能往海里逃窜。

叛军拥有数十门红衣大炮，令官军难以接近城墙。李九成时常率兵出城，在炮火的配合下与官军进行大规模野战。双方互有胜负，相持数月。后来，李九成战死，叛军士气大挫。

朝廷又运来数门红衣大炮，官军的炮火威势压过了叛军。叛军困守孤城，形势越来越艰难。

孔有德和耿仲明坚持了三四个月，实在扛不住，先后逃往海上。官军收复了登州，山东的叛乱完全平定了。

孔有德和耿仲明率领万余叛军经长山、旅顺，向后金方向转移，沿途遭到各地守军的追剿。四月间，二人率叛军抵达鸭绿江口，与后金军会合，全体叛军剃发后，投降了后金。

孔有德的部队中有红衣大炮、舰船和各种匠人，这些人才都

是后金急缺的。因此，皇太极对孔有德的投降十分重视，亲自出盛京（今辽宁沈阳）十里迎接，将其部队命名为"天佑兵"，给予优厚的待遇。

孔有德为后金带去了先进的火炮、舰船和相关军事技术，改变了明朝和后金的军事力量对比。同时，明军也因此失去了对后金军的海上牵制优势。

知识加油站

哗变：指武装力量突然叛变。

红衣大炮：也叫红夷大炮，欧洲人在16世纪时发明的长身管、纺锤形结构的火炮，传入中国后，明朝军队进行复制。后来，所有类似的火炮都被中国人称为"红衣大炮"。

松锦大战

围困锦州

皇太极收编了孔有德的部队，实力大增，越发不把明朝放在眼里。同时，他总觉得后金的地盘实在是太小了，很有必要继续扩张一下，最好把整个辽东地区都占了。于是，他开始频繁出兵袭扰明朝边境。

眼见皇太极越来越猖狂，朱由检也想狠狠地教训他一下。可是，打仗比拼的是钱粮。当时，全国虽说有五十万兵马，但没有钱粮支持，这仗也不好打。没办法，朱由检只能忍着，让辽东军采取守势，避免与后金军发生大规模冲突。

辽东军的态度激发了皇太极的野心，他先是于崇祯九年（1636年）将国号改为清，定都沈阳，改名盛京，自己当了皇帝。随后，开始计划占领整个辽东。

皇太极的目标是，先拿下锦州，再攻打宁远。这样，整个辽东地区就都归他所有了。一旦时机成熟，清军就可以突破山海

关，直逼北京。到那时，明朝的天下恐怕也得落入清军之手。经过精心筹备，皇太极于崇祯十四年（1641 年）三月，派重兵围攻锦州。

负责镇守锦州的是总兵祖大寿。说起来，他和皇太极还有一段交集。那是十年前的事了。当时，祖大寿奉命修复大凌河城，以便将关宁防线向前推进。还没等他修完，皇太极就亲率大军前来攻城，祖大寿只得匆匆应战。城中粮草有限，撑不了几天。祖大寿想率兵突围，却都被打了回来，只好坐等救兵。

孔有德奉命驰援，却搞出了"吴桥兵变"，放了祖大寿的鸽子。当时的蓟辽总督孙承宗派了几次救兵，也都被挡了回去。祖大寿苦等救兵不来，屡次突围都没有成功。其间，皇太极多次派人劝降，都被祖大寿拒绝了。

就这样，大凌河被围了三个月。城中粮草耗尽，将士们就吃

战马，最后，连战马都吃完了。万般无奈之下，祖大寿只得出城投降。皇太极很看重祖大寿，以女真人的最高礼仪接待了他，为他大摆宴席，和他把酒言欢。

祖大寿对皇太极说，趁着锦州守军还不知道自己投降的机会，他可以带领手下进入锦州，作为内应。

皇太极同意了祖大寿的建议，放他和他的手下去了锦州。不料，祖大寿是诈降，一去就没有回头，而且还当上了锦州总兵。

十年之后，皇太极再次派大军杀到锦州城下，与这位曾经的降将上演大凌河之战的续集。

祖大寿没办法，只能给朝廷写求救信。他在信中写道："锦州的粮食仅够一个多月，喂马的豆类连一个月都撑不住。如果清军再次急攻，宁远和锦州两座城都要被攻破。"

收到祖大寿的求救信，朱由检万分焦急，思来想去，决定派蓟辽总督洪承畴率兵增援锦州。

松锦大战

洪承畴是靠镇压陕西农民起义出名的。因为他在平定农民起义的战争中立下大功，官位一路高升，成为陕西最高军事长官。

前些年，皇太极分兵两路南下，进攻明朝边境。朱由检害怕"己巳之变"再度上演，就急召洪承畴率部回京保卫朝廷。不久，朱由检任命洪承畴为蓟辽总督，率领陕西兵，与山海关和宁远两

镇合兵，应对清军的攻势。

洪承畴与皇太极交过手，但都失败了。因此，他变得格外谨慎，能不打尽量不打。然而，这回皇太极都打到眼皮子底下了，打不过也得打了。

朱由检派洪承畴率领宣府、大同、密云、蓟州、玉田、山海关、前屯卫（今辽宁绥中县西南前卫）、宁远等八总兵，统领精兵十三万，在宁远集结，准备与清军决战。

就在祖大寿在锦州城里度日如年的时候，洪承畴率各路兵马步步为营，一边与清军作战，一边向前推进，到达锦州城南的乳峰山后，扎下大营，准备向清军发动总攻。

洪承畴本来不想这么快就发动总攻。因为，他早就看出来，清军的真正目的并不是急于拿下锦州，而是以锦州为诱饵，吸引援军来救，然后逐一消灭。这就是皇太极制定的"围点打援"策略。

可是，朱由检不给他等待的时间，一再催促他尽快与清军决战。朱由检也有苦衷——十三万大军集结前线，每天都要消耗大量的粮草，军饷也得及时发放，这么大的开支，朝廷实在负担不起。

在这种情况下，洪承畴只能拼死一战了。刚开始，明军打了几个小胜仗，清军有点儿吃不消，就向皇太极求援。

这时，皇太极正在生病，听说前线吃紧，急忙亲率大军昼夜急行军五百里，直奔锦州。

到了前线，皇太极登上山冈观看明军的阵形，发现了洪承畴布阵的漏洞——重兵在前，后队多疏漏，最关键的是，粮草补给

没有及时跟进。于是，皇太极针对明军首尾不顾的缺点，下令清军挖掘三道又长又深的壕沟，切断明军与后方的联系和粮道。

由于朝廷催促太急，洪承畴率军行进太快，粮草运输部队被落在了后面。明军大营内的粮草只够三天所用。洪承畴没办法，只得把八大总兵召集起来，下令第二天拼死一战，争取突围。

然而，八大总兵这时却打起了各自的小算盘。他们都想保存实力，不想把自己的家底全摞在这里。

大同总兵王朴在参加完洪承畴主持的总攻动员会之后，回到营部就计划率兵逃离前线。当晚，趁着夜色迷蒙，王朴率领所部突围逃跑，其他各部也都纷纷突围。清军趁势猛攻，明军大乱，互相践踏，死伤惨重。

洪承畴突围不成，被困在了松山城。不久，城内粮草断绝。副将夏承德暗地里与清军约好，献城投降。就这样，洪承畴成了俘虏。

洪承畴兵败被俘之后，祖大寿又坚守了半个多月，重演困守

大凌河的场景。最后，他不得已再次献城投降。

皇太极没有责怪祖大寿当初背叛约定的行为，而是好言宽慰，让他踏踏实实地为大清效力。

洪承畴降清

洪承畴被皇太极带回盛京，拘禁了起来。皇太极爱惜他的才能，希望能够劝降他。

洪承畴初期表现得很有气节，绝食数日，拒不投降，把前来劝降的人骂得狗血淋头。皇太极派吏部尚书范文程前去劝降。

范文程见到洪承畴，任由他破口大骂，绝口不提劝降的事，而是一边和他谈古论今，一边观察他的反应。

二人谈话的间隙，一块尘土从房梁上落下，掉在洪承畴的衣服上。他一边说话，一边掸土。范文程见状告辞，回来后对皇太极说："洪承畴不会死。因为他对一件衣服都那么在意，又怎么会轻易放弃生命呢？"

第二天，皇太极亲自去见洪承畴。洪承畴站着不跪，皇太极见他衣服单薄，就把自己身上穿的貂裘脱下来，披在他身上。洪承畴被皇太极的行为感化，决定降清。

作为被俘的最高级别将领，洪承畴携带祖大寿等人，在皇太极为他们举行的受降仪式上，正式投入了清军的阵营。

知识加油站

关宁防线：关，指山海关；宁，指宁远。指从山海关到宁远之间的战略防御区域。

围点打援：一种战术，抽调部分兵力围困据点，以主力部队打击救援据点的部队。

李自成与张献忠

"闯王"李自成

朱由检裁撤驿站那年，二十一岁的驿卒李自成也失业了。

李自成是陕西米脂人。据说，他出生的时候，父亲梦见一个黄衣人进了家里，就给他起了个小名叫"黄来儿"。李自成的父母都是贫苦农民，家里生活非常艰苦。他打小被父母送到寺庙生活了一些时日，后来，又给地主放羊，换一口饭吃。十来岁的时候，李自成的父母先后去世，他的生活更困难了，常常是吃了上顿没下顿。

李自成二十一岁时，好不容易到银川当了一名驿卒，勉强可以吃上一顿饱饭了。谁料，祸事接连而来，他先是丢了公文，紧接着，赶上朝廷裁撤驿站。失业的他只好返回家乡谋生。

由于没有生活来源，李自成不得不靠借债度日。欠的债多了，债主就来催债。他没钱还债，人家告到县衙。县令把他绑起来游街，差点儿把他折磨死。李自成一怒之下，杀了债主，跑到

甘州（今张掖市甘州区）当了兵。

　　不久，士兵们因为上头拖欠军饷，闹起了兵变。李自成就带了一些士兵，参加了农民起义。他先后投奔了两支起义军，都失败了。走投无路的李自成率领一支起义军残部渡过黄河，到山西投靠舅舅——起义军首领"闯王"高迎祥。这时的李自成，被人们称为"闯将"。

　　当时的山西，聚集了三十六路起义军，号称二十多万人。高迎祥的队伍在各路起义军中算是实力比较强的，但是，与官军的实力相比，还差得多。因此，在官军的围剿下，高迎祥只能带着

李自成等人打游击战。

有一年，高迎祥和射塌天、混十万、九条龙、张献忠等十三路起义军七十二营兵马在荥阳举行大集会，商议共同对抗官军。众人七嘴八舌，拿不定主意。李自成站出来说："一个人还知道奋起反抗，更何况我们有十万人！官军也没什么能耐，我们分兵向他们发动进攻，成败听由天命。"大家都觉得李自成说得对，就按照他的建议，分头行动，取得了胜利。

不久，高迎祥在一次作战中牺牲。李自成被部众推举为闯王，率领起义军继续战斗。

朝廷任命洪承畴为总督，率兵平定陕西一带的农民起义。李自成的起义军在潼关被洪承畴击败，几乎全军覆没，只有他自己带着十八名干将骑快马突围而逃，跑到秦岭南麓的深山里藏了起来。

过了一年，李自成从深山里出来，召集数千名旧部，向官军发起挑战，再次失败。李自成没有气馁，趁着明军追剿其他起义军的工夫，率兵进入河南，打败当地守军，开仓放粮，救济穷苦百姓。随后，他又打出"迎闯王，不纳粮"的旗号，得到了百姓的拥护，实力越来越强大。

"八大王"张献忠

张献忠是陕西延安人，人送外号"黄虎"，与李自成同岁，也出身于一个贫苦的农民家庭。张献忠聪明能干，性情倔强，小时候跟父亲一起卖过红枣。长大后，先是在延安府当过一段时间捕快，后来，又去延绥镇当兵。

张献忠是个暴脾气，爱打抱不平。有一次，他因为打架，犯了军法，要被处斩，主将陈洪范见他相貌不凡，就向总兵求情，放了他一条活路。

张献忠侥幸从刀口下得了一条命，却不得不面临饥饿的威胁。在大饥荒的年代，有事做的人吃饭都困难，更何况一个无业青年？吃不上饭的张献忠实在没办法，就聚集米脂十八寨的饥民造了反，自称"八大王"。

荥阳大会之后，张献忠与高迎祥并肩作战，接连攻破河南和江北好几座县城，朱元璋的家乡凤阳也被他们一起攻破，那里的皇陵也被起义军给烧掉了。起义军大摆庆功宴。皇陵内有一支由

小太监组成的鼓乐队，张献忠命他们现场表演助兴。李自成想跟张献忠讨要几名小太监，遭到了拒绝。李自成非常生气，与张献忠分道扬镳，各奔东西。

洪承畴打败李自成后，又来打张献忠。张献忠一看打不过，就投降了。不过，他不是真投降，而是诈降。很快，他再次反叛，与各路起义军会合，在山西、河北、河南、湖广、四川一带打游击。

朝廷派兵部尚书熊文灿平定湖广一带的农民起义。在他的大力围剿下，起义队伍敌不过，大部分都投降了。张献忠见势不妙，也打算投降。他打听到陈洪范在熊文灿帐下担任总兵，就派人带了好多钱去见他，请他帮忙向熊文灿说情，允许他投降。陈洪范向熊文灿汇报了情况，招降了张献忠。

这次，张献忠依然是假投降。不久，他就又造反了。李自成被官军追得没办法，跑来投奔张献忠。张献忠则想趁机兼并李自成的部队。李自成发觉后，带着部下跑到了河南，发展壮大后，反过来兼并了两支原本归属于张献忠的起义军部队。自此，两人的关系越来越差了。

大顺政权和大西政权

张献忠占领了武昌，自称"西王"，设置百官。已经占据了襄阳的李自成听说后，派使者以祝贺的名义威胁张献忠，说准

备收拾他。张献忠知道自己打不过李自成，就领着队伍离开了武昌。随后，李自成自立为"新顺王"。

这时，各路起义军有的被官军剿灭，有的被李自成兼并，只剩下张献忠和李自成两股力量。

朱由检命督师孙传庭出兵追剿李自成。当时，官军粮饷欠缺，还闹瘟疫，军心不稳，士气不振。孙传庭本来不想轻易出征，可架不住朱由检一直催促，再加上李自成故意示弱，引诱官军深入，于是，他只好率兵十万出师潼关，与李自成进行决战。

李自成在汝州击败孙传庭，追杀了四百多里，消灭了四万多官军。随后，李自成率兵攻陷了潼关，继续围攻孙传庭。孙传庭不敌，向渭南撤军，结果被起义军杀死。李自成接着占领了西安，很快，陕西全境都被起义军占领。

崇祯十七年（1644年）春，李自成在西安称帝，建立大顺政权，改元永昌。

张献忠转战湖广一带，经常与官军发生激烈的战斗。一开始，起义军队伍屡屡受挫，不少人都被平贼将军左良玉的官军斩杀。张献忠一边打，一边退，先后攻克了岳州、长沙等十多个州县。广东有的地方害怕张献忠攻城，官员和百姓提前弃城而逃。

属下建议张献忠趁势攻取富庶的吴越之地，作为大本营。张献忠害怕与左良玉的军队对阵，决定杀到"天府之国"四川，利用那里的地理优势，割据一方。

崇祯十七年冬，张献忠在成都建立大西政权，改元大顺。

知识加油站

纳粮：古时候，百姓按照规定向官府缴纳钱粮。

吴越：春秋时期吴国和越国的合称，指今江苏南部、上海、浙江、安徽南部、江西东北部一带。

崇祯失国

李建泰请命出征

李自成建立大顺政权之后，马上率大军进逼山西，兵锋直指京城。一时间，朝野震动，人心惶惶。

朱由检忧心忡忡，不知该如何是好。满朝文武，能派得上用场的，一个都没有。

当朝廷收到平阳（今山西临汾）失陷的战报时，朱由检感慨地说：“我不是亡国之君，所有的事情却都是亡国的征兆。祖宗栉风沐雨打下的天下，一下子就没了，我有什么脸面到地下见他们！我愿意亲自带领军队决一死战，就算战死沙场，也没什么可遗憾的，只是怕死不瞑目啊！”

就在这时，吏部左侍郎兼东阁大学士李建泰说：“我老家是山西曲沃的，愿意自己出钱作为军饷，不用朝廷出钱，请允许我率军西征。”

听了李建泰的慷慨陈词，朱由检非常高兴，对他慰劳再三，

说："等你出征的时候，我按照古礼给你推动战车。"于是，朱由检封他为兵部尚书，赐予尚方宝剑，可以先斩后奏。

到了李建泰出征的日子，朱由检在正阳门为他举行了隆重的出征仪式。东、西两列卫士从午门一直排到皇城外。在京的所有官员都前来送行。李建泰致辞后，朱由检表扬了他，又在酒宴上亲自为他斟酒三杯，给他以代替皇帝出征的荣誉。随后，朱由检又目送他离开。

李建泰走了几里地，所乘轿子的抬杆忽然折了，随从人员都认为这是不祥的预兆。

这支号称代替皇帝御驾亲征的队伍，到了涿州时，逃跑了三千多人，剩下不到五百人。刚走出北京，李建泰就收到了曲沃已经被攻破的消息，他在老家的财产全部被起义军没收。大惊之

下，李建泰竟然病了。

队伍每天行进三十里地，沿途不断有士卒死去。到了定兴，守城的士兵不给开城门。等了三天，李建泰派人攻破城门，把知县揍了一顿。再往前，到了保定，听说李自成部下刘芳亮率领的偏师将至，李建泰不敢再往前走，就想进城躲避。守城的同知邵宗元不让他进城，李建泰就拿出皇帝颁赐的印信给他看。邵宗元说："皇上曾经亲自登上正阳门，赐给你尚方宝剑，还给你倒酒，为你饯行。如今你不代皇上西征，却要进城里躲避反贼吗？"

李建泰恼羞成怒，拔出尚方宝剑威胁邵宗元。城楼上有人认识李建泰，劝邵宗元开城门，李建泰这才进去。

就这样，李建泰在城里待了下来。没过多久，刘芳亮率起义军杀来，攻破保定，李建泰自刎没死成，当了俘虏。

李自成兵临城下

李建泰走后，朱由检眼巴巴地等着前线的捷报，没想到，接下来的日子里，等来的都是城破兵败的消息。

先是李自成亲率主力部队攻陷太原，晋王朱求桂被抓，巡抚都御史蔡懋德等被杀。闻讯后，朱由检下了一道罪己诏。

紧接着，李自成的大将刘宗敏攻陷潞安（今属山西长治）。战报传来，朱由检赶紧召集群臣商议如何守住京城。

坏消息接踵而至。李自成攻陷忻州，代州（今属山西忻州）

总兵周遇吉坚守十余天，粮绝，退守宁武关（今山西宁武县）。危机迫近，朱由检派太监杜勋等十人监视各道边防关口和北京周边的军事要塞。

西北军情告急的同时，京南又传来令人沮丧的消息。真定（今河北正定）知府丘茂华杀了总督侍郎徐标，献城投降刘芳亮。眼见北京的南大门保定和正定接连失守，朱由检下诏，让全国各地的军队都来保护京城，同时，让群臣商量迎战和守城的具体事宜。

朱由检慌了，文武百官也慌了。左都御史李邦华等人上书，请求南迁或者让太子到江南地区监军。朱由检都没有同意。他不是不想南迁，而是不想承担丢掉宗庙和皇陵的罪名。如果多一些大臣上书建议南迁，他就可以顺理成章地准奏，让大臣们来承担这个罪名。可惜，一帮大臣都反对南迁。因为，他们也不想担这个历史罪名。

前方失利的战报继续传来。李自成攻陷宁武关，周遇吉战死。

周遇吉在宁武关坚持死战到底，杀死万余敌军。打下宁武关后，李自成感叹道："如果其他关镇都像宁武关这样死守，我们能有多少兵马可用？不如返回陕西休整。"

大同总兵姜瓖没有像周遇吉一样顽抗到底，李自成的军队刚到大同城下，他没怎么抵抗就投降了。

北京城里的兵马太少，不足以守城。朱由检要临时招募士兵，钱不够，就向王公大臣们筹钱。王公大臣们家里有的是钱，却舍不得捐出来，各自象征性地捐了一点儿，根本不管用。

朱由检没办法，只得下令征调镇守宁远和山海关的吴三桂、镇守武昌的左良玉、镇守蓟州的唐通等各地将领火速回援京师。

唐通率领八千兵马先到，朱由检凑了四千两银子犒赏三军，派太监杜之秩做监军，跟唐通一起去守居庸关。

京城没有守将，朱由检就临时委派太监王承恩当提督负责守卫京城。

很快，李自成就攻破宣府，监军太监杜勋率先投降，随后带着起义军长驱直入，杀奔居庸关。唐通和杜之秩一看打不过，就投降了。

崇祯十七年（1644 年）三月中旬，李自成已经率兵打到了北京城下，各地驰援北京的官军却还在途中。

朱由检吊死煤山

崇祯十七年（1644 年）三月十七日，朱由检召集群臣，问他们怎么办。群臣一言不发，有的人还哭泣起来。

起义军向九门发起进攻。门外设立的三大营放弃抵抗，全部投降。

三月十八日，起义军的攻势越来越急。李自成驻扎在彰义门（今广安门）外，派早已投降起义军的太监杜勋进皇宫见朱由检，劝他禅位。

朱由检怒不可遏，大骂了杜勋一顿，随即下诏宣布亲征。傍

晚时分，太监曹化淳打开彰义门，把李自成的队伍放了进来。

朱由检走出皇宫，登上煤山（今景山公园内），望着京城里四处燃起的烽火，叹息道："可怜了我的百姓啊！"他在煤山上徘徊了很久，回到乾清宫，下令让人送太子朱慈烺、永王朱慈炤

到国丈周奎和田弘遇的府上避难。随后，他又让周皇后自尽，拔剑砍了长平公主和其他嫔妃、公主，以免她们受侮辱。

三月十九日，天还没亮，皇城已经失守了。朱由检让太监鸣钟召集百官最后一次上朝，结果，一个人都没有来。

彻底失望的朱由检在太监王承恩的陪同下，再次登上煤山，在衣襟上留下血书遗诏，披散头发，遮住面目，吊死在树下。

明朝的最后一位皇帝，就这样在无助中凄凉地死去。后世有人评论说，明朝是"开局一个碗，结局一根绳"。朱元璋从一只讨饭碗起步，创建了大明帝国。他的十一世孙朱由检用一根绳，结束了这一切。

末代帝王身后事

李自成率领众将官从承天门进入紫禁城，登上皇极殿，他坐在龙椅上，下令搜索皇帝和皇后。当他得知皇帝和皇后已经死去的消息，下令用宫门把遗体抬出来，装进柳木棺材，放到东华门外示众。

三天后，文武百官上朝，向李自成表示祝贺。李自成故意不见他们，让手下人任意侮辱百官。百官害怕，一动也不敢动。太监王德化训斥百官，说："国家灭亡了，皇帝也死了，你们这些人不想着埋葬皇帝，却待在这里！"说完，他哭了起来，于是，其他太监和百官都跟着一起失声痛哭。

　　李自成知道了，就下令把朱由检和周皇后的遗体送到昌平。当地人打开田贵妃（朱由检生前最宠爱的妃子）的墓穴，把二人安葬。这座墓穴被称为"思陵"。

　　太子被国丈周奎拒之门外，起义军把他抓了起来。李自成封他为宋王。永王和定王也都被抓住，囚禁在宫中。长平公主被朱由检砍断一条胳膊，又活了过来，落入李自成的大将刘宗敏之手。

　　刘宗敏把八百多名王公大臣送到军营里，日夜用酷刑折磨他们，让他们把家里的金银财宝都交出来，一旦钱财到手，就把他们杀掉。

　　这些人，当初为保卫北京捐几百、几千两银子都心疼，现在受不了酷刑，几万、几十万两银子都掏了出来，而且，还得赔上一条性命。

　　怪不得朱由检在遗诏里说："都是这些大臣们耽误了我啊！"

知识加油站

偏师：在主力部队侧翼协同作战的部队。

同知：正官的副职，副官。

禅位：统治者生前把位子让给别人。

国丈：皇帝的岳父。

吴三桂引清军入关

迟到的援兵

北京即将失守的时候，吴三桂奉命进京勤王。当他率领军队行进到唐山一带，才得知李自成已经进了紫禁城。皇帝死了，明朝亡了，吴三桂一时没了主意，只得率兵返回山海关。

吴三桂的援兵为什么会迟到呢？"己巳之变"的时候，袁崇焕能及时率部赶到北京，他为什么不能？

情况是这样的。吴三桂镇守山海关和宁远的目的是防止清军入侵。他如果带兵到北京，清军肯定会乘虚而入，攻打宁远和山海关。因此，他在发兵之前，必须先安排好守备工作。

宁远孤悬于山海关外。山海关有重兵镇守的时候，宁远有依靠，不用担心清军入侵；一旦山海关兵力不足，宁远大概率是守不住的。因此，在进京之前，吴三桂先得把宁远的五十万军民迁到山海关内。

从宁远到山海关，大约一百公里。光是军队行进，当然快，

可是加上百姓，就会很慢。这样一来，时间就耽搁了。

大军开拔，后勤供应得跟上，这也需要时间调度。吴三桂率领的军队不只骑兵，还有步兵，在行进速度上得互相协调。毕竟，骑兵少、步兵多，即使骑兵先赶到，也不一定能打得过李自成的军队。

里里外外，前前后后，安排妥当，吴三桂带兵驰援北京自然就迟到了。

既然皇帝已经死了，明朝已经灭亡了，吴三桂再去北京就没有意义了。因此，只能返回大本营山海关。吴三桂当下要考虑的问题是，明朝亡了，自己为谁镇守山海关？下一步该怎么办？

明降暗防

吴三桂虽然返回了山海关，但是心里仍然惦记着北京城。他的父亲吴襄、爱妾陈圆圆，以及一家老小几十口人还都困在那里。

很快，北京就来信了。信是吴襄写来的，父亲劝他投降李自成。收到父亲的来信，吴三桂心里踏实了一些。这说明李自成是知道他的用处的，只要他有用，他的家人就有安全保障。

吴三桂经过再三考虑，决定接受李自成的招降。不过，他并不了解也不信任李自成。万一对方有诈，自己就完了。于是，吴三桂一面与李自成保持联系，探讨投降的具体事宜；一面暗地里与清军取得联系，希望借助他们的力量抗衡李自成。

这时，吴三桂倾向于投降李自成，与清军联系只是他留的后手而已。然而，李自成对他也并不信任，一再派人催促他到北京正式投降。

吴三桂没办法，为了表示诚意，只得带人往北京出发。走到半道，吴三桂又得到消息，说吴襄被李自成手下抓了起来，严刑拷打，索要钱财；另外，陈圆圆也被刘宗敏给霸占了。

吴三桂没办法核实消息的真实性，却也不敢轻易相信李自成，于是，又返回了山海关。

李自成迟迟等不到吴三桂的确切回应，非常生气，决定率兵亲征山海关。

消息传来，吴三桂慌了。他知道自己的实力根本无法与李自成抗衡。为了延缓李自成的行军速度，他派代表到北京城东面的三河迎候李自成的大顺军，表示愿意投降，拖延时间。

与多尔衮的谈判

吴三桂已经下定决心，与清军合作，共同对抗李自成，只是，合作方式需要商讨。他想用割地的方式，换取清军的援助。而清军方面，似乎并不怎么感兴趣。

这时的清军，由多尔衮担任最高统帅。多尔衮是皇太极的弟弟。去年，皇太极病逝。他的儿子福临即位，改元顺治。福临年幼，由多尔衮摄政。多尔衮收到吴三桂的求援信，一开始也不敢

确认。毕竟，这些年来，清军和明军，特别是镇守山海关和宁远的吴三桂之间一直处于敌对状态。

皇太极在世的时候，曾经让吴三桂的舅舅祖大寿给他写信劝降，被吴三桂拒绝了。类似的劝降行为还有多次，都没能成功。因此，多尔衮无法确认，吴三桂是真的遇到麻烦了，还是设计好圈套等他来钻。

吴三桂是真急了，三番五次地派使者向多尔衮求助。面对吴三桂的求援，多尔衮反而变得越来越淡定了。他和吏部尚书范文程等人商量，准备利用这次机会，迫使吴三桂降清；然后，再率大军出关进京，征服天下。多尔衮相信，清军已经具备了夺取全国政权的实力。

皇太极曾经说过，只要得到了吴三桂，就等于得到了天下。吴三桂的个人能力和实力固然是一方面，最主要的是他所镇守的山海关。清军占有的辽东和辽西地区，就像一个葫芦，而山海关就是葫芦口。只要拿下山海关，清军就不必再局限于辽东和辽西这一片区域，而可以放眼天下、征服四海了。更为关键的是，从山海关到北京，只有二百多公里。

对于游牧民族出身的清军来说，二百多公里实在不算什么；对于李自成的队伍来说，也一样。

清军入关

　　崇祯十七年（1644 年）四月二十一日，李自成率领大顺军来到了山海关下。吴三桂派遣的投降代表们不敢再待在李自成军中，赶紧想方设法逃跑。李自成早就提防他们了，把他们一个个都控制起来，一拷问，就知道了这是吴三桂要的手段。李自成大怒，向吴三桂发出最后通牒，声明如果他再不投降，就下令攻城。

　　这时的清军已经抵达山海关外十五里处。吴三桂心里有了一些底，只是与多尔衮的谈判方案还没有最终确定。形势危急，吴三桂已经没有时间考虑这些了。因为，李自成的军队已经连夜向

山海关发动了猛烈的攻势。

山海关城墙既高且厚，楼台上列有多门红衣大炮，数万精兵在城头以逸待劳，很有优势。李自成的军队虽然号称有十万之众，但是想要短时间内攻下山海关也并非易事。

吴三桂亲率主力在西罗城防守，其余各部分别在东罗城和北翼城防守。大顺军攻势很猛，吴三桂一度很被动。为了摆脱困境，他假意投降，等对方数千士卒靠近城下的时候，再下令用火炮攻击。大顺军猝不及防，伤亡惨重。

大顺军在北翼城的攻势进展比较顺利，猛攻猛打，将近天亮时，一部分守军扛不住，只好投降，而山海关其他各处守军还在坚持抵抗。

第二天凌晨，清军在山海关外二里处扎下大营。多尔衮还在等待吴三桂的音信。他下定决心，只要吴三桂不投降，清军就一直观望。

形势逼人。在大顺军的强大攻势下，吴三桂终于扛不住了，趁着天色不亮，他率领几名随从，杀出重围，跑到清军大营，跪在多尔衮面前，投降了。吴三桂说："如果清军不援助山海关守军，我也不愿意回去督战了。如果李自成大军攻下山海关，肯定会一鼓作气攻击清军。"

多尔衮早已有了主意。他下令让吴三桂率山海关守军正面迎战大顺军，清军开进关城，潜伏下来。

李自成不知道清军已经秘密参战，仍然指挥大顺军向关城步步

进逼。山海关守军拼死抵抗。经过大半天的激战，两败俱伤。

多尔衮一看时机已到，下令清军向大顺军发动进攻。潜伏已久的清军突然冲出，杀声震天，直扑大顺军。

见到增援部队，本来已经疲惫不堪的山海关守军瞬间来了精神，与清军一道反扑大顺军。

　　大顺军被杀了个措手不及,战场形势急转直下。一番激战之后,李自成眼见打不过,只得下令撤军。

　　多尔衮下令清军和山海关守军继续追杀。大顺军且战且退,一直退回北京城。

　　李自成回京之后,杀死了吴三桂一家老小三十多口,然后草草举行了一个登基仪式,紧接着就带领队伍撤离北京。一年后,李自成在清军的打击下兵败身亡。

　　顺治元年(1644年)九月,多尔衮接福临进京,举行登基仪式。中国历史上最后一个封建王朝——清朝开始了。

知识加油站

　　勤王：尽力于王事。又指皇帝或君主有难时，将领起兵救援。

　　摄政：代君主治理国政。

郑成功收复台湾

郑氏父子

明思宗朱由检以身殉国后，福王朱由崧在南京称帝，改元弘光，史称"南明"。

同年，朱由崧封郑芝龙为南安伯，统管福建全省的抗清军务。

郑芝龙原本是东南沿海武装海商集团领袖，早在崇祯年间，他就接受朝廷招安，被授予总兵头衔。由于拥有独立的武装力量，郑芝龙并不完全受朝廷管制。朱由崧让他负责福建的军务，实际上也是他的分内之事。因为，他的家底和产业也大多在福建。

不久，清军南下，攻陷南京，朱由崧出逃，后被抓住押往北京杀死。

在得知南京朝廷失败后，郑芝龙在福州拥立唐王朱聿键为帝，改元隆武。朱聿键封郑芝龙为南安侯，负责南明一切军务。

作为商人，郑芝龙对于南明小朝廷封的爵位并不是很在意，而且，他也不想跟强大的清军作对。

清军继续南下，进逼福建。洪承畴建议招降郑芝龙。郑芝龙见清军势大，决意投降。

郑芝龙的儿子郑成功苦劝父亲不要投降，却遭到拒绝。没办法，郑成功只好率领部众出海，继续效忠南明朝廷，对抗清军。

郑成功树起反清复明的大旗，聚拢起父亲原来的大队人马，占领了金门和厦门，形成一支强大的海上武装力量。

郑芝龙降清不久，朱聿键被清军杀死。1646 年底，桂王朱由榔在广东肇庆称帝，改年号为永历。郑成功宣布效忠朱由榔，随即被封为延平郡王。

郑成功为了进一步发展军事力量，大力开展海上贸易活动。通过与日本和东南亚地区的贸易活动，郑成功积聚起巨额财富。他推行"以商养兵"的做法，广泛招募兵员，队伍扩充到十八万之众。

具备一定的军事基础之后，郑成功两度率兵北进攻打南京，均以失败告终。郑成功眼见清朝统治逐渐稳固，而自己的部众困守一隅，粮草匮乏，难以提供军队给养，开始考虑另外拓展根据地。与厦门隔海相望的台湾，被郑成功纳入视线范围。

郑成功与荷兰人角力

17 世纪初，荷兰殖民者侵入台湾。不久，西班牙殖民者侵占了台湾北部和东部的一些地区，后来被荷兰殖民者赶走。台湾沦

为荷兰的殖民地。

台湾原本是郑芝龙的基地之一。早在明朝万历至天启年间，郑芝龙就开始经营台湾。他从福建运送了大批饥民到台湾垦荒，既获利谋生，又练兵聚粮。由于荷兰入侵，郑芝龙在台湾创建的基地也不复存在。因此，郑氏父子与荷兰殖民者之间既有利益上的冲突，也有家国之恨。

郑成功决定先给荷兰殖民者一点儿颜色看看，于是，下令断绝与荷兰在东方各港的往来，并对台湾实施全面封锁。荷兰殖民者的头目揆一派人向郑成功求和，表示愿意每年向郑成功输送五千两饷银、十万支箭和一千担硫黄。郑成功当时正与清军对峙，不愿腹背受敌，于是，同意解除封锁。

揆一也了解郑成功的处境，断定他不敢轻易对台湾动武，因此，不时派兵出海劫掠中国船只，欺凌南洋华侨。郑成功再次下令对荷兰殖民者实施封锁制裁。

又过了十来年，郑成功对清军作战取得暂时优势，士气大振。他觉得处于清军与台湾的荷兰殖民者之间终非长久之计，决定率兵东渡，收复台湾，把号称"海上霸权大国"的荷兰殖民者，从中国的领土上驱逐出去。

拿下赤崁城

南明永历十五年（顺治十八年，1661 年）三月，郑成功率领众将士在金门举行隆重的誓师仪式。一切准备就绪，两万多名将士、数百艘战船，从金门岛料罗湾出海，向东挺进。

荷兰殖民者的据点设在台湾城、赤崁城（今属台湾省台南市）。两城互为犄角，易守难攻。

郑成功利用潮水大涨的间隙，命令众将士趁着潮水迂回前进，切断了台湾城与赤崁城守军之间的联系，迅速在禾寮港登陆。

台湾的汉族和高山族人民见祖国的大军到来，争先恐后地出来迎接他们，用货车和其他工具帮助他们登陆。

郑成功在禾寮港登陆扎营后，立即遭到赤崁城荷军的炮击。同时，荷军又放火焚烧马厩、粟仓。郑成功派部下率军前往看守防御。接着，郑成功调整了部署。

荷军趁郑军刚刚登陆，派数百名士兵，乘船上岸袭击郑军。荷军以十二人为一排逼近郑军。郑军主力从正面迎击，另一部分兵力迂回到敌军侧后，夹击荷军。荷军发现自己腹背受敌，手足无措，抱头鼠窜，落荒而逃。郑军乘胜猛攻，将荷军一举击溃。

增援赤崁城的荷军，也被郑军击败，残部逃回台湾城。

荷兰人一看陆战不行，就派出战舰阻击郑军。荷军战舰船体很大，设备先进。郑成功以六十艘大型帆船包围荷兰战舰。荷舰"赫克托号"首先开炮，其他战舰也跟着开火。郑军奋勇迎击，经过激烈战斗，将"赫克托号"击沉。其他战舰企图逃跑，又被郑军舰船紧紧包围。郑军用五六只大帆船尾追"格拉弗兰号"和"白鹭号"，展开接舷战、肉搏战。"格拉弗兰号"和"白鹭号"受重创挣脱逃跑，通信船"伯玛丽亚号"战败后逃往巴达维亚。

荷军海、陆作战均告失败。赤崁城和台湾城已成为两座孤城，相互间的联系完全割断。郑成功随即加紧对赤崁城的包围，并切断了赤崁城的水源。赤崁城荷军见援兵无望，孤城难守，不得不挂白旗投降。

收复台湾岛

台湾城是荷兰殖民者在台湾的统治中心，城堡坚固，防御设施完整。

郑成功把对荷军的封锁战术转为进攻战术，在对方从巴达维

亚再次获得救兵之前，向台湾城内的荷军发起猛烈攻击。为此，
郑军增建了三座炮台，挖了许多壕沟，以抵制荷军的炮台。

攻克台湾城的战争持续到了第二年正月。
郑成功下令炮轰乌特利支圆堡。在两个小时
内，郑军发射炮弹数千发，在城堡南部打开了

鄭

一个缺口，当天即占领了乌特利支圆堡。郑军居高临下，立即利用此堡改建炮台，向台湾城发动猛烈轰击。荷军困守孤城，岌岌可危。揆一在城上督战，看到城防已被突破，手足无措。在这种情况下，郑成功派使者入城劝降。

揆一召开紧急会议，讨论形势及对策。台湾城被围已近九个月，荷军死伤大半，能参加战斗的士兵仅剩六百余人，且已弹尽粮绝，瘟疫流行，形势已完全绝望。荷军高层普遍认为坚守已不可能，不如投降。揆一走投无路，只得同意投降。

荷军交出了所有城堡、武器、物资。揆一带着包括伤病员在内的约数百名荷兰军民乘船撤离台湾。至此，荷兰侵略者在台湾

三十八年的殖民统治宣告结束，台湾终于得到解放，在名义上归属了南明朝廷。

只可惜，代表南明朝廷的朱由榔看不到这一幕了。因为，他当时还在缅甸边境过着流亡的生活。几个月后，朱由榔被缅甸国王交给了吴三桂。吴三桂下令，用弓弦绞死了朱由榔。南明灭亡了。

二十二天后，延平王郑成功在台湾病逝。

知识加油站

招安：用封官等拉拢手段使对方投降。

接舷战：指敌对双方的船舷和船舷紧贴在一起，进行战斗。

让孩子着迷的
明朝故事 ④

大发说书 潮白 编著

四川教育出版社

图书在版编目（ＣＩＰ）数据

让孩子着迷的明朝故事. ④ / 大发说书，潮白编著
. -- 成都：四川教育出版社，2023.3
ISBN 978-7-5408-8603-5

Ⅰ. ①让… Ⅱ. ①大… ②潮… Ⅲ. ①中国历史一明
代一青少年读物 Ⅳ. ①K248.09

中国国家版本馆CIP数据核字(2023)第033601号

让孩子着迷的明朝故事④
RANG HAIZI ZHAOMI DE MINGCHAO GUSHI ④

大发说书 潮白 编著

出品人　雷　华
策划人　何　杨
责任编辑　杨　越　张　晓
装帧设计　册府文化
插图绘画　肖岱钰　周晔露　册府文化
责任校对　王　丹
责任印制　高　怡
出版发行　四川教育出版社
　　　　地　　址　四川省成都市锦江区三色路266号新华之星A座
　　　　邮政编码　610023
　　　　网　　址　www.chuanjiaoshe.com
印　　刷　天津海德伟业印务有限公司
版　　次　2023年3月第1版
印　　次　2023年3月第1次印刷
成品规格　170 mm×240 mm
印　　张　9.25
字　　数　98千字
书　　号　ISBN 978-7-5408-8603-5
定　　价　138.00元（全4册）

如发现质量问题，请与本社联系。总编室电话：（028）86365120
北京分社营销电话：（010）67692165　北京分社编辑中心电话：（010）67692156

目 录

明初诗文三大家

"明初诗文三大家"指的是明朝建国初期的三位知名文人，分别是刘伯温、宋濂和高启。

"开国文臣第一"刘伯温

刘伯温，本名基，民间一般叫他"刘伯温"，浙江青田人，在元朝末年中过进士、当过官，名声很响亮，被人们视作诸葛亮一样的人物。由于不满当时政治腐败，刘伯温辞官回乡隐居，写下了《郁离子》一书。书中大多通过一些寓言小故事，讽刺一些人和事，如"野猫偷鸡"的故事。

故事讲的是，一个名叫郁离子的人居住在山上，夜间，有只野猫偷他家的鸡。郁离子起来追赶，但没追上。第二天，仆人在野猫钻进来的地方安置了捕捉工具，并用鸡作诱饵，在当天晚上就捉住了那只野猫。它的身子虽然被缚住了，但嘴和爪子仍然紧紧地抓着鸡不放。仆人一边打一边夺，它到死也不肯把鸡放下。郁离

子叹了一口气说:"为钱财利禄而死的人大概也像这只野猫吧!"

刘伯温用这个故事讽刺了追逐功名利禄的世人,同时,也警示自己不要被功名利禄迷了双眼,失去自由,甚至付出生命的代价。当时的刘伯温,可能想隐居终老吧。然而,他的名声实在太大了,即使隐居起来,还是被朱元璋知道了。

朱元璋听说刘伯温是个很厉害的人物,就派人送了很多钱,请他出山辅佐自己。刘伯温一开始没有答应。后来,朱元璋再三派人相邀,刘伯温才出山。这时,他已近五十岁了。

见到朱元璋以后,刘伯温分析当时的天下形势,献上了十八条计策。朱元璋非常高兴,专门派人修筑了礼贤馆,让刘伯温和其他贤人居住。

在朱元璋攻歼陈友谅的战争中,最为关键的一战是鄱阳湖大战。当时,朱元璋坐在主帅战船上现场指挥督战,刘伯温站在一旁观察形势。突然,刘伯温大叫一声,跳了起来,让朱元璋更换战船。朱元璋刚上了另一艘船,之前坐的战船就被陈友谅水军的大炮击中,沉入水中。

两军相持了三天,没有分出胜负。刘伯温建议朱元璋重新调整兵力部署,果然取得大胜,消灭了陈友谅的汉政权。随后,刘伯温又献计打败了张士诚的周政权,为明朝的建立扫清了障碍。

由于刘伯温料定的事大多不会落空,人们都说他神机妙算。民间更是把他描述成"上知五百年,下知五百年"的神人。

明朝建立后,刘伯温被封为诚意伯。他一生创作了大量的诗文，收录在《诚意伯文集》当中。

刘伯温的散文多以讽喻为主。比如，他写的《卖柑者言》，通过卖柑者的一番言论，反映了元末官场政治的黑暗与腐败，揭露了那些"金玉其外，败絮其内"的达官显贵的丑恶嘴脸。这篇文章现在被收入初中课本，成为中学生的必修篇目。

刘伯温写诗，主张针砭时弊，讽刺现实，反对无病呻吟，或者一味地歌功颂德。比如，他写的《春蚕》这首诗："可笑春蚕独苦辛，为谁成茧却焚身。不如无用蜘蛛网，网尽蜚虫不畏人。"诗中借春蚕吐丝与蜘蛛织网，比喻世间各色人等：有的人像春蚕一样辛苦了一辈子，到终了只落得个"飞蛾扑火，自取灭亡"的结果；有的人像蜘蛛一样，织了一张关系网，获取各种好

处，却不怕人们来收拾他。

这首诗，也正是刘伯温晚年生活的真实写照。因为功劳太大，为了避免朱元璋猜忌，刘伯温以年老多病为由，辞官回乡，想保全性命。不过，朱元璋还是怀疑他。

有一次，刘伯温生病，朱元璋派胡惟庸带着御医去看望。刘伯温知道胡惟庸是代表朱元璋来的，他不能拒绝御医的药方。结果，服用之后，刘伯温的病情更加严重了。

刘伯温把这事告诉了朱元璋，想试探一下朱元璋的态度。朱元璋却对他爱答不理。刘伯温明白了，朱元璋还是不放心自己。于是，他不再吃药，任由病情恶化，直至病逝。

明武宗朱厚照非常佩服刘伯温，称他为"渡江策士无双，开国文臣第一"。

"开国文臣之首"宋濂

宋濂与刘伯温是浙江老乡，在进入朱元璋阵营之前，二人就已经熟识。宋濂被朱元璋称为"开国文臣之首"，相当于和刘伯温并列第一。

宋濂在元末曾经有机会去朝廷做官，但他没去，而是隐居山中写书。宋濂在山中待了十来年后，朱元璋率领军队打过来，召见了他，让他当老师讲学。第二年，经李善长推荐，宋濂和刘伯温一起到了南京。刘伯温跟着朱元璋外出打天下，宋濂则留在太子府中，教太子读书。

与神机妙算、决胜千里的刘伯温相比，朱元璋看重宋濂的文学才华和知识底蕴。宋濂不仅为太子讲课，偶尔也为朱元璋讲解古籍经典。

明朝建立后，宋濂奉命主持编撰《元史》，仅用不到一年时间就编成了。他给太子当了十多年老师，尽职尽责，深受太子尊敬，言必称师父。

宋濂善于写人物传记，笔下人物涵盖了社会各个阶层，个个性格突出、形象鲜明，记事详略得当，开创了明初的一代文风。刘伯温称他为"当今文章第一"，四方学者称他为"当代太史公"。

宋濂喝不了酒，朱元璋故意逗他，强迫他喝了三杯，看他连

路都走不利索，大笑不止。

尽管宋濂很受朱元璋赏识，然而他最终也没能逃脱悲惨的命运。他受胡惟庸案的牵连，差点儿被朱元璋杀死，幸亏太子和皇后出面为他说情，才保住一命，最后在流放途中病逝。

"开国诗人第一"高启

高启是长洲（今江苏苏州）人，曾在张士诚统治下生活过一段时间。明朝建立后，朱元璋召见高启，给他封官。高启自称年少，不敢担当重任。朱元璋就赏赐了他一些钱财，让他回家了。

高启回乡后，以教书为业，没事写写诗。他写诗喜欢讽刺时事，连朱元璋也不放在眼里。这令朱元璋很不满，后来，终于找了一个由头，把他给杀了。高启死得很惨，是被腰斩的。人们都很惋惜他的才华。

作为"明初诗文三大家"之一，高启作诗的水平远超刘伯温和宋濂。清代纪晓岚说他写汉魏诗像汉魏诗，写六朝诗像六朝诗，写唐诗像唐诗，写宋诗像宋诗，所有古诗的长处他都具备。他的仿作，不只形似，而且神似，甚至超越古人诗作。后世称他为"明朝开国诗人第一"。

在元末明初，文坛流行小说、戏曲，诗词相对来说要弱一些。高启几乎以一己之力，扛起了诗坛大旗，为诗歌的发展做出了杰出的贡献。高启的诗风，既深沉古朴，又雄浑豪迈，令人读后

掩卷沉思、余味无穷。毛泽东非
常喜欢高启的诗，称他为"明朝
最伟大的诗人"。

知识加油站

渡江策士：渡江，指朱元璋率领军队渡过长江，占领江南地区；策士，指出主意的人。在朱元璋渡江作战的过程中，刘伯温出了很多主意，因此称他为"渡江策士"。

太史公：汉武帝时期设立的官职名称，是我国古代官方史料的专职记录者。最著名的太史公就是《史记》作者司马迁。

王守仁和他的心学

天下第一等事

王守仁，本名云，字伯安，号阳明，后人一般称他为阳明先生或王阳明。王守仁出身于浙江绍兴余姚一个书香门第，传说他直到五岁还不会说话。家里人着急，请了一位高僧指点后，祖父给他改名"守仁"，结果他一鸣惊人，开口即可背四书五经。王守仁十岁左右的时候，父亲王华考中状元，带着他进了北京。

王守仁热爱读书，勤于思考。有一天，他问私塾先生，天下第一等事是什么。先生答，当然是科举做官。他却不这样认为，他说，天下第一等事应当是做圣人。

从古至今，能被称为圣人的，屈指可数。在当时的人们看来，王守仁简直就是在说笑话。可是，这是王守仁最真实的想法。

王守仁平日里喜欢研读兵书，谈论军事，而且善于骑射。十五岁时，王守仁骑马游历居庸关和山海关，还跑到塞外，观察山川地势。蒙古人时常在塞外活动，劫掠汉人的财物。王守仁不

怕，他在研究怎么用兵打仗，对付蒙古骑兵。

十七岁那年，王守仁奉父命到南昌去结婚。婚礼当天，他却消失不见了。人们四处寻找，在一座道观里发现了他。原来，他在闲逛时，偶遇道士，听人家给他讲养生术入了迷，便和道士相对静坐，直到被人们发现。

婚后第二年，王守仁带着夫人回家乡余姚，途中路过上饶，慕名拜访当地著名理学大师娄谅，娄谅向他介绍了朱熹的"格物致知"学说。王守仁认为很有道理，回去后，潜心研究朱熹的全部著作。朱熹认为，一草一木都有它的道理。王守仁要用实践证明这一道理，他对着竹子观察了七天七夜，不但没有研究出什么道理，还得了一场病。他开始对朱熹的学说产生怀疑。而在当时读书人的心目中，朱熹是圣人，是不容置疑的。

龙场悟道

二十五岁时，王守仁会试再次落榜。父亲王华安慰他，他却说："世人以不得第为耻，吾以不得第动心为耻。"换句话说，他这叫"胜不骄，败不馁"。

弘治十二年（1499 年），二十七岁的王守仁中了进士，走上仕途。

武宗正德初年，王守仁因为得罪了大太监刘瑾，挨了四十大板，被贬谪到贵州龙场当驿丞。

　　龙场这个地方，穷山恶水，野兽出没，生活条件异常艰苦。王守仁不但坚持了下来，还和当地人交上了朋友，教他们文化知识。当地人很尊敬他，纷纷在他的驿站周边搭建起木屋，与他做伴。

　　王守仁在龙场一待就是三年。山里交通闭塞，文化落后，没有什么书籍可读，他就在心里默默背诵之前读过的圣贤书，试图从中找出成圣的门道。

　　一天，王守仁正在山洞里静坐，忽然之间想通了："原来圣人之道，我自己的心性里早就有了，以往从外事外物上寻求圣人之

道都是错误的。"从他想通的那一刻起，他便达到了圣人的境界。

那么，圣人的境界究竟是什么样的？王守仁到底悟到了什么？

心学四句教

世人认为圣人是具有大智慧、洞察人情世事、与天地同心同体、掌握宇宙终极密码的人。通俗地讲，所谓圣人，就是完人。孔子就是举世公认的圣人。孔子之后的孟子，被人们称为"亚圣"，意思是仅次于圣人，还不能算是完整的圣人。

孟子说，人人都可以成为圣人，因为，他相信人性本善。孟子认为，只要人人回归到人性的本原，即"善"，就可以成为圣人了。

不过，在荀子看来，孟子的说法不对。荀子认为，人性本恶。荀子认为，人生来就有欲望，欲望是万恶之源。要让人回归到人性的本原是无法实现成圣成贤的理想的，需要通过后天的教育和环境的影响，才能把人改造成圣贤。

荀子和孟子一样，都属于儒家学派，都是孔子学说的继承者和发扬者。当荀子提出"性恶说"驳斥孟子的"性善说"时，孔子已经死去一百多年，无法调和他们之间的分歧。此后的一千多年间，也没有人能够给出答案。

直到王守仁龙场悟道，开创"心学"学派体系，"性善说"和"性恶说"的争执才得到了根本解决。

王守仁以"心学四句教"来解决孟子和荀子的争执。他说，"无善无恶心之体，有善有恶意之动，知善知恶是良知，为善去恶是格物"。

先说"无善无恶心之体"。比如，一个婴儿，不饿、不渴、不冷、不热、不疼、不痒，只是静静地睡在那儿。这就是心的本体状态，无善无恶、无好无坏。既然心的本体无善无恶，那么，又有什么可争执的？

王守仁又接着说，"有善有恶意之动"。婴儿一旦饿了，或者有其他生理需求，他就会哭闹。这时，生理需求刺激意念反应，意念与现实世界发生交流，就有了善恶之分。那么，如何才能分辨善恶呢？

王守仁说，"知善知恶是良知"。

致良知，是王守仁心学体系的核心。

王守仁认为，一个人的良知只要不受任何蒙蔽，就能准确无误地判断善恶、明辨是非。婴儿饿了，你给他喂奶，就是善；你不给他喂奶，还打骂他，就是恶。

王守仁心学思想的最后一道法门是"为善去恶是格物"。

人生来对于世间万物充满各种好奇，小孩子更是有十万个为什么要问，这就是"格物"——分析研究事物的原理和规律，从而达到为善去恶、趋利避害的目的。

王守仁也和孟子一样，认为人人都可以成为圣人。他把圣人比作足金。足金，就是成色好、无杂质的金子。足金，只论成色，不论斤两。圣人也一样，只论心体是否像足金一样，毫无杂质，不论能力大小。尧、舜是圣人，孔子是圣人，掏粪工、小商贩——任何一个普通人，只要凭良知做事，都可以成为圣人。

知行合一

王守仁心学强调知行合一。他认为，知和行是一回事，不能分开。有的人说，我什么道理都知道，就是一做事就糊涂。在王守仁看来，这还是不知道。知道了，就一定会去做，就像人饿了一定会吃东西一样。

王守仁就是一个知行合一的人。他明白自己应该做什么，也能为之付出实际行动。龙场悟道之后，王守仁凭借心学思想，奉行知行合一的人生信条，走入圣人之道。

王守仁广收门徒，传播心学思想。很多读书人都推崇他，把他当圣人看待。与此同时，朝廷也赏识他的才能，不断给他加官晋爵。朝廷有难事，都派他去解决——主要是平定各种叛乱。不管什么麻烦，只要他出面，全部搞定，而且成本最低、效果最好。

立德、立功、立言，无论从哪个角度来讲，王守仁的人生都是成功的。然而，在王守仁看来，他最大的成功在于"此心光明"——也就是说，良知完全不受遮蔽。

王守仁临终时，弟子们问他有什么遗言。他说："我的这颗心一片光明，还有什么要说的呢？"

　　王守仁的心学继承发展了宋代陆九渊"心即理"的学说主张，强调心是宇宙万物的主宰，肯定了人的主体价值，颠覆了当时社会普遍推崇奉行的"程朱理学"，驳斥了"存天理，灭人欲"的观点，打造了一个崭新的、更有活力的思想体系，对后世哲学思想的发展产生了持久而深远的影响。

　　王守仁去世后，弟子们将他生前与众弟子交流时的思想言论整理记录成一本书，这本书就是《传习录》。他的学说，分化成江右、浙中、南中、楚中、闽粤、北方、泰州七大流派。

　　近年来，王守仁和他的心学思想再度成为人们热议的话题。有人说王守仁是继孔孟之后的唯一圣人，是千古第一完人；有人认为他的心学只重空谈，不务实际……不管人们如何评价，王守仁和他的心学都是明代留给世人的宝贵思想文化遗产。

知识加油站

　　格物致知：研究事物原理法则而总结为理性知识。是中国古代认识论的重要命题，对中国古代思想发展产生了一定影响。

　　仕途：指做官的道路。

　　立德、立功、立言：古人认为，人死之后有三不朽，第一是立德，即树立起道德典范；第二是立功，即建功立业；第三是立言，即著书立说。

　　程朱理学：理学，又称道学，是两宋时期产生的重要哲学流派。程朱理学是宋代学者程颢、程颐兄弟和朱熹等人创立的理学思想体系。

抗倭总指挥胡宗宪

升官发迹

提起抗倭英雄，人们一般会想到俞大猷和戚继光。其实，在他们上边，还有一个抗倭总指挥，这个人就是胡宗宪。

胡宗宪是安徽绩溪人，于嘉靖年间受命出任浙江巡按御史。当时，海盗汪直占据了五座岛屿，联合海外倭寇共同作乱。另一股以徐海、陈东和麻叶为首的海盗势力则以沿海部分城镇为老巢，时常骚扰、抢掠百姓。

皇帝指派张经为浙江总督，李天宠为浙江巡抚，全力围剿海盗和倭寇。不久，工部侍郎赵文华奉命到浙江督察军务。赵文华是内阁首辅严嵩的干儿子，他倚仗权势，对张经和李天宠指手画脚。二人不愿意依附于他，特别是张经，专门交代下属官员，不要听赵文华瞎指挥。

胡宗宪通过在浙江一带调查研究，深入了解海盗与倭寇的关系，心里有了平定倭寇之乱的计划和实施方案。可是，巡按御史的任务是给区域内执政者提意见，不能直接发布命令。胡宗宪只有取代张经成为总督，才能实施他的平倭计划。

胡宗宪知道赵文华后台硬，只要得到他的赏识和支持，就等于间接地攀附上了严嵩，也就有了升迁的机会。于是，胡宗宪时时处处注意维护赵文华的权威，极力与他搞好关系。

处于孤立中的赵文华也很乐意和胡宗宪交往。于是，二人就联合起来对付张经和李天宠。

赵文华一直催促张经发兵剿灭倭寇。张经认为时机不成熟，按兵不动。赵文华就给皇帝上书，指责张经不肯尽力剿倭。不久，张经瞅准时机，发动攻势，一举平定了王江泾一带的倭寇。胡宗宪在其中也立下了不少功劳。

赵文华在向皇帝汇报的时候，把功劳都归于胡宗宪，并对张经大加指责。皇帝听信赵文华的一面之词，治了张经的罪。随后，赵文华又把李天宠也赶下台，让胡宗宪取代了他。

后来，赵文华离开浙江，回到朝廷，在皇帝面前为胡宗宪说好话，诋毁接替张经担任浙江总督的杨宜。皇帝就免了杨宜的总督职务，提拔胡宗宪为总督，让他负责南直隶、浙江和福建的军务。

就这样，胡宗宪借助赵文华，得以升官，成为平定东南沿海倭寇之乱的最高指挥官。

选贤用能

胡宗宪曾经和赵文华一起带兵围剿过倭寇，结果失败了。他领教了倭寇的厉害，知道自己的长处不在于带兵打仗，而是坐镇指挥。于是，他就提拔重用能征善战的将领，让他们执行自己的平倭计划。

他提拔抗倭名将俞大猷为浙江总兵官，卢镗为协守浙江副总兵，又让戚继光组建一支作战有力的军队，为抗倭做好准备。

卢镗在平定王江泾倭寇时，曾协同俞大猷作战，杀死上千倭寇，后来又在大陈山击破倭寇，立下大功。在一次追剿倭寇的战斗中，卢镗兵败失利，被免了职。胡宗宪很欣赏他的指挥作战能力，一上任就起用他，让他做俞大猷的副手，命二人并肩作战。

戚继光是抗倭名将。在与倭寇的作战过程中，戚继光深感明军战斗力不足，一旦短兵相接，就畏缩不前，甚至临阵脱逃。因此，他有意重新组建一支新军。胡宗宪非常支持他的计划，推荐义乌人冯子明到他军中，协助他一起组建新军。

冯子明建议戚继光到他的家乡义乌招募新军。他说，当地有一批青年农民，为了保护银矿，自发组织起来，把外来抢矿的人打得屁滚尿流，他本人也参加过这样的战斗，知道这些青年农民敢打敢拼，很有战斗力。

戚继光听从冯子明的建议，带着他到义乌组建新军。胡宗宪特意交代义乌知县赵大河，全力配合戚继光。当地青年农民听说要打倭寇，踊跃报名参军。很快，戚继光就组建起了一支全新的军队，经过严格训练，这支队伍成为明军平定倭寇之乱的主力军。

胡宗宪听说绍兴人徐渭才华横溢，而且还精通军事，就聘请他做了自己的幕僚。徐渭是明代三大才子之一，在平定倭寇的过程中，他出谋划策、运筹帷幄，成为胡宗宪最得力的军师。

诱降汪直

汪直是海盗的总头子，拥有部众数十万。他善于处理各种关系，与日本国内的军阀关系密切，也暗中与明朝地方政府官员建立利益输送关系，结成利益同盟。

汪直往来于日本和中国之间，进可攻、退可守，很难剿灭。之前，俞大猷曾经率兵击败过他，把他赶到了日本，把他的家人都投进了监狱。经过一年的休整，他卷土重来，为乱海上。

胡宗宪见一时难以剿灭倭寇，便计划招降汪直。为了取信于汪直，胡宗宪先将汪直的老母妻儿放出监狱，以优厚的待遇供养起来，然后派遣使者到日本与汪直交涉。汪直得知胡宗宪善待他的亲人，有意归降。他派人送胡宗宪的使者回国，以试探虚实。胡宗宪厚待汪直的人，并进一步商谈了归降后的安置问题，消除了他的疑虑。

不久，汪直率领部分人马和船队，前往浙江。抵达舟山一带时，汪直停滞不前，被明军水师团团包围，在胡宗宪劝说下，汪直来到定海关，正式投降。

归降之后，汪直从自身利益考虑，仍然希望朝廷开放通商口岸，重开市舶司，恢复与日本的关系。然而，朝廷首先要考虑的是海疆安全。汪直的存在，对于明朝的海防始终是一个隐患，胡宗宪也没法保全他。最终，汪直被处死。汪直死后，他的旧部继续作乱，多次进犯福建沿海地区。

计灭徐海

胡宗宪招降汪直后，又派人招降徐海。徐海听说汪直投降了，大惊失色，也动了投降的心思。只是，他担心陈东不同意。胡宗宪派去的人告诉他，陈东已经约好投降了。他就对陈东起了疑心。陈东听说胡宗宪的使者在徐海那里，也对徐海产生了戒备心理。

胡宗宪又派人找到徐海，让他去攻打吴淞江一带的倭寇，以证明投降的诚意。徐海听命，率队前往，杀了三十多名倭寇。胡宗宪命令俞大猷烧了徐海的战船。徐海害怕，就让弟弟徐洪去做人质，还献上了许多宝物。胡宗宪善待徐洪，让徐海把陈东和麻叶绑来，答应给他封爵。徐海果然把麻叶绑了，送给了胡宗宪。

胡宗宪亲自给麻叶解绑，让他写信给陈东，撺掇他对付徐海。随后，胡宗宪又故意让徐海知道信的内容。徐海很生气，用计绑了陈东，献给了胡宗宪。

徐海率领一百多个头目，身披战甲前来投降。胡宗宪把徐海和陈东的队伍分别安排在同一个地方的东西两侧，让陈东给他的

部下写信，说徐海准备攻打他们。陈东的部下害怕，连夜向徐海发动进攻。徐海在逃跑时受了伤，第二天，被官军围了起来，他一看没有活路，就投海自尽了。

胡宗宪派明军乘胜追击，彻底消灭了浙江境内的倭寇。

死于狱中

严嵩倒台后，有人以十大罪状弹劾胡宗宪。嘉靖帝朱厚熜认为胡宗宪不是严嵩一党，亲自下令让他罢官在家闲住。

朱厚熜过大寿的时候，胡宗宪献上十四条秘术。朱厚熜很开心，准备起用他。就在这时，锦衣卫抄了一名严党官员的家，搜出一封胡宗宪写给他的信。胡宗宪在信中以皇帝的口气拟了一道圣旨。这回胡宗宪犯下了不可饶恕的罪行，就连皇帝也没法保他了。胡宗宪被投入了监狱。在狱中，他写信给皇帝，讲述自己平定倭寇的功劳。皇帝怜悯他，没有杀他，准备过一段时间再把他放出来。然而，他没有等到这一天，就病死在狱中了。

由于胡宗宪和严嵩一党有说不清楚的关系，他的名声不如俞大猷、戚继光那么好。不过，作为抗倭的总指挥，他在抗倭的过程中所起到的作用其实是很重要的。

知识加油站

　　幕僚：古代将帅幕府中的参谋、书记、军师之类的人，负责出谋划策。后泛指文武官署中的佐助人员（一般指有官职的）。

　　帷幄：古代军队里用的帐幕。

明代三大才子

明代公认的三大才子，是解缙、杨慎和徐渭。三人之中，解缙号称"博学第一"，杨慎号称"博览第一"，徐渭号称"多才第一"。

"博学第一"解缙

解缙是江西吉水人，洪武年间中了进士。朱元璋很器重解缙，让他以庶吉士的身份陪在身边。一天，朱元璋对解缙说："我和你从道义上讲是君臣，从恩情上讲和父子一样，你对我要知无不言。"

解缙很受感动，当天就写了一封万言书，从用人、治国等方面提了一大堆意见，甚至连朱元璋应该看什么书，都给出了意见。

朱元璋看了以后，对他的才华予以称赞。没过几天，解缙又献上《太平十策》，阐述他的治国理念和方法。

朱元璋是实干家，虽然欣赏解缙的见解，但认为书生气太足，并没有采纳他的意见。

解缙为人直率，平时得罪了不少大臣，有人向朱元璋告状。朱元璋说解缙这个人就是散漫而任性，随即下令将他改任为御史。

御史本来就是个得罪人的工作，解缙接了这活儿之后，得罪的人就更多了。朱元璋担心他遭到群臣的打击报复，就把他父亲叫来，说："解缙属于大器晚成一类的人，你把他带回家，让他再好好学习进修，十年后再来发挥重大作用，也不算晚。"

解缙回到家乡之后，刻苦用功，博览群书，著书立说，学问更加精进。

转眼间，八年过去了，京城传来了朱元璋去世的消息，解缙很伤心，他赶到京城吊丧，同时想在朝廷里找点儿事做。

"靖难之役"后，朱棣当了皇帝，重用解缙，让他协助管理军国大事，不久，又让他和姚广孝主持编纂了《永乐大典》。

解缙受到两朝皇帝的宠信，说话做事率性直接，喜欢毫无顾忌地批评他人。朱棣准备立太子，解缙支持世子朱高炽，得罪了汉王朱高煦。朱棣认为他在离间自己和两个儿子的关系，于是，慢慢地开始疏远他，后来又找了个由头，把他贬谪到遥远的南方。

过了几年，解缙进京汇报工作，正赶上朱棣北征，于是，他拜谒完太子，就返回去了。朱高煦知道了，就向朱棣告状，说解缙违背礼法。朱棣大怒，下令把解缙抓了起来，投入诏狱。

有一年，锦衣卫向朱棣汇报在籍囚犯名册。朱棣看见解缙的名字，就说："解缙还在呢？"

锦衣卫领会了朱棣的意图，把解缙灌醉后埋在积雪里，解缙就这样被冻死了。

"博览第一"杨慎

在解缙被冻死七十三年后，明代三大才子的第二位——杨慎出生了。

杨慎是大学士杨廷和的儿子，他自幼饱读诗书，被人们称为神童。十二岁的时候，杨慎写了两篇文章，一篇是《吊古战场文》，另一篇是《过秦论》，文章的立意、格局、用词都不像小孩子的作品，倒像是古人写的。大学问家看了之后，都不由得伸出大拇指。他的祖父认为他有汉代贾谊那样的才华。

十三四岁时，杨慎写了一首《黄叶诗》，名动京城。当时的文坛领袖、内阁首辅李东阳非常欣赏他的才华，认为他的诗词水平不亚于唐宋诗人，于是将他收为门生，亲切地称呼他为"小友"。

正德年间，十九岁的杨慎参加乡试，考中解元。第二年，杨慎又参加会试，本来主考官已经将他的文章列为第一，不料，试卷竟被烛火烧坏，成绩也就作废了。对于一般人来说，这无异于一场灾难。然而，杨慎却不当回事。三年后，他再度参加会试和殿试，高中状元，步入仕途。

杨慎为人正直敢言，见武宗朱厚照只顾巡游，不理朝政，就上奏章劝谏。朱厚照不听，杨慎一气之下，辞官回乡隐居。

后来，嘉靖帝朱厚熜即位，杨廷和主政内阁。杨慎重回朝堂任职，负责为皇帝讲读儒家经典。他经常借讲经之机，直言不讳地指出朱厚熜的过失。朱厚熜不喜欢听他教训，就总找借口请假。

杨慎在"大礼议"中得罪了朱厚熜，连着受了两次廷杖，差点儿被打死，随后，又被贬谪到云南永昌卫充军戍边。

贬谪途中，杨慎在渡过长江时，有感而发，写下名篇《临江仙·滚滚长江东逝水》："滚滚长江东逝水，浪花淘尽英雄。是非成败转头空。青山依旧在，几度夕阳红。白发渔樵江渚上，惯看秋月春风。一壶浊酒喜相逢。古今多少事，都付笑谈中。"这首词，被《三国演义》的点评者毛宗岗引用，作为全书的开篇词，常常引发读者的无限感慨。

杨慎在云南一直生活到死，都没有获得赦免。其间，他撰写了大量著作，流传后世。

"多才第一"徐渭

徐渭，字文长，浙江山阴（今浙江绍兴）人。当杨慎被贬谪到云南时，徐渭才三岁。这两位大才子在同一时空生活了三十八年，却从未见过面。

与解缙和杨慎不同，徐渭是秀才出身。他一生参加过八次乡试，却从未中举。这不是因为他水平不够，而是八股文僵化的体例限制了他的发挥。

　　徐渭才华出众，精通诗词书画。他自认书法第一，诗第二，文第三，画最次，后人却更推崇他的画。清代著名画家郑板桥刻了一枚印章"青藤门下走狗"。"青藤道士"是徐渭的名号，郑板桥不惜自贬，表示对徐渭非常佩服。近现代著名画家齐白石也发出感叹："恨不生三百年前，为青藤磨墨理纸。"除了一般文人所具备的才艺之外，徐渭还喜欢研习兵法、探讨军事。

　　当时，东南沿海倭寇横行，徐渭满怀一腔报国热情，多次参加剿灭倭寇的战斗。总督胡宗宪听说他的大名，礼聘他为幕僚。不久，胡宗宪得了一只白鹿，准备献给嘉靖皇帝，请徐渭和其他幕僚各写一道奏表。经过评选，大家认为徐渭的表文写得最好，就连同表文和白鹿一道呈给皇帝。皇帝非常高兴，更加宠信胡宗

宪。徐渭也因此得到了胡宗宪的重用。

徐渭善用计谋，建议胡宗宪用招抚和剿灭两种手段对付海盗。胡宗宪采用了他的计谋，先后消灭了汪直和徐海两股最大的海盗势力。

后来，胡宗宪受严嵩父子连累，被朝廷免职下狱，徐渭失去了靠山，又害怕受到牵连，竟然诱发了精神病，好几次想要自杀，不过没死成。不久，他发狂杀了妻子，被下了大狱，判了死刑，幸亏张元汴等好友多方营救，才得以不死。

朱翊钧即位后，大赦天下，在狱中待了七年的徐渭终于被放了出来。这时，他已经五十三岁了。

出狱之后，徐渭穷困潦倒，只好背井离乡，外出谋生。他先到了杭州和南京，没找到正经事做；又到宣府，做了一年文书工作；后经戚继光介绍，去了辽东，在名将李成梁家中做了一年的教书先生。由于徐渭体质太弱，受不了边塞地区的恶劣气候，就回到了京城，投奔张元汴。

张元汴为人恪守礼教，徐渭不喜欢被礼教约束，二人时常发生矛盾。徐渭受不了京城压抑的氛围，回到了家乡。张元汴去世后，徐渭身穿白衣前往吊丧，大哭一场，哭罢离去，不留姓名。

徐渭没有产业，也没有积蓄，只能卖字画维持生计。他的书法以狂草为主，就像他的为人一样，狂放不羁；他写诗作文，讲求真性情，文笔质朴，思想自由；他的画作别开生面，自成一家，开创了泼墨大写意画风的先河。

　　徐渭藐视权贵和礼教中人，遇到这类人来访，他就扶着家门，大喊："徐渭不在！"

　　徐渭一生贫苦，却不失洒脱。"几间东倒西歪屋，一个南腔北调人。"这是他的自我调侃，也是这位大才子人生的真实写照。

知识加油站

八股文：明代开始兴起的科举考试文体。段落有严格的规定，每篇由破题、承题、起讲、入题、起股、中股、后股和束股等部分组成。从起股到束股的四个部分，其中都有两股相互排比的文字，共为八股。内容空泛，形式死板，束缚人的思想。现在多用来比喻空洞死板的文章、讲演等。

礼教：古代的礼乐教化，特指旧传统中束缚人的思想行动的礼节和道德。因注重名分，故又称名教。礼教是对人性自由的束缚，是封建时代集体奉行的社会礼仪准则。

江南四大才子

江南四大才子，又称吴中（今江苏苏州）四才子，指明代中期生活在吴中地区的唐寅、祝允明、文徵（zhēng）明和徐祯卿四人。

"风流才子"唐伯虎

"桃花坞里桃花庵，桃花庵里桃花仙。桃花仙人种桃树，又摘桃花卖酒钱……"

这首《桃花庵歌》中所描述的正是江南四大才子之首唐伯虎的隐居生活。

唐寅，字伯虎，又字子畏，出身于苏州一个商人家庭。唐伯虎自幼才思敏捷，在书画方面极具天赋，拜在著名书画家沈周门下学习。

十六岁时，唐伯虎参加苏州府试，以第一名的成绩中了秀才，进入府学读书。读书之余，他经常和一帮文友吟诗、作画、写字，生活过得悠然自在。

二十四岁时，唐伯虎的父亲、母亲、妻子、妹妹和儿子相继去世，家道中落。遭受连番打击的唐伯虎痛苦不堪，整日里借酒浇愁。

后来，在好友祝允明的劝导下，唐伯虎振作精神，刻苦用功，于二十八岁时参加乡试，取得南直隶第一的优异成绩，成为解元。

第二年，春风得意的唐伯虎赴京赶考，却身陷科举作弊案，被取消成绩，贬为小吏。唐伯虎生性高傲，不甘心做一个小吏，就回到家乡，过起了闲居生活。第二任妻子嫌唐伯虎不思进取，和他离了婚。失意之余，唐伯虎离家远游，一年间，先后去了福建、浙江、江西、湖南等地。再次回到家乡后，唐伯虎生了一场

大病。病愈后，他和弟弟分了家，靠卖字画为生。

三十七岁时，唐伯虎修筑了桃花庵，终日诗酒为乐，不时为他人写字、作画、赋诗、题对，生活虽然有些窘迫，却也自得。然而，他的心里始终还渴望着重归仕途，建功立业。

四十四岁时，机会来了，南昌宁王聘请他当幕僚。自以为得遇伯乐的唐伯虎欣然应邀前往，到了才知道，宁王网罗人才是为造反做准备。唐伯虎不想造反，更怕因此丢了性命，就装疯卖傻，逃离了南昌。

从此以后，唐伯虎对政治彻底死心，转而投向佛门，自号"六如居士"，一心投入书画创作，为后人留下了大量精品。

唐伯虎的山水画融合南北画派，笔墨细腻，布局疏朗，风格清逸；人物画色彩清丽，体态优美，造型精准；花鸟画擅长水墨写意，洒脱不羁，别有神韵。他在绘画上与沈周、文徵明和仇英并称为"吴门四家"，在诗文上与祝允明、文徵明和徐祯卿并称为"吴中四才子"。

"六指才子"祝枝山

祝允明，自号枝山，因右手生有六指，又号"枝指生"。他和唐伯虎是同乡兼好友，比唐伯虎大十岁。祝允明出身书香门第，祖父是进士，外祖父是在"夺门之变"中立下大功的徐有贞。

祝允明五岁就能写大字，九岁就能写诗，从小博览群书，

文章格调清奇、与众不同。他经常在宴席上现场创作诗文，才思畅达，一挥而就。他最擅长书法，在当时拥有极高的知名度。和好友唐伯虎一样，祝允明也是一个清雅脱俗的人，他讨厌礼法的约束，视金钱如粪土，但凡有点儿收入，就召集一帮文友饮酒作乐，直到把钱花完为止，或者干脆把钱都分给朋友们，自己分文不留。

祝允明在三十一岁时参加乡试，成为举人。他对科举功名充满强烈的渴望，却不得不面对残酷的现实——此后，七次参加会试，都名落孙山。祖辈的科举基因仿佛在他这里失去了遗传作用。为此，他常常失眠，感叹造化弄人，写下"浮生只说潜居易，隐比求名事更艰"的诗句，以排遣内心的苦闷。

在书法领域取得的巨大成就并不能让祝允明觉得满足，他仍在想尽一切办法进入仕途。终于，在五十三岁那年，他通过谒选得了一个知县的职务。他在知县的任上兢兢业业、一心为民，取得了一定的政绩，却因为不忍心向百姓催收税赋而被停发薪俸。

六十一岁时，祝允明因为政绩突出，被调往南京出任通判一职。官场的黑暗使他感到窒息，于是，他毅然辞官归隐，回到家乡。第二年，他在外祖父的旧宅里修筑了怀星堂，进行艺术创作。这年年底，他的好友唐伯虎病逝。他含泪为唐伯虎题写墓志铭，又作诗数首悼念。

祝允明的晚年生活不比唐伯虎好到哪里去。为了接济他，好友文徵明的儿子专门在家里准备好笔墨纸砚和润笔费，请他前往题字。祝允明用草书写下《古诗十九首》，成为传世精品。

六十七岁时，祝允明在贫病中去世。同时代的文学家、书法鉴赏收藏家王世贞认为，祝允明的书法在当时可称第一，排第二的是文徵明。

"四绝才子"文徵明

文徵明和唐伯虎同岁，与好友唐伯虎和祝允明不同，他打小不但毫无过人之处，而且，直到八岁时才会说话。人们都认为他是个白痴，只有他的父亲文林认为他是大器晚成，尽心尽力地教育他。

文林曾经做过高官，拥有良好的人脉资源，他先后让文徵明拜诗文大家吴宽、书法名家李应祯和大画家沈周为师，学习诗文书画。这三人都是文林的好友，教起文徵明来很下功夫。文徵明学习认真刻苦，打下了扎实的基础。

十六岁时，文徵明结识了唐伯虎。二人一见如故，成为至交。文林也很欣赏唐伯虎，还与他诗词唱和。

二十八岁时，文徵明和唐伯虎一起赴南京参加乡试。唐伯虎得中头名解元，文徵明却没有考中。

文林安慰儿子，说："子畏的才华够得上解元，可是他为人轻浮，恐怕最终没有什么成就。我儿将来会走得更远，不是他能比的。"

唐伯虎中了解元以后，放荡不羁，文徵明写信劝诫，把父亲对他的评价也写了进去。唐伯虎看了很生气，给他回信说："我就是这么一个人，你看不惯就不要做我朋友。"当然，文徵明知道他是在说气话，二人的关系并未因此受到影响。

科举案后，唐伯虎苦闷难抑，又给文徵明写信倾诉，同时，拜托他代为照顾弟弟。文徵明同情唐伯虎的遭遇，担负起照顾他弟弟的责任，又时常写信安慰他。

宁王派人到苏州招揽人才的时候，文徵明没有和唐伯虎一同应聘。他觉得，宁王的行为超越礼制，将来肯定出事。唐伯虎没有他的先见之明，白去了一趟，还差点儿摊上事。

五十三岁时，文徵明第九次参加乡试，仍然没有考中。第二年，文徵明进京，通过吏部考核，得了一个官职。几个月后，好友唐伯虎在家乡去世。

文徵明书画造诣极为全面，其诗、文、书、画无一不精，被人们称为"四绝全才"。他晚年仍潜心创作，声誉卓著，号称"文笔遍天下"。他时常想起唐伯虎，还在唐伯虎用过的砚台上刻字以作纪念。

文徵明一直活到九十高龄，才安然辞世。在江南四大才子中，他是最高寿的一位。

"诗坛文雄"徐祯卿

徐祯卿是江南四大才子中唯一的进士。他比唐伯虎小约十岁，从小就和唐伯虎是好朋友。当时，他的家庭条件比较差，唐伯虎经常资助他，还把他介绍给当时的高士名人，使得他也有了知名度。

徐祯卿和文徵明同拜吴宽和李应祯为师，两人是师兄弟。

徐祯卿最擅长写诗，被人们称为"诗坛文雄"。二十六岁时，徐祯卿进京参加会试，得中进士，因为长得丑，不受皇帝待见，官越做越小。

其间，唐伯虎准备修筑桃花庵，写信找徐祯卿借钱。他不知道，徐祯卿虽然在京城做官，混得比他还惨，自然也没钱借给他。唐伯虎非常生气，认为徐祯卿做了官就忘了本，不够朋友。

要知道，当初徐祯卿第一次参加会试时，没有盘缠，还是唐伯虎资助的。徐祯卿在与朋友闲聊时，得知唐伯虎为此事而怪罪自己，赶忙写了一首诗寄去作为解释。

徐祯卿在诗中写道："正逢天子失颜色，夺俸经时无酒钱。"说自己当时刚刚被皇帝贬了官，还罚了俸禄，连喝酒的钱都没有。他又回忆两人的情谊，写道，"唐伯虎，真侠客。十年与尔青云交，倾心置腹无所惜"，以表明自己没有忘记当年唐伯虎的资助之恩。只是，这份恩情，徐祯卿永远也没有机会报答了。就在三十二岁那年，这位苦命的才子离开了人世。

徐祯卿短暂的一生除了留下大量优秀诗作，还撰写了一部诗论著作《谈艺录》，为后人所称道。现代文学大师钱锺书特别推崇这本书，甚至以"谈艺录"作为自己作品的名字。

知识加油站

谒选：指那些有真才实学，却没有取得相应科举功名的人，在得到官员的推荐后，到吏部参加应选，看能否委以合适的官职。

通判：明朝时各府的副职，位于知府和同知之下，主管粮运、水利、诉讼和家田等事。

李时珍和《本草纲目》

行医世家

正德年间，李时珍出生在湖北蕲（qí）春一个世代行医的家庭。他的父亲李言闻曾经在太医院做过医官。李言闻并不希望儿子能子承父业，而是想让李时珍好好读书，参加科举，取得功名。

受家庭环境熏陶，李时珍从少年时代开始，就喜欢了解药草知识。李言闻在自家院子里种了各种各样的药草，李时珍经常给它们浇水，同时，向父亲逐一了解它们的药性和功用。

李时珍有过目不忘的本领，把家里的医书背诵得滚瓜烂熟。李言闻给病人诊病写方子配药时，他就在边上默默地观察学习，并记下其中的要领。

时间久了，李时珍学到了不少医术，打下了扎实的医学功底。

有一次，李言闻出诊去了，只留下李时珍在家。这时，来了两个病人，一个是眼睛上火，又肿又痛；一个是肚子拉稀，泻个没完。李时珍用中医"望闻问切"四诊法对他们进行诊断，随后

根据各自的病情分别开了药方。这两个病人按方吃药，很快就痊愈了。

李言闻回来之后，听李时珍讲述了情况，认为他有行医的天赋。不过，李言闻仍然不打算让他从事这个行当，而是让他好好读书，争取考个功名，光宗耀祖。

十四岁那年，李时珍考中了秀才，进入官府主办的学校读书。之后，又是十年寒窗苦读。其间，他连续三次参加乡试，结果都没有中举。眼见科举没有指望，他决定放弃仕途，专门行医。

进入太医院

李时珍在家乡坐堂行医将近十年，因医德好、医术精而受到人们的广泛赞誉。

有一天，当地富顺王府来人，请李时珍到府上出诊。原来，富顺王的儿子得了一种怪病，只要闻到灯油或蜡烛的味道，他就吵闹着要吃；煮熟的米饭，他从来不吃，只吃生米。时间一久，他变得面黄肌瘦，看上去像中了邪一样。王府里的医生束手无策，不知道这是什么病，也不敢轻易用药。

李时珍详细询问了病人的情况，凭借丰富的医学知识，结合多年的行医经验，断定这是一种名叫"虫癖"的怪病。他开了一个杀虫的药方，给病人服下，病人很快就痊愈了。

王府中人被李时珍的医术所折服，此后，只要府上有人生病，就找李时珍来治，往往是药到病除。

武昌的楚王听说李时珍的大名，专程派人请他到府上担任奉祠正一职，掌管王府的良医所。李时珍在楚王府兢兢业业，赢得了全府上下的认可与尊重。为了给李时珍提供一个更好的发展平台，楚王把他推荐到了太医院。这一年，李时珍三十八岁。

李时珍当上御医之后，有机会经常出入太医院的药房和药库，见识了平时难得一见的药物标本，对各地进贡的药材进行认真的鉴别和比较，获取了大量的数据资料。同时，他还利用业务便利，翻阅了太医院珍藏的各类皇家医书，进一步提升了医学素养，大大开阔了眼界。

当时的皇帝朱厚熜宠信道士陶仲文，跟着他修道，还服用他炼制的"仙丹"。李时珍和陶仲文是老乡，对陶仲文那一套不以为然，他认为，丹砂、水银、砒霜和铅锡一类的东西，混在一起炼制，只能成为毒药。他举例说，唐朝有个官员吃了丹药后，便血不止，最终痛苦地死去；宋朝学者沈括的表兄，误食一块丹砂，很快就死了。

尽管李时珍的观点是完全正确的，可是，他只是一个小小的太医，人微言轻，皇帝根本不会听他的。

太医院的待遇虽然好，但是御医出诊的机会并不太多，大部分时间都是闲着。作为一名医生，李时珍不能忍受这样的生活，于是，他只干了一年，就辞职回乡了。

行医问药

李时珍回乡后，以自己的字为堂号，创办了东璧堂诊所，为家乡父老治病。

在坐堂行医的过程中，李时珍时时不忘学习。当地有一种白花蛇，可以入药，能治风痹、惊搐等病。李时珍很早就开始研究这种药材。有内行人告诉他，市面上的所谓白花蛇，大部分都是蛇贩子从外地捕来的，不是真正的本地白花蛇。

为了找到真正的本地白花蛇，李时珍虚心地向捕蛇人请教，得知白花蛇有剧毒，人一旦被咬伤，要马上截肢，否则就会毒发身亡。由于白花蛇药效好，故而特别贵重。当地官员为了向皇帝进贡，逼着百姓上山去捉蛇。蕲春这个地方固然不小，但也只有城北的龙峰山上才有白花蛇。

为了一睹白花蛇的真容，李时珍决定亲自跟着捕蛇人上山，看个究竟。

龙峰山上有一个险洞，洞口长满灌木，灌木上缠绕着一种藤草，白花蛇特别爱吃这种草的叶子。李时珍跟着捕蛇人潜伏在洞口旁，一直等到白花蛇出现，目睹了捕蛇人捉蛇的全过程，同时，也得以近距离观察白花蛇的形状特点。

穿山甲是一种常见的药材。南北朝时的医药学家陶弘景在他的医书中说，穿山甲能水陆两栖，白天爬到岩石上，打开全身鳞甲，装作死了的样子，引诱蚂蚁钻入甲中，然后，再闭上鳞甲，进入水下，打开鳞甲，让蚂蚁浮出水面，吞食掉。

李时珍对这种说法存有一定的疑问，就亲自上山观察穿山甲。他请樵夫和猎人帮忙，成功活捉一只穿山甲，进行解剖，从它的胃里掏出很多蚂蚁，证实了穿山甲的确吃蚂蚁。不过，他还发现，穿山甲捕食蚂蚁时并不是靠鳞甲诱食，而是直接挖开蚁穴，用舌头舔食。

就这样，李时珍一边行医，一边以实际行动验证各种药材的特性，同时，撰写并刊印了医学著作《濒湖脉学》和《奇经八脉考》。

撰写《本草纲目》

当时，本草类的书籍混杂，各种书籍上记载的药材从名称、形状到药性，或多或少存在一定的差异，容易令医家混淆，以致配错药方，影响病人的生命健康和安全。比如，有一种名叫远志的药材，南北朝时的医书说它是小草，看上去有点儿像麻黄，青色白花；宋朝的医书说它像大青，认为古人压根儿就不认识远志。为了纠正类似这样的错误，李时珍决定撰写《本草纲目》。

在写书的过程中，李时珍发现，好多医书作者在一些细节上没有深入调研，而是采用模糊的态度，根据其他书本抄来抄去，结果，抄到最后，漏洞百出，无法自圆其说，他也被这些书籍给搞糊涂了。

要想从源头上搞清楚问题所在，只有亲自到各种药材的原

产地进行现场验证。于是，在四十八岁那年，李时珍在儿子和弟子的陪同下，走遍全国各地，探访草药原产地，逐一落实那些存在疑问的药物。他虚心地向各行各业的人请教，将他们的经验和描述记录下来。为了验证草药的真实药性，以便准确地记述其疗效，李时珍效仿神农氏，亲自尝遍百草，即使中毒也在所不惜。

有一次，李时珍了解到人在食用曼陀罗花之后会失去自我控制能力，甚至出现麻痹现象。为了证实这一功效，他亲自上武当山采摘曼陀罗花，酿成酒，和弟子一起饮用，随后记下了感受和功效。在后来成书的《本草纲目》中，我们可以看到这样的记载：我尝试过了，喝酒到一半时，就让人又是笑又是跳舞，真是这样的啊！

李时珍参考了大量医书，博采众长，结合亲自实践验证，三易其稿，历经二十七年，最终写成了《本草纲目》一书。此书详细地记述了一千多种植物药材和动物药材的产地、形状、颜色、气味、主治功效和附属药方。

《本草纲目》里药材的生产和熔炼过程涉及采矿、冶炼、纺织、酿造等传统工业和农副产品的加工技艺，具有重要的化学史研究价值。

李时珍去世后，他的儿子把《本草纲目》献给了朝廷，皇帝下令在全国范围内刊印发行。于是，《本草纲目》得以流传，成为现存最完整、最全面的本草类书籍。

《本草纲目》先后流传到日本、朝鲜、越南等国，十七到十八世纪传到了欧洲，被译成德文、法文、英文、拉丁文、俄文等版本，成为世界医药和科技宝库里的一块瑰宝。

知识加油站

　　望闻问切：中医诊断疾病的四种基本方法。望是观察病人情况；闻是听病人发出的各种声音，并嗅病人散发出的气味；问是向病人询问；切是用手为病人诊脉或按压病人身体。

　　风痹：中医学指因风、寒、湿侵袭而引起的肢节疼痛或麻木的病症。

离经叛道的李贽

离经叛道

李贽是福建泉州人，出生于嘉靖年间。他一生下来，母亲就去世了。父亲把他拉扯大，亲自教他读书学习。

李贽从小就敢于质疑否定古人，善于从经典里找问题，表现出思想独立的个性。十二岁时，李贽写了一篇《老农老圃论》，针对孔子与学生樊迟的一番对话发表自己的见解和议论。

樊迟向孔子请教种地的知识，孔子说"我不如有经验的庄稼人"；又请教种菜的知识，孔子说"我不如有经验的菜农"。樊迟离开后，孔子说："樊迟是个小人啊！"

李贽在文章中写道："我知道樊迟提问的时候，孔子刚好被提篮老人讥讽过，心里头愤愤不平，才说出'樊迟是小人'这样的话来。"

李贽在这里所说的"提篮老人"，来自另外一个典故。孔子周游列国，宣传他的学说主张。有一个老人提着篮子路过他的门

口，说他的学说毫无可取之处，随后就扬长而去。

孔子瞧不起农民。提篮老人也是一个农民，他瞧不起孔子。十二岁的李贽在文章中，借提篮老人之口，表达了自己敢于质疑圣人学说的独立思想。

李贽的这篇文章在当地引起了一场小小的轰动。人们都认为，这个孩子将来一定有出息。

二十六岁时，李贽参加乡试，考中举人，并开始步入仕途，一直从教谕做到知府。伴随着仕途的升迁，他的足迹遍及祖国的大江南北。

封建时代的读书人和官员，都以孔子为圣人，以儒家学说为经典，李贽却似乎天生就是一个异类。他说："我从小读儒家经典，却不懂得儒家经典有什么好读的；尊崇孔子，却不明白孔子有什么值得我尊崇的。我不过是像矮子看戏一样，跟着别人叫好，随声附和罢了。我现在总算了解了孔子，就不再去随声附和了。"

李贽写了一篇题为《赞刘谐》的小品文，讽刺那些自命为圣人门徒的假道学。他在文章中写道，有一位道学先生，穿着宽大、高底的鞋子，衣袖很长，腰带很宽，头戴三纲五常的帽子，身穿人伦道德的衣裳，从儒家的故纸堆和旧学说里学了一点儿皮毛，自称是孔丘的真正信徒，他正好碰到刘谐。刘谐是个聪明的读书人，见到了这位道学先生便讥笑他说："你这是不了解我的仲尼兄呀。"这位先生脸色大变，气呼呼地挺直了腰板说："老天爷如果不生孔子，从古到今都处于黑暗之中。你是什么人，竟敢称'仲尼'为兄？"刘谐说："怪不得孔子以前的圣人整天都点着灯笼走路啊！"这位道学先生被驳斥得无言以对。

李贽认为，时代是不断发展和变化的，后人不能拘泥于前人的思想，要敢于创新，认识并创造自我价值。

辞官著述讲学

万历年间，李贽从云南姚安知府任上辞官，去湖北黄安（今湖北红安）好友耿定理家。

耿定理人称"八先生"，学问很高，一生没有做官。他和弟弟耿定力一起在书院讲学。他们的兄长耿定向是当时有名的理学家，曾做过户部尚书，后来隐退回乡，创建天台山书院。兄弟三人号称"天台三耿"。

李贽去云南就职时，途经黄安，在耿定理家中逗留了一段时间。二人相约，等李贽任职期满后，就来耿家长住，交流学问、研究学术。临走时，李贽把女儿、女婿留在了耿家，带着妻子去了云南。

李贽辞官后，如约入住耿家，平时除了撰写文章，就是与耿定理讲经论道，也为耿家子弟教授知识。

耿定向信奉理学，恪守礼教。耿定理崇尚自由，讨厌礼法。兄弟二人格格不入。李贽与耿定理是同道中人，理念一致，常常与耿定向在学术思想上发生争执，耿定理就从中调和。

　　三年后，耿定理不幸病逝。李贽失去挚友，不愿意再在耿家待下去，就移居麻城。第二年，他把家眷送回了泉州老家，自己一人居住在麻城芝佛院，专心读书著述。李贽写书写到兴起时，就把头发剃了，看上去像个和尚一样。

　　闲暇时，李贽也举办讲座，宣讲自己的学术思想。他反对封建礼教，倡导自由平等，认为女子应该像男子一样拥有受教育的权利。他的新观念和新思想受到普通百姓，特别是女性的欢迎。每当他开讲时，农民、市民、和尚……各种三教九流的人纷纷赶来听讲，就连平时大门不出、二门不迈的女子都争先恐后地跑来听讲。

　　当地以理学人士为代表的保守势力认为李贽讲的是异端邪

说，对他口诛笔伐，声称要把他赶出麻城。李贽毫不畏惧，公开声明自己的著作是"离经叛道之作"，宁可杀头，也要捍卫自己的思想主张。

时任湖广布政使的刘东星欣赏李贽的才华，同情他的遭遇，为了保护他不受围攻，亲自来麻城接他到自己的官署写书；著名学者焦竑赞同他的学术思想，不遗余力地为他推销新书；"公安派"的袁氏三兄弟对他倍加推崇，专程到麻城来住了三个月，向他请教学问；意大利传教士利玛窦与他一见如故，进行过三次长谈。

全国各地都有李贽的崇拜者，他们纷纷邀请李贽前往著述讲学。李贽一边做学问，一边传道授业，乐此不疲。

李贽的思想学说

李贽的思想学说深受泰州学派的影响。泰州学派的创始人王艮是王守仁的弟子，他继承发扬了心学，倡导解放思想，对于明朝后期的思想启蒙起到了引导作用。李贽曾经拜王艮的儿子王襞为师，精研心学。因此，李贽的学说属于心学一脉，只是思想更为激进。

李贽认为包括《论语》《孟子》在内，儒家经典里记录的，未必全是圣人说过的话，即使是，也只能在当时当世起作用，后人不必把它们当作真理。

李贽抨击程朱理学是伪道学。他说那些信奉程朱理学的人都是伪君子，名义上是与世无争的山人，实际上就像是唯利是图的商人一样，嘴里说的是道德，心里想的是爬墙盗窃。他认为，口是心非的伪君子，还不如实实在在的市井小民和农夫可爱。针对理学家"存天理，灭人欲"的教条，他提出"穿衣吃饭即是人伦物理"，对人性需求给予充分肯定。

李贽提出"天之立君，本以为民"的民本思想，反对皇权至上，提倡无为而治的治国理念，反对重农轻商的政策。

李贽写过一部六十八卷的《藏书》，对历史人物做出不同于传统道德观念的评价。他赞扬秦始皇是"千古一帝"，说武则天是"圣后"，而这两个历史人物在正统的史学家笔下，都有着不良的评价。

在文学方面，李贽倡导"童心说"，反对复古思潮。他认为，在进行文学创作时，保有一颗童真之心，远比各种技巧更加重要。

李贽的思想理念前卫大胆，敢于蔑视权威、颠覆传统，唤醒了人们自主自由的解放意识。而在君主专制的时代，李贽无疑是不能被容忍的异端。

以身殉道

李贽七十五岁的时候，受通州名士马经纶邀请，北上著书立说。京城里有人传言，李贽在通州写书意在诋毁时任内阁首辅的沈一贯。一些反对李贽思想学说的伪道学趁机群起围攻李贽。

第二年，首辅沈一贯授意礼部给事中张问达，向皇帝上书，指责李贽离经叛道，宣传异端邪说，蛊惑民众。皇帝下旨逮捕李贽并焚毁他的著作，准备将他押解回老家泉州，以此来羞辱他。

李贽感慨地说，我已七十六岁，一个快死的人了，还回去做什么？他以剃发为名，夺下理发师的剃刀，割喉自尽。

李贽死后，朝廷将他的作品列为禁书。然而，人们争相收藏。李贽似乎早已预料到自己写的书会被封禁，为其中一部作品集命名为"焚书"。包括《焚书》《藏书》在内的李贽作品集都流传了下来。

知识加油站

道学：这里指的是理学，就是宋代的程朱理学。

三纲五常：封建时代所提倡的人与人之间的道德标准。三纲指君为臣纲，父为子纲，夫为妻纲。五常通常指仁、义、礼、智、信。简称纲常。

异端邪说：不符合正统思想，有危害性的主张或学说。

泰州学派：王守仁弟子王艮创立的心学派别，崇尚自然归真，主张对平民实施儒学教育。

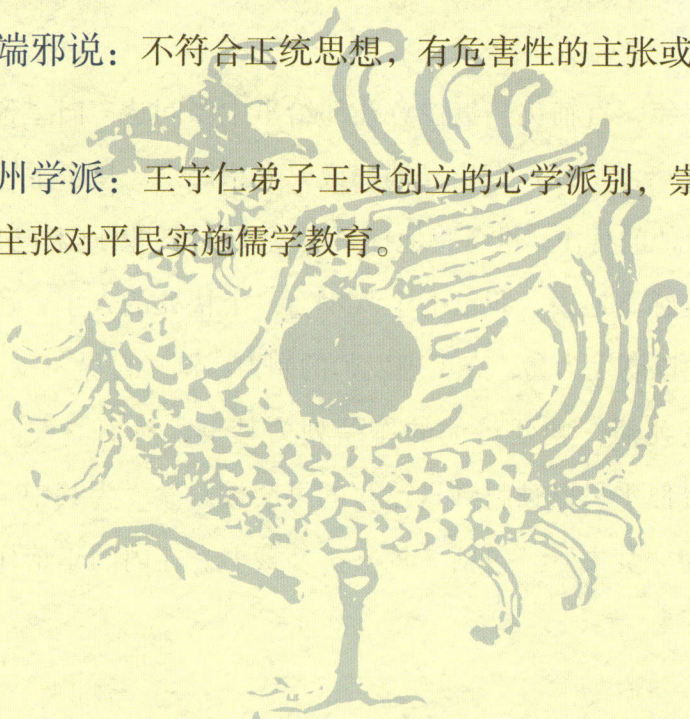

天才王爷朱载堉

不愿继承王位的世子

嘉靖二十九年（1550年），河南沁阳郑王府外，新建起一间小土屋，屋里陈设简陋，铺着一张草席。一个十五岁的少年住在里面，终日与书为伴，刻苦学习。

这个少年名叫朱载堉，是郑王府的世子。他原本应该在王府里过着锦衣玉食的日子，却为什么住在这间简陋的小土屋里呢？这要从他的父亲，郑王朱厚烷说起。

两年前，朱厚烷上书嘉靖帝朱厚熜，劝谏他不要迷信道术，要勤于朝政，因此得罪了朱厚熜。

两年后，朱厚烷的同族叔父出于私怨，向朱厚熜诬告朱厚烷有叛逆罪行。虽然经过查证，没有这回事，但是朱厚熜还是借机治了朱厚烷的罪，将他贬为平民，押解到凤阳囚禁了起来。

按照当时的规定，王爷被取消爵位后，家人不受影响，还可以住在王府里，正常生活。朱载堉知道父亲受了冤屈，可又没办

法申诉。为了表达无声的抗议，同时，也为了与父亲同甘苦，他就在王府外建了一间小土屋，住了进去。这一住，就是十九年。

朱厚熜去世后，明穆宗朱载垕即位，给朱厚烷平反，把他放回王府，恢复了爵位。这时，朱载堉才搬回了王府。

朱厚烷去世后，朱载堉作为世子，本应继承王位，但他上书皇帝，甘愿放弃。皇帝没有批准，坚持让他继承王位。

此后的十五年间，朱载堉七次上书，请求放弃王位，皇帝才同意，让他和他的儿子以世子世孙的身份享受宗室待遇，后人仍然封为东垣王。

让出王位之后，朱载堉以道人自称，搬离王府，隐居乡间，直至病逝。

朱载堉的一生，看似云淡风轻、波澜不惊，然而，他在各个领域的学术贡献，却着实令人叹为观止。

"律圣"朱载堉和十二平均律

朱载堉最伟大的成就是发现并证明了十二平均律。

十二平均律又称十二等程律，是一种音乐的定律方法，即将一个八度音分为十二等份，每等份称为"半音"，是最主要的调音法。包括钢琴在内的现代乐器都是根据十二平均律来定音的。因此，朱载堉被称为"钢琴理论的鼻祖"。

要证明十二平均律，需要借助数学算术。朱载堉用特制的横

跨八十一档的双排特大算盘，进行开平方和开立方的数学运算，计算结果精准到小数点后二十五位数字。他在计算结果的基础上提出了"异径管说"，制定了律管声学的管口校正方案。

朱载堉为了验证十二平均律理论的正确性，选用上等竹子，按照数据截取所需的长度，旋出内径，创制出三十六根律管；他用桐木制做出一张有十二根琴弦的律准，可使十二个键的每相邻两键音律的增幅或减幅相等，彻底解决了音乐领域遗留了一千多年的世界级学术难题。

意大利物理学家伽利略的父亲曾试图解决十二平均律问题，但是最终只得出一个近似结果。

荷兰数学家西蒙·斯特芬也曾经计算过十二平均律，却因为精度不够，得出的音律频率高低不一，无法作为调音标准。

德国物理学家赫尔姆霍茨说："在中国人当中，据说有一个王子叫载堉的，他在旧派音乐家的极力反对中，倡导七声音阶，把八度分成十二个半音及变调的方法。这是中国天才运用技巧发明的。"

十二平均律不是一个单项的科研成果，而是涉及古代计量科学、数学、物理学中的音乐声学，是中国乐律学史、天文历算与音乐艺术实践相结合的综合成果。十二平均律是音乐学和音乐物理学的一大革命，也是世界科学史上的一大发明。

朱载堉提出了较为系统的音乐教学体系，他的集体教唱、乐器伴唱、识谱学唱，在今天的音乐教学实践中仍被广泛应用。

鉴于朱载堉为世界音乐所做出的伟大贡献，人们称呼他为"律圣"。

一代通才

朱载堉在数学领域也取得了非凡的成就。他首创利用算盘进行开平方和开立方，计算出数列等式，在世界范围内最早解答了已知等比数列的首项、末项和项数，解决了不同进位制的小数换算，其中有些演算方法一直沿用到现在。

在计量学领域，朱载堉对累黍定尺、古代货币和度量衡的关系等都有极其细密的调查和实物实验，特别是关于历代度量衡制

变迁的研究，一直影响到今天。他提出了一系列管口校正的计算方法和计算公式，还精确地测定了水银密度。

在天文历法方面，朱载堉开拓了新的领域。他认为当时的历法计算每年的长度不是十分精确。经过仔细观测和计算，他求出了计算回归年长度值的公式。后来，专家用现代高科技的测量手段对朱载堉的计算结果进行验证，发现他计算的嘉靖三十三年（1554年）的长度值与今天计算的仅差十七秒，万历九年（1581年）只差二十一秒。他还是中国历史上第一个用经纬度精确计算出北京地理位置的人。

朱载堉是世界上第一个提出"舞学"概念的人。他为舞学制定了大纲，奠定了理论基础，绘制了大量的舞谱和舞图。他独创的"天下太平"字舞谱，是中国历史上最早的团体操。

朱载堉隐居在丹水河畔的九峰山，与山下万善古镇的百姓关系密切，将当地的踩高跷和抬花轿两种民间表演艺术结合在一起，设计出了踩着高跷抬花轿的表演形式。

朱载堉在文学艺术领域也有建树。他的散曲集《醒世词》存有小令七十三首，其中，《诵子令·驴儿样》《山坡羊·富不可交》《山坡羊》《黄莺儿》《七律·叹人敬富》《山坡羊·十不足》《黄莺儿·戒得志》《黄莺儿·穷而乍富》等作品，具有强烈的现实批判主义色彩。

朱载堉一生著作等身，共有《乐律全书》四十卷、《嘉量算经》三卷、《律历融通》四卷、《音义》一卷、《万年历》一卷、

《万年历备考》二卷、《历学新说》二卷等，内容涉及音乐、天文、历法、数学、舞蹈、文学等多个领域。

朱载堉是乐律学家、音乐家、乐器制造家、舞学家，还是算学家、物理学家、天文历法家。他是在中国传统文化土壤中诞生出的一位百科全书式的学者，中外学者尊崇他为"真正的世界历史文化名人"。英国著名学者李约瑟说他是"世界上第一个平均律数字的创建人"，是"中国文艺复兴式的圣人"。

知识加油站

八度音：度是计算音程的单位，音程就是音和音之间的距离。一个音算一度，八度音就是从一个音到另一个高音阶的同样音。比如，从do（1）到高音do（1）之间，共八个音，就是八度音。

七声音阶：音阶是按照特定规律，将音高顺次排列的一组音列。七声音阶是在八度音程之内，由七个相邻的音所组成的音阶。

等比数列：指从第二项起，每一项与它的前一项的比等于同一个常数的一种数列。

累黍定尺：我国古代的度、量、衡三个单位量中，长度量值的确定是用九十颗大小匀称的黍排列所得，即为累黍定尺。

文艺复兴：发生在14世纪到16世纪的一场反映新兴资产阶级要求的欧洲思想文化运动，揭开了近代欧洲历史的序幕。

科学家徐光启

睁眼看世界

嘉靖年间，徐光启出生在上海一个普通家庭。父亲原来经商，后来赔本，转为种田；母亲靠纺织补贴家用。尽管家境一般，父母却非常重视对徐光启的教育。

二十岁时，徐光启考取了秀才。此后，他刻苦用功，参加乡试，却一再失利，直到三十六岁时，才中了举人。

为了谋生，徐光启曾经做过很长时间的私塾先生。他一边教书，一边学习。他涉猎广泛，天文历法、兵书战策、数学水利，无一不通。也许正是因为他在其他学科上用的工夫太多，占用了研读经书的时间，所以才导致他在科举道路上进展缓慢。

万历年间，徐光启赴南京拜访恩师焦竑，听说意大利人利玛窦正在南京传教，便专程前往拜会。此前，他曾见过利玛窦编制的《坤舆万国全图》。这是当时的第一幅世界地图。他顿觉眼界大开，渴望亲眼见一见编制地图的利玛窦。

利玛窦对徐光启也很有好感。在利玛窦看来，徐光启与一般的读书人不同，他不但精读儒家经典，还对科学有着浓厚的兴趣。

出于对科学的共同兴趣，二人展开了既广泛又深入的交流。徐光启通过利玛窦，了解到西方在科技方面取得了突飞猛进的发展。这些正是他最需要学习的知识。利玛窦通过徐光启，看到了天主教在中国传播的希望。

徐光启和利玛窦在南京相处的时日不长，彼此却留下了深刻的印象。这为他们四年后的合作打下了良好的基础。

徐光启四十三岁时赴京参加会试，终于以三甲第五十二名的成绩取得同进士出身。

漫长的科举考试生涯足以证明，徐光启不是应试教育的优等生，然而，这并不影响他在科学方面的发展与成就。在科学这条道路上，给予他指导和帮助最多的，就是利玛窦。

在参加会试之前，徐光启专程拜访已经在北京落脚的利玛窦，明确提出要翻译古希腊数学家欧几里得的名著《几何原本》。此后的三年间，徐光启几乎每天都要和利玛窦见面，除了研习天主教教义，就是交流自然科学知识。其间，由利玛窦口述，徐光启记录，共同翻译了《几何原本》的前六卷，即平面几何部分。"几何"这个词，就是由徐光启根据拉丁化的希腊语翻译而来的。随后，两人又合作翻译了《测量法义》一书。

徐光启是古代第一个翻译并传播西方自然科学知识书籍的中国人，因此，他也被人们称为"睁眼看世界的第一人"。

从甘薯种植到《农政全书》

父亲去世后，徐光启回乡丁忧守制。在守制期间，他整理定稿了《测量法义》，编写了《测量异同》和《勾股义》两本书。闲暇时，他开辟了双园，作为农作物试验田。

徐光启之所以对种地产生兴趣，是为了解决百姓的吃饭问题。就在他回乡的第二年，江南地区遭遇洪灾，上海、苏州、常州等地大量农田被淹，庄稼颗粒无收。大灾引发大饥荒，导致粮价暴涨。普通百姓买不起粮食，只能饿肚子。他接连向皇帝上书，请求救济灾民。皇帝批准了他的救灾计划，灾民得以度过饥荒。

徐光启知道，要解决百姓的吃饭问题，光靠救济不是办法，必须从根源入手，那就是提高粮食产量，或者种植高产农作物。他从福建莆田的一个客商口中得知，当地刚从国外引进一种农作物，叫甘薯，产量是普通农作物的好几倍，对于水土、气候的要求也不高，很容易种植。于是，他就委托客商从福建带来甘薯苗，在自家的双园开始种植。

刚开始的种植并不顺利，薯苗大多烂死。后来，他让客商在当地把薯苗种在木桶里，然后，连桶带苗一起带来。这回，薯苗总算活了。

徐光启精心培植，亲自下地劳作，并全程进行记录，以便将来推广。春去秋来，甘薯获得大丰收。他把甘薯的种植方法传授给周边的农民。此后，甘薯在上海开始大面积推广种植。

徐光启认为，甘薯是救灾度荒的首选农作物，应该像麦子和稻子一样，在全国范围内推广。于是，他给皇帝上了一道《甘薯疏》，讲述了种植甘薯的好处，总结了他试种的经验，介绍了甘薯的食用、贮存和制作方法。在他的大力倡导下，甘薯得以在黄河流域广泛种植，在很大程度上缓解了百姓粮食不足的问题。

后来，徐光启在种植实践的基础上，总结中国三千多年的农业科学成果，吸收西方科学知识，编制成了《农政全书》。

《农政全书》共六十卷，十二目，约七十万字，是我国古代篇幅最大的一部农书著作。这部书不仅包括农业生产技术方面的内容，还包括对农业政策的探讨，特别重视屯垦、水利和备荒三

个方面的研究。其中的学术思想，不仅在当时具有极强的指导意义，就是在现在看来，也有很多可取之处。

引进红衣大炮

萨尔浒之战后，朝野内外对后金强大的军事实力极为震惊。一时间，议论纷纷、人心惶惶。

徐光启认为，要想击退后金军的进攻，一定要引进西洋大炮。他曾经向利玛窦专门求教过西洋大炮的制造技术，对于炮火的威力有着深刻的了解和认知。徐光启得到朱翊钧的批准，准备组建一支炮兵队伍。没有大炮和炮手，徐光启就自己掏钱，派人秘密去澳门购买了四门红衣大炮，雇了四名炮手。

不久，朱翊钧去世，朱由校即位。徐光启不再被重视，也得不到支持，就告病休息了。三个月后，由于辽东前线军情告急，徐光启被皇帝下诏起用。他又派人去澳门购买了二十四门红衣大炮，并雇用了二十四名炮手。

这支炮兵队伍得到了皇帝的亲自接见，并进行了三次试炮表演。由于一名葡萄牙炮手在试炮时失手死亡，朝廷里的保守势力借机攻击徐光启。于是，皇帝下令让葡萄牙炮手返回澳门。

朱由检即位后，徐光启再次到澳门购买四十门红衣大炮，并组建了一支炮兵部队。当他们返回时，正赶上"己巳之变"，后金军围攻北京。于是，徐光启下令在城外就地修筑工事，与敌军对峙。不久，后金军撤离，炮兵进城。

徐光启将组建的炮兵队伍交给了弟子孙元化，孙元化的部下孔有德在"吴桥兵变"后投降了后金。这支炮兵队伍带着红衣大炮也一起投降了后金，成了后金的主力部队，一举转变了明朝与后金的军事力量对比，为后来清军在全国范围内取得胜利提供了重要的支持。

尽管徐光启引进的红衣大炮没有挽救明朝的衰亡命运，但是，后来的军事实践充分证明了他当初的做法极具先见之明。

与洋人一起重修历法

崇祯二年（1629 年），徐光启主持重修历法。他按照中国历法的框架，融入西方天文学原理，编撰成一百三十七卷《崇祯历书》。这是中国历法史上最重要的一次改历运动，也是中国古典天文学体系向近代转变的开端。

在历书的编制过程中，徐光启聘用汤若望等西洋传教士，合作翻译了哥白尼、开普勒等人的天文学著作，向中国人介绍了许多欧洲天文学知识。

在历书中，他引进了圆形地球的概念，介绍了经度和纬度的概念。他根据第谷星表和中国传统星表，提供了第一个全天性星图，成为清代星表的基础。除《崇祯历书》全书的总编工作外，徐光启还参加了《测天约说》《大测》《日缠历指》《测量全义》

《日缠表》等书的具体编译工作。

在徐光启的极力倡导下，中国人在科学上封闭的状态有所改变，中西方学术开始交汇，中国科学自此开始呈现向近代转变的趋势。

后世为了纪念徐光启，将他曾经居住、安葬的地方命名为徐家汇（今上海徐汇区徐家汇）。

知识加油站

丁忧守制：根据儒家传统的孝道观念，朝廷官员在位期间，如遇父母去世，必须辞官回乡，为父母守孝。

历法：用年、月、日，计算时间的方法。主要分为阳历、阴历和阴阳历。根据月球环绕地球运行所定的历法称为"阴历"，根据太阳在不同季节的位置变化所定的历法称为"阳历"，二者结合起来就是阴阳历。具体的历法还包括纪年的方法。

哥白尼：欧洲文艺复兴时期波兰天文学家、数学家。他提出的"日心说"，改变了人们对自然、自身的看法。

开普勒：德国天文学家、数学家、物理学家。他发现了行星运动三大规律。

第谷星表：星表指刊载天体各种参数的表册。第谷是丹麦天文学家，第谷星表是他编制的奠定近代天文学基础的星表。世界上最早的星表是中国的《石氏星经》。

宋应星和《天工开物》

坎坷的科举和官宦生涯

万历年间，宋应星出生在江西奉新一个没落的官宦家庭。他的曾祖宋景在嘉靖年间担任过南京吏部、工部和兵部尚书。祖父还没来得及做官就死了。父亲苦读四十多年，却没有考中功名。后来，家里遭了火灾，生活境况越来越差。父亲对宋应星寄予厚望，期盼他能金榜题名、光宗耀祖。

宋应星自幼聪慧，看什么都过目不忘，在熟读经史之余，还喜欢研读天文学、声学、医学、农学及工艺制造方面的书籍。

二十九岁那年，宋应星赴南昌参加乡试。在一万多名考生中，他以全省第三的优异成绩考中举人。

当年秋天，宋应星信心满满地赴京参加会试，却名落孙山。为了备战下一届会试，他专程到九江府白鹿洞书院进修。三年后，宋应星再次赴京赶考，却又一次名落孙山。在此后的数年间，他接连参加会试，都没有考中，于是，他就断了中进士的念想，开始考虑以举人的身份进入仕途。

直到四十九岁那年，宋应星才谋得一个分宜县县学教谕的差事。教谕只是一个不入流的官职，工作很清闲，宋应星有大把的时间著书立说。

崇祯十一年（1638年），宋应星被授予福建汀州府推官职务，他干了两年，因憎恶官场黑暗，辞职回乡。

五十七岁那年，宋应星又出任南直隶凤阳府亳州知州。这时距明朝灭亡只有一年时间了。亳州也被战乱波及，城内的官员纷纷逃离。宋应星到任之后，发现官衙连个升堂的场所都没有。他只得组织人手重新修建官衙，随后又捐资修建了一座书院。

第二年年初，宋应星再度辞官回乡。两个多月后，李自成的起义军攻入北京，明朝灭亡了。而后，清军入关建立了清朝政权。亡国之民宋应星不愿意在清政府里做官，也看不惯南明小朝廷里的权力斗争，拒绝了南明政府的邀请。

此后，宋应星过着清贫的日子，坚持不做清朝的官，一直隐居到终老。

宋应星的富民强国理想

宋应星非常推崇宋代思想家张载的学说。张载又称横渠先生，他的思想精髓体现在他总结的"横渠四句"当中："为天地

立心，为生民立命，为往圣继绝学，为万世开太平。"

宋应星把"横渠四句"作为自己的座右铭。他反对传统读书人只知成天说些空洞的"道"，而轻视务实的"器"。他认为，与其在"四书五经"里寻章摘句，做一些华而不实的文章，不如实实在在地到田间地头去观察农民们如何耕作，到手工作坊里研究工匠们如何制作生产生活的各类器具。

宋应星指责所谓的贵族豪门，每餐都是白米白面，却忘记了餐饭的来源。他说，这些人连铸造铁锅的模型都没摸过，却大谈春秋时的宝鼎是如何铸造的。他认为，只有进行大量的物质生产，才能创造更多的财富，最终实现民富国强的理想。

宋应星的这些思想理念，与当时科举考试的八股文无疑是相对立的。因为八股文命题只从"四书五经"里选取章节段落，然后让考生围绕僵化刻板的经文进行阐述。这也是宋应星为什么在会试中屡试不第的原因。

在坎坷的科举道路上，宋应星不像一般读书人那样，一头扎进"四书五经"里出不来，而是利用求学、赶考和四处交游的机会，深入田间地头，与老农交流有关农业的话题；到各地的工场、作坊，向工匠们讨教生产制造的专业技术问题。他有时会把工匠现场操作的情形和生产流程描画下来，加上详细的标注说明，为以后写书积攒下足够的素材和详尽的资料。

宋应星曾经跟着在浙江湖州做官的哥哥，到过江南地区，认真考察当地的养蚕、缫丝和纺织活动。诸如矿石冶炼、舟船制造

等知识，都是他关注和学习的对象。

宋应星在做县学教谕的四年间，研究整理了大量的书籍资料，结合自己的实地访查记录，参照前人和今人的技术类文献，如春秋战国时期的《考工记》、宋代的《梦溪笔谈》、元代的《梓人遗制》、明代的《便民图纂》等，编写成一部《天工开物》。

科学巨著《天工开物》

《天工开物》是一部集中国古代农业、手工业技术之大成的百科全书，分为上、中、下三卷，共十八篇。

宋应星在《天工开物》的序言中特别声明："此书与功名进

取毫不相干。"以此告诉世人，这是一部经世致用的书籍，而不是谈经论道的著作。

《天工开物》上卷六篇分别是乃粒、乃服、彰施、粹精、作咸和甘嗜。乃粒指粮食谷物，主要介绍粮食的种植和栽培技术；乃服指与衣服相关的麻、丝、棉及毛皮，主要介绍养蚕和丝织；彰施主要介绍植物染料的种植、提取和染色；粹精主要介绍谷物的收获和加工技术；作咸主要介绍食盐的分类和生产技术；甘嗜主要介绍甘蔗的种植、制糖和养蜂技术。

中卷七篇分别是陶埏、冶铸、舟

车、锤锻、燔（fán）石、膏液、杀青。陶埏讲的是陶瓷技术，介绍了瓦、砖、瓮、白瓷和青瓷的生产工艺；冶铸讲的是铸造技术，介绍了鼎、钟、釜、炮、镜等物的铸造工艺；舟车讲的是船舶和车辆；锤锻讲的是从绣花针到大铁锚等铜铁器具的锤锻工艺，重点介绍了各种铜铁器具的制造原材料及性能和加工方法；燔石讲的是煤的烧制技术；膏液讲的是食用和工业用的植物油，从原料的品级到出油率，从加工工艺到生产设备都有详细说明；杀青主要讲的是竹纸和皮纸的生产制造工艺流程。

下卷五篇分别是五金、佳兵、丹青、曲蘖（niè）和珠玉。五金讲的是各种金属的开采和冶炼技术；佳兵讲的是弓箭、弩和干戈等冷兵器，顺带介绍了火药、火器等；丹青讲的是朱砂和墨的制造；曲蘖讲的是制曲酿酒；珠玉讲的是珠宝玉石的产地、种类和开采。

综观《天工开物》，多数篇都属于化学的范畴。书中介绍的炒钢、灌钢是当时世界上先进的技术。书中的许多工艺技术都是之前的书籍中没有记载过的。

《天工开物》自问世以来，已经在国内外发行了数十个版本。2020年，教育部基础教育课程教材发展中心将这部书列入《中小学生阅读指导目录》。

英国著名学者李约瑟在《中国科学技术史》一书中高度评价宋应星，称他为"中国的阿格瑞柯拉""技术的百科全书家"。

知识加油站

　　李约瑟：出生于英国伦敦，生物化学和科学史学家。中国科学院外籍院士著有《化学胚胎学》《中国的科学与文明》等著作，其中《中国的科学与文明》对中西方文化交流影响深远。

　　阿格瑞柯拉：又译作阿格里科拉，德国著名物理学家，生活在欧洲中世纪晚期，被称为"地质学和矿物质之父"。

商人数学家王文素和程大位

晋商与徽商

明代商业发展迅速，国内贸易日益繁荣，商人足迹遍布全国各地。随着商业资本的活跃，出现了具有地域色彩特征的商帮。其中，最有名的当数晋商和徽商。

晋商指的是山西商人，主要经营盐业，同时也从事丝织品和陶瓷的贸易活动。山西平阳府解州（今山西运城市一带）盛产盐池，供应河南、陕西等地，同时，平阳府还产煤、铁、陶瓷，成为晋商云集的地方。潞安府是当时山西、陕西唯一的丝织品生产基地。晋商不远千里，到蚕丝业发达的地区采购生丝，回来经过加工后，销往全国各地。

据史料记载，嘉靖年间，全国拥有白银五十万两以上的富户共有十七家，其中山西有三家，徽州有两家。这五户全部是商贾之家，其他的富户则都是权贵之家。

徽商是指江南以新安江流域为中心的徽州府商人。徽州的徽

墨、徽纸、徽漆、茶叶在全国很有名气，徽商早期主要推销这些产品，积累了丰富的经商经验和资本。从明代中后期开始，徽商主要经营盐业生意，兼做粮食、木材生意。

在资本主义处于萌芽阶段，工商业蓬勃发展的背景下，商人在经济社会中的角色越来越突出。在商人群体当中，除了腰缠万贯的财主巨富之外，也不乏学识超群的杰出人物。

数学家王文素和程大位就是其中的优秀代表。

王文素和《算学宝鉴》

王文素是山西汾州（今吕梁汾阳市）人，成化年间，随父亲到河北饶阳经商，并定居在那里。

王文素自幼聪慧，热爱读书，诸子百家无一不知，尤其擅长算术。王文素学算术不是为了做生意，而是当作学术来深入研究。

王文素认为数学是"普天之下，无论公家还是私人，每天都不能缺少的学科"。他钻研数学，不仅是认为数学重要，更是出于热爱，正如他写的诗句一样："陋室半间寻妙理，灵台一点悟玄机。"只要进入数学世界，一切身外之物都与自己无关，只剩下解开一道道难题的快感。

王文素抱着对数学的极大兴趣，把前人留下的各类数学书籍中的题目，逐一深入研究，反复推算论证。其中，正确的就加以进一步论述，错误的就改正过来，繁复的就删掉，缺漏的就补上，杂乱的就理顺，中断的就接续。经过三十年的苦心编制，他终于写成一部近五十万字的数学巨著——《新集通证古今算学宝鉴》（以下简称《算学宝鉴》）。

全书共十二本，四十二卷，共计一千五百多道问题，是一部博大精深的中国古典数学著作。王文素在书中研究了一元高次方程的数值解法，内容翔实精准。他继承发展了宋元数学名家的学术成果，使《算学宝鉴》成为代表明代数学最高水平的皇皇巨著。

王文素解高次方程的方法领先欧洲两百多年；在解代数方程方面，比牛顿-拉夫森算法还要早一百四十多年；欧洲17世纪积分创立时期出现的导数，他在16世纪就已率先发现并使用。

《算学宝鉴》中加、减、乘、除及开方运算，都是用珠算完成的，其中很多运算方法、步骤和口诀都是专门为珠算编制的，后世珠算学家认为这是中国第一部珠算书。

《算学宝鉴》中的例题都取材于当时的社会生活，除了古题沿用原来的实例外，书中引用的米、丝、麻、牛、马、羊等各物价格资料应有尽有；类似船费、军饷、税种、税率等经济史料也极为丰富；题目引用的从陕西到河北的路途里程，在今天看来也非常精准。从这个角度来讲，《算学宝鉴》不仅是一部数学专著，还是一部极为珍贵的，反映当时社会商业、人文、地理、政治和经济的史料。

后世学界对王文素取得的数学成就予以充分肯定，给予《算学宝鉴》以"数学中之纯粹而精者"的高度赞誉。

程大位和《算法统宗》

王文素的《算学宝鉴》问世九年后，程大位在徽州一个商人家庭里出生了。他从小就表现出在数学方面的天赋，口算、珠算无一不精。

少年时期，程大位跟随父亲外出经商，走遍长江两岸，遇有精通数学的人，他就一定要登门拜访，讨教切磋。在长期的经商实践中，程大位觉得传统的筹码计数法不够便利，就有意编撰一部简明实用的数学书，以供人们实际应用。于是，他开始四处求

购古代和当代的数学类书籍，为写书做准备。

程大位在中年时期就积聚了大笔财富，足够自己和家人过上富足的生活，他决定弃商从文，回到家乡专心写书。他认真钻研古书，广采诸家之长，耗时二十年写成数学巨著《算法统宗》和附录《算法源流》。

《算法统宗》全书共十七卷，五百九十五个问题，前两卷讲基本事项与算法，其中，珠算加法及归除口诀和我们现在运用的口诀一样。卷三至卷十二主要是应用题法汇编，卷三"方田"一章介绍了他自己创造的"丈量步车"，用竹篾做成用以测量的皮尺。卷六率先提出归除开平方、开立方的珠算算法。卷十三至卷十六是"难题"汇总，以诗词形式列出算题。卷十七为"杂法"，

介绍了民间算法"金蝉脱壳"及珠算式的笔算"一笔锦",此外,还有"铺地锦""一掌金"等各种纵横图。

特别值得一提的是卷三的"丈量步车"和卷六的珠算。当年,张居正在全国推行"一条鞭法",程大位参与其中,因为觉得用传统的绳尺丈量土地太过麻烦,就动手设计了"丈量步车",其原理与我们现在用的卷尺是一样的,只是形体较大。"丈量步车"为程大位赢得了"卷尺之父"的美誉。在卷六中,他总结的珠算算法普惠世人,因此,人们也称他为"珠算之父"。

《算法源流》列举了北宋以来的五十一种数学书目,其中,十五本至今仍有传本,其他的都已失传。

《算法统宗》是我国数学发展史上一部十分重要的著作,对于民间珠算的普及起到了积极的推动作用。后来,这部书先后传入朝鲜、日本、东南亚及欧洲各地,使珠算在世界范围内得到较为广泛的传播,为世界科技的发展做出了突出的贡献。

知识加油站

牛顿－拉夫森算法：一种非线性方程数值求根的迭代算法。

筹码计数法：中国古代用小竹竿计数，称为"筹码"，可以表示很大的数，类似于阿拉伯数字的功能。

明代小说家

　　明代小说，是在宋元时期话本的基础上发展起来的文学体裁，在文学史上，与唐诗、宋词、元曲具有同等文学地位。我国四大古典小说名著当中，《水浒传》《三国演义》《西游记》就出自这一时期的小说家笔下。

施耐庵和《水浒传》

　　施耐庵是元末明初人，本名耳，字子安，号耐庵，江苏兴化人。施耐庵的生平经历在相关史料中记载得很少，也很模糊，因此，关于他的故事大多来自民间流传。据说，他曾经参加过张士诚的起义军，担任军师，后来因为与张士诚意见不合，退隐乡间，开始专心写书。我国四大古典名著之一《水浒传》就是他的作品。

　　《水浒传》以北宋末年山东宋江领导的农民起义为原型进行创作，全书描写了一百零八条好汉，个个形象生动、性格鲜

明，有急公好义、善于权谋的及时雨宋江，有恩怨分明、力能伏虎的行者武松，有疾恶如仇、打抱不平的花和尚鲁智深，有憨直可爱、勇猛嗜杀的李逵，有武艺高强却一味退缩忍让的豹子头林冲，有勇武潇洒、知晓进退的浪子燕青……

在施耐庵的笔下，一百零八条好汉都被注入鲜活的灵魂，每人都有一个符合其性格特征或表明其本领手段的外号。

《水浒传》讲述了梁山好汉从揭竿而起反抗朝廷腐朽统治到接受招安最终消亡的全过程，揭示了农民起义发生的社会根源和失败的根本原因。小说当中宣扬的侠义之风和反抗精神令人读后热血澎湃，而众多好汉的坎坷身世和悲剧下场也令人唏嘘不已。这是中国历史上第一部白话文章回体长篇小说，其行文风格对中

国乃至东南亚的叙事文学有着广泛而深远的影响。

罗贯中和《三国演义》

罗贯中，名本，字贯中，山西太原人，是施耐庵的弟子。罗贯中自幼熟读诗书，十六岁时，母亲病故，随父亲到苏杭一带经商。父亲见他对做生意不感兴趣，就让他到慈溪随当时的著名学者赵宝丰学习。后来，他来到杭州，结交了不少说书艺人和杂剧作家，对民间文学创作进行了深入研究。

罗贯中和施耐庵一样，也参加过张士诚的起义军，担任幕僚。由于不赞同张士诚的一些做法，罗贯中退出起义军队伍，北上游历数年，再度回到杭州。也就是从这时起，他着手创作章回体长篇小说《三国志通俗演义》（即《三国演义》），到洪武三年（1370 年），完成了前十二卷。在这一年，他的师父施耐庵在兴化去世。他在完成《三国演义》之后，又对施耐庵留下的《水浒传》手稿进行加工增补，最终完稿刊行。

罗贯中写过多部小说，其中，以《三国演义》的成就最高。这部小说以宏大的叙事结构，全面描述了三国时期复杂的政治军事斗争。罗贯中对正史中的历史人物进行艺术加工，将一张张被历史尘埃黯淡了的面孔搬进小说，在大大小小的事件冲突和战争场景里，生动地再现了历史人物的风采和功业。

《三国演义》是中国历史演义小说的开山之作，也是话本小说向章回小说转型的鸿篇巨制。罗贯中因此被后世称为"中国章回小说鼻祖""中国古代小说之王"。

吴承恩和《西游记》

吴承恩，字汝忠，号射阳山人，于弘治年间出生在江苏淮安的一个商人家庭。他精通诗书棋画，酷爱阅读神怪类的小说。当时的名士朱应登非常欣赏吴承恩，说他可以读尽天下书，并将自己的一半藏书赠送给他。

吴承恩曾经三次参加乡试，都以失败告终。嘉靖年间，他以岁贡生的资格出任河南新野知县，后来又在浙江和山西做过低级

官吏，因遭人诬告，归隐乡间。

六十八岁时，吴承恩到蕲州荆王府担任纪善，两年后辞职回乡，开始创作小说《西游记》。

《西游记》以唐代高僧玄奘赴印度取经为故事原型，以神魔小说为载体，以当时的社会现实为背景，描写了唐僧师徒一行四人跋山涉水，降妖伏魔，历经九九八十一难，最终到达西天见到如来佛祖，取得真经的故事。

《西游记》凭借丰富的艺术想象，勾画出精彩的故事情节，创造出基于现实却又超越现实的神话世界。小说中将人性、物性和神性三者高度统一起来，使得小说人物显得真实而亲切。这一艺术特征，在主人公孙悟空的身上得到了充分的体现。孙悟空的言行举止，没有脱离猴子的动物性；他疾恶如仇的性格又折射出人性的光芒；他的种种神通本领，又显现出神性的力量。唐僧、猪八戒、沙僧及其他神佛精怪也都在人性、物性和神性间来回切换，给读者留下深刻的印象。

《西游记》和《水浒传》《三国演义》及清代的《红楼梦》并称为"中国古典小说四大名著"。

兰陵笑笑生和《金瓶梅》

兰陵笑笑生是中国小说史上最神秘的作者，也是第一位独立创作长篇白话小说的作家。他因写出了世情小说名著《金瓶梅》

而名扬天下，却没人知道他的真实身份。有人说他是"明代三大才子"之一的徐渭，有人说他是嘉靖名士王世贞，也有人说他是丁纯和丁惟宁父子……

总之，关于兰陵笑笑生的真实身份有着各种不同的版本，就是无法确定。山东省兰陵县兰陵镇和江苏武进这两个地方在古代都叫作兰陵，而书中出现大量山东方言，可以证明作者应该是山东人。

《金瓶梅》号称"明代第一奇书"，小说开头从《水浒传》中武松杀嫂的故事说起，说潘金莲没有被杀死，嫁给西门庆为妾，由此引出小说主体。通过对西门庆与潘金莲、李瓶儿和庞春梅三个女性之间的情感故事展开叙述，以工笔手法描写其腐朽的日常生活，展现当时民间市井生活的细节。小说主要角色都是市井人物，故事情节也都是百姓琐事，而正是这些小人物和小事件，构成了一幕幕鲜活的明代生活场景。

三言二拍

"三言"指的是《喻世明言》《警世通言》《醒世恒言》三部短篇小说集。作者冯梦龙出身于苏州一个士大夫家庭。他从小苦读经书，考中秀才后，屡次乡试失利，后进入国子监成为贡生，走上仕途。崇祯年间，冯梦龙先后担任过训导和知县职务，后辞官归乡，专心写作。

冯梦龙的思想受到王守仁和李贽影响，反对虚伪的礼教，追求真实的情感，主张以"情教"代替"宗教"。他在小说、戏曲、民歌、笑话等通俗文学领域有许多创作，其中，以"三言"最为知名。

"三言"代表了明代拟话本小说的最高成就。三部小说的内容以市民阶层的经济活动为主，描写了小生产者之间友谊、恋爱与婚姻的状况，展现了资本主义萌芽时期的社会风貌，具有明显的时代特征。

"二拍"指的是拟话本小说集《初刻拍案惊奇》与《二刻拍案惊奇》。作者凌濛初比冯梦龙小八岁，出自浙江湖州一个官宦家庭。他一生致力于科举考试，却屡试不中，直到六十多岁时才以副贡的身份做了几任小官。明朝灭亡时，他被农民起义军围困而死。

凌濛初虽然科考失意，但在文学创作方面却才华横溢。他主张写实主义的小说理论观，著作涉及小说、诗歌、传奇、文学评论、史传和戏曲等多个文学领域，其中，影响最大的作品就是"二拍"。

作为明代写实小说的代表作品，"二拍"反映了当时社会的生活风貌，倡导尊重个性、反抗封建礼教、争取个性自由的精神。

冯梦龙的"三言"与凌濛初的"二拍"合称为"三言二拍"，是中国古典拟话本短篇小说的经典之作。

知识加油站

章回体：中国古代长篇小说的一种叙述体式，其特点是将全书分为若干回，每回有标题，概括全回的故事内容。

话本小说：话本，指说书艺人的底本，主要包括讲史和小说两大类。话本小说是中国古代小说体裁，流行于宋元时期，又称宋元话本。

纪善：明代亲王的属官，主要负责讲授，相当于王府的私教。

拟话本小说：明代兴起的短篇小说的创作形式，由文人模拟宋元话本进行创作，不同之处在于拟话本小说不再作为说书艺人说唱的底本，而是专供人们阅读的文学作品。

副贡：科举制度下，一种进入国子监的生员。

传奇戏曲家汤显祖

与两任首辅硬碰硬

嘉靖年间，汤显祖出生在江西临川（今江西抚州辖区）的一个书香世家。他的祖上四代都是知名的学者，母亲也是熟读诗书的大家闺秀。在良好的家庭氛围熏陶下，汤显祖自幼热爱读书，刻苦求学，十四岁考中秀才，二十一岁中了举人。

万历年间，汤显祖赴京赶考。当时，内阁首辅张居正想安排自己的儿子张嗣修中进士，需要找几个既有名气又有真才实学的考生做陪衬。他打听到汤显祖和沈懋学在众考生当中享有盛名，就派人去笼络他俩，说只要肯合作，就保证他俩也能排在前几名。

在首辅权势的威压和功名的诱惑下，沈懋学选择了合作，而汤显祖则不为所动，拒绝合作。结果，张嗣修和沈懋学都中了进士，汤显祖却名落孙山。

三年后，汤显祖再度赴京赶考。张居正又想安排自己的小儿子张懋修中进士，他再次找到汤显祖，提出了同样的要求。汤显祖不假思索，再次拒绝。结果，张懋修高中状元，汤显祖又一次落榜。

尽管汤显祖两度会试不中，却以高尚的道德品行赢得了人们的赞誉。

后来，汤显祖第三次参加会试，终于入榜，以三甲第二百一十一名的成绩获得同进士出身，由此进入仕途。

汤显祖在南京任职期间，与当时的戏曲名家多有交往，经常在一起交流思想，研究学问。他天生傲骨，从不依附于任何权势人物，因为看不惯首辅申时行的所作所为，就向皇帝上了一道《论辅臣科臣疏》，对申时行与其他官员进行弹劾，捎带着把皇帝登基二十年来为政的不足数落了一番。

皇帝大怒，把汤显祖贬到了遥远的雷州半岛，一年之后，才赦免了他，迁到浙江当知县。

汤显祖在知县任上，施行善政，移风易俗，发展经济，改善民生。在过年的时候，汤显祖还把监狱里的犯人放回家，元宵节允许他们上街看花灯。

汤显祖的为官之道深受当地百姓欢迎，却也成为政治对手用来攻击他的把柄。后来，他干脆辞官回乡，不理世事，一心写作。

"狂奴"与文坛领袖

在哲学思想上，汤显祖深受泰州学派的影响。他的老师罗汝

芳就是泰州学派的代表人物。

罗汝芳提倡人们要有赤子之心，这也是后来李贽"童心说"的思想源流。汤显祖始终按照老师的教导，秉持赤子之心，正直为人，踏踏实实地做学问。他反对理学，蔑视传统礼教，对于三观不一致的人，不管对方有多高的地位，他都不屑一顾。

当时的南京刑部尚书王世贞号称文坛领袖，许多人都以与他交往为荣。汤显祖还在南京当官时，是王世贞弟弟的直接下属，但他不愿同王氏兄弟有任何私人往来。因为，他们的文学思想截然不同。王世贞是"后七子"之首，倡导复古文学。汤显祖认为文学要创新，不能因循守旧，所谓的复古，不过是抄袭古人的文字而已。为了证明自己的观点，他专门找来王世贞等人的诗文，

逐一找出其中模拟、剽窃汉唐名家的字句。王世贞听说后，也只能哑然无语，没办法驳斥他的观点。

汤显祖非常推崇李贽的思想学说，回到家乡后曾和李贽见过面，有过深入交流。后来，李贽在狱中自杀，他还专门作诗纪念。

在当时的理学派看来，李贽是离经叛道的代表人物，与他交好的汤显祖自然也位列其中，被他们称为"狂奴"。

汤显祖的思想个性在文学创作中体现得淋漓尽致。在他的文学作品，特别是戏曲中，多有揭露封建社会的黑暗腐败，反对程朱理学，追求个性解放的叙述。

千古名剧《牡丹亭》

汤显祖一生著述丰富，有诗文集传世，不过，要说文学成就最高的，还得是传奇戏曲。

当时的传奇戏曲有三大流派，分别是昆山派、吴江派和临川派。

昆山派戏曲代表人物是梁辰鱼，剧本主要特点是追求文辞典雅，人物对白多骈文来写，使得人物形象不够鲜明生动。

吴江派戏曲代表人物是沈璟，这一派的主要特点是过分强调音律，对内容表达造成束缚，从而影响创作者的进一步发挥，剧作往往缺少韵味。

汤显祖是临川派的代表人物，他反对吴江派过分强调音律，

重视人物心理刻画，曲词优美，敢于突破旧曲格律，对于当时和后来的戏曲发展有着深远影响。

汤显祖现存于世的戏曲作品主要有五部，为"临川四梦"和《紫箫记》。临川四梦包括《紫钗记》《牡丹亭》《邯郸记》《南柯记》。这四部戏曲都与梦相关，都以爱情为主题，因此被合称为"临川四梦"或"玉茗堂四梦"。

《牡丹亭》是汤显祖最为得意，也是影响最大的一部作品。

《牡丹亭》讲的是女主人公杜丽娘在学习《诗经》时，读到"关雎"，受诗句的影响，动了情思。几天后，她从后花园踏青归来，做了一个梦，梦中在牡丹亭中与一个书生产生感情，醒来后，怅然若失，竟然因此患上了相思病。不久，她就在无尽的相思中死去了。

杜丽娘的父亲调任外地为官，临行前把女儿葬在后花园梅树下，建了一座梅花庵，安排一名老道姑看守。

杜丽娘死后，魂魄来到地府，判官一审查，发现她和未来的状元柳梦梅还有一段姻缘，就把她放还人间。

这时，书生柳梦梅赴京赶考，中途借宿在梅花庵，与杜丽娘的游魂相遇，二人发现彼此曾在梦中相会，于是结为夫妻。随后，柳梦梅在老道姑的帮助下，使杜丽娘死而复生，并带着她一起去了京城。

柳梦梅参加完会试后去了杜丽娘父亲的府上，以女婿的身份拜见杜父。杜父认为他说谎，就把他抓起来，准备处死。

朝廷派人跟着柳梦梅的家属找了来，告诉杜府柳梦梅中了新科状元，柳梦梅得以免罪脱身。杜父这时仍然不信女儿复活的事情，同时，他怀疑柳梦梅也是妖人，于是就向皇帝告御状。

皇帝把杜丽娘找来，用照妖镜验明她是人非鬼，最终父女相认，从此，杜丽娘和柳梦梅过上了幸福的生活。

《牡丹亭》具有鲜明的浪漫主义色彩，是明代传奇戏曲发展的最高峰，是中国戏剧文学发展史上的里程碑，也在世界著名剧本排行榜上占据着重要席位。

"东方的莎士比亚"

汤显祖和英国著名剧作家莎士比亚是同一时代的人，二人在同一年去世。汤显祖在进行戏曲创作时，善于从他人的著作中汲取营养，而且能够创新，不受陈旧创作观念的约束，作品浪漫深沉、哀怨动人。他的创作特色与莎士比亚的有异曲同工之妙，因此，后世称汤显祖为"东方的莎士比亚"。

知识加油站

科臣：科道官的统称，指明清时期六科给事中与都察院各道监察御史。

骈体文：中国古代的一种文体，起源于汉魏，形成于南北朝。全篇以双句（即俪句、偶句）为主，讲究对偶、声律和藻饰。因其常用四字句、六字句，故也称"四六文"。

大旅行家徐霞客

志在四方，男子事也

万历四十一年（1613 年）农历三月的最后一天，阳光明媚、云淡风轻，江阴人徐霞客从宁海（今浙江省宁波市宁海县）西门出行，踏上去往天台山的旅程。

当时，这个年龄段的男子，要么已经取得功名，要么正在刻苦用功，准备考取功名，而徐霞客只是个普通百姓，连个秀才都没考上。

徐霞客不是没读过书，也不是没参加过科举考试，只是，自从十五岁那年参加童试失利以后，他就断了科举求仕的念头。不过，这并不意味着他放弃了读书和学习。相反，他看的书比那些一心考取功名的人更多，涉猎的内容也更广泛。家里的藏书看完了，他就去外面找书看。他只要见到好书，就一定要买下来，如果身上没带钱，就把衣服脱下来换书。

父亲徐有勉也不强迫徐霞客参加科举考试，因为，他自己对功名也不怎么感兴趣。徐氏家族与功名之间似乎总隔着一些距离。当年，徐有勉的曾祖徐经和唐伯虎一道赴京赶考，因卷入科举舞弊案，被终身禁止参加科考。从此，科举就成了徐家的魔咒。一直到徐霞客这一代，几辈人都是科考的失败者。

徐霞客从小就有与众不同的志向，他说"丈夫当朝碧海而暮苍梧"，"碧海"代指水，"苍梧"代指山，这句话的意思是大丈夫就应该行万里路。

在旁人看来，这是不务正业的表现，而徐霞客的母亲非常支持儿子的志向。她说："志在四方，男子事也。"意思是好男儿就应当志在四方。

　　徐霞客十九岁时，父亲去世，他原本外出旅行的计划被迫中止，在家守孝三年。守孝期满后，母亲就鼓励他外出旅行，并亲自为他制作了一顶远游冠。

　　从此，徐霞客开始了他的漫漫旅程。头几年，他只是游览了太湖、泰山等山水，也没有留下文字记录。直到二十七岁时，他才算真正地开启了边游边记的旅行事业。

　　天台山之行，是徐霞客记录下来的旅行第一站。这年三月的最后一天，是阳历的5月19日。这一天，于2011年被我国政府定为"中国旅游日"。

多次历险，绝处逢生

　　徐霞客登临天台山之后，紧接着去了雁荡山。据古书记载，雁荡山山顶上有雁湖，当地人也都这样说，可是很少有人亲眼见过。为了亲自验证，徐霞客带了两个随从，翻越了两座山峰，都没有找到雁湖。

　　徐霞客不肯放弃，又继续攀登。当他们到了一处峰顶时，徐霞客见到悬崖峭壁像刀剑劈过一般，连立足都成问题，更不可能有湖，就准备往回返。他站在悬崖边，不敢沿着来路往回走，只能冒险从崖壁往下翻，到下面一处比较平坦的地方。

　　徐霞客把随从的绑腿布解下来，结成带子，系在山石上，顺着崖壁垂到下边，先让一个随从下去，然后，他再顺着带子吊下

去。下去之后，他才发现，落脚处极为窄小，转身都困难，往下看，就是万丈深渊。他想再上去，结果，布带被石头磨断了，他差点儿坠入深渊。他把布带结好后，拼尽全力往上攀爬，这才脱险。

徐霞客并没有因为这次历险而放弃寻找雁湖的计划。十九年后，他再次来到雁荡山，凭借丰富的登山探险经验，终于找到了雁湖。他告诉世人，雁湖确实存在，不过，不是一片大湖，而是六个不相连的小湖。

有一年春天，徐霞客游黄山。当时，山中积雪还没有融化。当他到了妙莲台慈光寺时，和尚告诉他，上山的路积雪齐腰，山上静室里的和尚已经被困两个多月了，劝他不要攀登。徐霞客觉得有些扫兴，只好返回。

第二天，徐霞客带着导游再次回到慈光寺，继续往上攀爬。山路被厚厚的积雪覆盖，背阴处结了冰，很难落脚，一旦失足，就会坠落悬崖。徐霞客拄着一支铁杖走在前面，用铁杖凿一个小孔，走一步，再凿一个小孔，再走一步，就这样一步一挪，艰难地攀缘而上。当静室里的和尚见到徐霞客时，都惊讶不已。就这样，徐霞客先后登顶天都峰和莲花峰，并依靠目测确定莲花峰才是黄山的最高峰，不是人们通常认为的天都峰。

类似这样的历险，在徐霞客漫长的旅行生涯中并不罕见。当然，他并不是单纯地为探险而探险，而是与科学考察同步进行。他通过实地考察，证明长江的源头是金沙江而不是古书中记载的岷江；他最早对石灰岩地貌进行勘测，领先欧洲一百年；他对火山、温泉等地热现象都有考察研究；他还记录下来各地的气候变化、植被生长情况及风土人情等。

万里远征，抱骨登山

徐霞客五十岁的时候，决定来一次万里远征，最终的目的地是云南大理鸡足山。家乡江阴迎福寺的和尚静闻听说后，请求一同前往。

静闻是一位虔诚的佛教徒，他用二十年的时间，用针刺破身体，以血代墨抄写了一部《华严经》，想供奉给鸡足山寺。徐霞客被他的行为打动，同意带上他一起出发。

一路上，徐霞客与静闻交流得很愉快。徐霞客渊博的学识和丰富的阅历令静闻钦慕不已，静闻的善良和虔诚也赢得了徐霞客的尊重。

第二年春天的一个夜晚，二人乘坐的客船停泊在湘江边。静闻听到岸上有一个少年在哭泣，就上岸安慰他。回来时，一伙强盗跟着上了船，将船上乘客的财物洗劫一空，还用刀戳伤好几个人。慌乱中，徐霞客跌落水中，逃到了另一条船上。静闻受了两处刀伤，仍冒死护着佛经和徐霞客放在竹箱中的书籍。

二人脱险之后，静闻在衡阳休养了两个多月，随后又跟着徐霞客去了广西南宁的崇善寺。其间，徐霞客辞别静闻，到周边地区考察游历。徐霞客刚走没多久，静闻就因病去世了。临终时，

他留下遗言，希望徐霞客能把他的遗骨带到鸡足山安葬。

徐霞客回到崇善寺，焚化了静闻的遗体，捡拾了他的遗骨，然后，抱着遗骨踏上了漫长的旅途。

一年之后，徐霞客到达鸡足山，在山寺僧人的帮助下，建塔将静闻的遗骨进行妥善安葬。随后，徐霞客继续进行他的探险与科考活动。

当徐霞客在丽江准备结束这次万里远征，返回家乡时，他的双脚已经坏掉，无法行走。当地太守派了几名轿夫，一路把他抬了回去。

第二年三月，徐霞客在家乡去世。临终前，他说："张骞凿空西域，也没能见识到昆仑山的真面目；玄奘和耶律楚材，都是奉了皇帝的命令才得以西游。我只是一介布衣，仅靠双脚，探索大河源头，登临昆仑山峰，穿越西部地区，在边陲之地留下名号，得以跟他们三人并列，死而无憾。"

《徐霞客游记》

徐霞客一生走遍祖国的大江南北，留下了数百万字的游记，可惜，大部分都在明末的战乱中散失了，只有六十多万字的《徐霞客游记》流传于世。

《徐霞客游记》是系统考察中国地貌地质的开山之作。书中描述了一百零二种地貌形态，二百八十八个溶洞，其中，徐霞客亲自进去考察过的就有二百五十个；书中还记载了五百五十一条大小河流，一百九十八个湖、潭、池、沼，详细记述了河流的流域范围、水系、河流大小、河水流速、含沙量及水量变化、水质、分水岭的地区差异。

《徐霞客游记》既是一部极具学术价值的地理学著作，也是一部优美的散文集，被同时代的著名学者钱谦益评价为"真文字、大文字、奇文字"。

英国著名学者李约瑟说，《徐霞客游记》读来并不像是17世纪的学者所写的东西，倒像是一部20世纪的野外勘测记录。

知识加油站

静室：僧人修行的地方。

一介布衣：古代普通百姓只能穿麻布衣服，因此以布衣代指百姓身份。一介，就是一个。

秦淮八艳

明朝末年，秦淮河畔的繁华之地，出了八位才艺双绝的美女，由于命运捉弄，她们沦落风尘，在国破之际，各自演绎着不同的人生故事。

有情有义柳如是

柳如是自幼聪慧过人，却因家贫先被卖入秦淮河畔的青楼为婢女，后又被卖给官员周道登为侍妾。在这期间，她学会了写诗、填词、绘画、唱歌，出落成一位绝代美女。

周道登死后，柳如是被逐出家门，不得已当了一名歌伎。她为人洒脱不羁，时常身穿男子的儒服，与当时名士交流诗词，谈论天下大事。

二十岁那年，柳如是与学者官员钱谦益相识相爱。二人不顾世俗反对，结为夫妻。

明朝灭亡后，钱谦益在南京加入南明朝廷，当了礼部尚书。

不久，清军打到南京城下，柳如是劝钱谦益和自己一起投湖自尽，以身殉国。钱谦益走入水中试了试水温，嫌水冷，不敢下。柳如是却毫不畏惧，纵身跳入水中。钱谦益拼命把她救了回来。

南京城破，钱谦益投降清廷，去北京赴任。柳如是耻于降清，留在家中不肯同去。半年后，在柳如是的影响下，钱谦益也辞官回乡。二人一起暗中帮助抗清义士。钱谦益因卷入反清案被捕，柳如是四处奔走，把他救了出来。

钱谦益降清，本来是他人生的一大污点，却因为柳如是的义举，为他挽回了一点儿名誉。

一身侠骨顾横波

在"秦淮八艳"当中，顾横波与柳如是性格最为相似。顾横波字眉生，朋友都称呼顾横波为"眉兄"，柳如是常以弟自称。

顾横波为人豪爽，一身侠骨，有巾帼不让须眉的气度。她工于诗词，精通书画，号称"南曲第一"。

二十三岁那年，顾横波嫁给了"江左三大家"之一的龚鼎孳（zī），随他去了北京。三年后，李自成打进北京，夫妻二人关上家门，投井自杀，没死成，被起义军捞了上来。龚鼎孳先是投降了起义军，紧接着又投降了清军。

龚鼎孳做了清廷的高官，顾横波也被封为"一品夫人"。有一年，夫妻二人重游南京，暂时居住在秦淮岸边的市隐园。一日，二人在街上无意中碰见一位熟人。这位熟人是反清复明的义士，正被官府通缉。顾横波不顾自身安危，把他藏在市隐园中，帮他脱险。

顾横波多次仗义疏财，救助抗清志士。清代大才子袁枚非常欣赏她的义举，赞誉她和柳如是"礼贤爱士，侠内峻嶒"。

"血色桃花"李香君

李香君出身于一个武官家庭，父亲是东林党人，因得罪了阉党，遭到迫害，以致家道败落，不得不背井离乡，四处漂泊。

李香君八岁时跟随养母在秦淮河畔的青楼里学习音律诗词、丝竹琵琶，尤其擅长南曲，歌声优美，引得四方名士争相眷顾。

十六岁那年，李香君认识了大才子、复社领袖侯方域。二人一见钟情，双双坠入爱河。

侯方域得罪了阮大铖（chéng）。后来，阮大铖受到南明朝廷重用，迫害侯方域，使他远走他乡。随后，阮大铖又怂恿弘光皇帝身边的红人田仰逼李香君做妾。李香君宁死不从，一头撞在栏杆上，鲜血溅在侯方域送给她的扇子上。

侯方域的朋友杨友龙用扇面上的血点画成一幅桃花，以为纪念。这个故事被戏曲家孔尚任改编成了传奇剧《桃花扇》。

后来，李香君与侯方域历经磨难，终于走到一起，却受到侯

家的歧视，抑郁而终。

刺舌报恩卞玉京

卞玉京本名卞赛，自号"玉京道人"。她出身于官宦人家，因父亲早亡，家道中落，不得不带着妹妹到秦淮河畔卖艺，成为歌伎。

卞玉京写得一手娟秀的小楷，还擅长画兰花。当时坊间流传"酒垆寻卞赛，花底出陈圆"的说法，说的是卞玉京善于饮酒，而且酒后写诗作画更见情趣。

卞玉京当时有不少追求者，可她只钟情于大诗人吴梅村，曾勇敢地向他表白。然而，吴梅村总是在犹豫。无奈之下，卞玉京只得另嫁他人，却因不满意对方，又离开了。

清军南下时，卞玉京化装成道士逃出南京，过了一段颠沛流离的生活。后来，她和吴梅村聚散离合，终究没能走到一起。

乱世之中，卞玉京漂泊不定，生活艰难。幸亏一位姓郑的大夫收留了卞玉京，为她建了一所房子，精心照料。李香君当年落难之时，还曾投奔卞玉京，得到她的庇护。

卞玉京深感郑大夫厚恩，无以为报，就刺舌取血，花了三年时间抄了一部《法华经》献给郑大夫。

后来，卞玉京隐居无锡惠山，终老山林。暮年的吴梅村专程到她的墓前写诗悼念，却已是世事茫茫、阴阳两隔。

"红颜祸水"陈圆圆

陈圆圆就是"花底出陈圆"中的"陈圆"。她出身低微,很小的时候就被卖入苏州梨园,成为歌伎。

有一年,国丈田弘到江南为皇帝朱由检选妃,陈圆圆和卞玉京都是候选者。最终,容貌艳丽、歌声甜美的陈圆圆被选中,进了皇宫。

朱由检当时正忙着挽救危亡的局势,根本无心注意后宫美女。于是,陈圆圆又被田弘接出宫来,献给了手握重兵、镇守辽东的吴三桂。

李自成打下北京后,他的手下大将刘宗敏把陈圆圆掳走,强行占为己有。正准备投降李自成的吴三桂闻讯大怒,引清军入关,赶跑了李自成,于纷乱战火中找回了陈圆圆。

吴梅村以此事为素材,写了一首《圆圆曲》,诗中有"恸(tòng)哭六军俱缟素,冲冠一怒为红颜"的句子,说吴三桂之所以引清军入关,就是为了陈圆圆。

这首诗把陈圆圆推到了历史大事件的旋涡之中,使她背上了"红颜祸水"的千古骂名。只是,国运衰亡,人世离乱,又岂是一个弱女子所能左右的?

气节坚贞董小宛

董小宛本是苏州一家绣庄老板的千金，后来，父亲病故，绣庄伙计捣鬼，掏空了董家的财产，董母气急生病。董小宛为了给母亲治病，到南京秦淮河畔的画舫中卖艺，当了一名歌伎。

董小宛容貌秀丽，气质脱俗，能诗会画，很受客人的喜欢和追捧。后来，她爱上了复社成员才子冒辟疆。冒辟疆也深深地爱上了温柔善良的董小宛，准备为她赎身，却遭到老鸨的刁难。

董小宛的好友柳如是知道后，与丈夫钱谦益从中帮忙协调，使她得以脱离苦海，与冒辟疆有情人终成眷属。

清军南下时，董小宛目睹国破之后的种种惨状，心里痛恨清军。当时有不少汉人到清廷做官，以求富贵。董小宛坚决支持冒辟疆的反清立场，拒绝与清政府合作。

夫妻二人的生活过得异常艰难，却恩爱如初。冒辟疆身体不好，时常生病。为了照顾生病的冒辟疆，董小宛身心俱疲，不到三十岁就离开了人世。

为夫赎身寇白门

寇白门出身于青楼世家，能作曲、吟诗、绘画，为人单纯、正直。十七岁那年，寇白门被保国公朱国弼看中，交往几次后，决定嫁给他。

当时，青楼女子出嫁，只能在夜间进行。朱国弼为了炫耀，派遣五千名士兵手提大红灯笼，沿路排开，从寇白门的门口一直延伸到朱府，声势浩大，盛况空前，堪称明代最大的一次迎亲场面。

三年后，清军南下，朱国弼降清，带着全家进了北京。朝廷把朱国弼软禁了起来。为了凑钱赎罪，朱国弼打算把包括寇白门在内的歌姬、婢女一起卖掉。寇白门对他说："你要是把我卖了，最多得几百金而已，不如让我回到秦淮河畔，一个月就可以筹集一万金来报答你。"

朱国弼同意了。一个月后，寇白门拿了两万两银子回来，为朱国弼赎了身。他想与寇白门重修旧好，寇白门拒绝了，说："当年你为我赎身，如今我把你赎回，扯平了。"

之后，寇白门重回秦淮河畔，在青楼中度过了一生。

一生痴情马湘兰

在"秦淮八艳"当中，马湘兰的容貌只能算是一般而已，不过，她知识渊博，善解人意，气质和谈吐更是与众不同，而且，她还最擅长画兰花，这也是"湘兰"名字的由来。

马湘兰为人仗义，经常接济那些没钱参加科考的读书人和有困难的穷人，赢得了侠义的名声。

二十四岁那年，马湘兰遇见了才子王稚登，从此，便一心一意地爱上了他。王稚登是江南四大才子之一文徵明的弟子，才华横溢，诗文俱佳。当时的他，正在落魄之中，与马湘兰吟诗作画，排遣苦闷。对于马湘兰的爱意，他心里明白，却因为顾忌世俗的眼光，而没有明确接受。

王稚登仕途不顺，归老苏州。马湘兰隔一些时日，总会到苏州去看望他，交流诗画。王稚登却始终只是把她当作红颜知己，没给她一个可以安身的家。

王稚登七十寿辰的时候，马湘兰凑钱买了一艘游船，拉了一船歌伎去苏州为他祝寿，并亲自为他献歌，把他感动得老泪横流。

从苏州回来不久，五十七岁的马湘兰就离开了人世。

知识加油站

巾帼不让须眉："巾帼"指女子，"须眉"指男子，意思是作为女子，不比男子差。

南曲：宋、元、明时期流行于南方的各种曲调的统称。曲调柔和婉转，多用管乐器伴奏。也指用南曲演唱的戏曲。

江左三大家：钱谦益、吴梅村和龚鼎孳三人的合称。

侠内峻嶒：侠士当中最有性格的。

复社：明末的文学社团，后因参与反清活动，被清政府取缔。

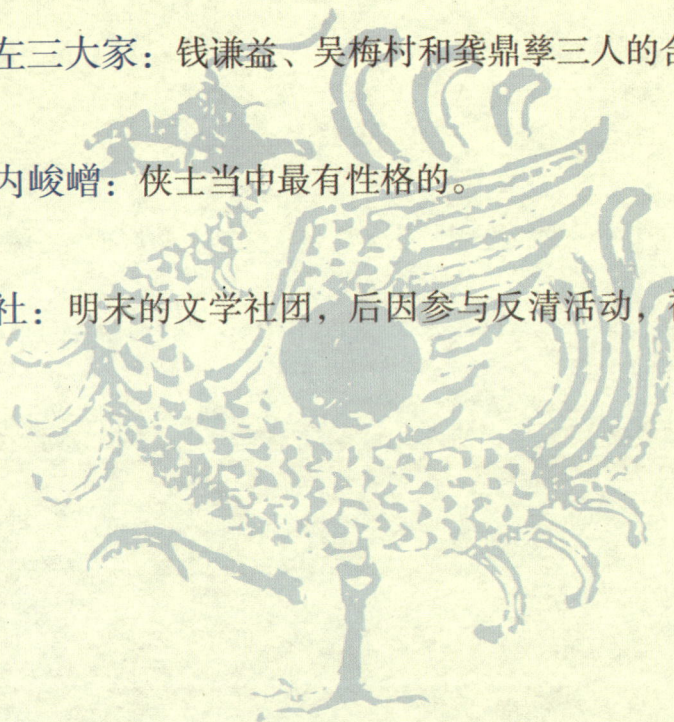

明末三大思想家

在明末清初激烈的社会变革过程中，涌现出三位杰出的大思想家：王夫之、顾炎武和黄宗羲。三人都是当时新思潮、新学风的代表，都反对宋明理学、反对封建专制、反对空谈，提倡实学，主张经世致用的实用主义，倡导均田制和工商皆本的政治理念。他们的学术思想，对于后世有着重要的启蒙作用。

船山先生王夫之

万历末年，王夫之出生在衡阳府（今湖南衡阳）一个书香门第，父亲是知名学者王朝聘。

王朝聘七次参加乡试都没有考中，进了国子监学习。教育王夫之的任务落在大儿子王介之身上。六岁的时候，王夫之跟着大哥学完了十三经。父亲也从国子监毕业了，因为拒绝贿赂选官，被罢选返乡。

王夫之十三岁时考中秀才，参加四次乡试才中举，当他正准备参加会试时，李自成和张献忠的农民起义阻断了北上赶考之

路。此后，王夫之再也没有机会参加会试了，因为，明朝灭亡了。

清军攻陷衡阳后，王夫之举家逃亡，父亲死于战乱之中，临终留下遗命，要孩子们抗清到底。

王夫之怀着一腔国恨家仇，积极投身到抗清活动中。他受到政府通缉，不得不四处流亡，最后避居湘西，以瑶人的身份掩护自己，著书立说。

南明灭亡后，王夫之反清复明的梦想彻底破灭了。七年后，他回到家乡，隐居在石船山下，继续写书。

吴三桂在衡州称帝时，曾向王夫之求劝进表，遭到拒绝。为防报复，王夫之遁入深山，接着写书。

清廷的官员仰慕王夫之的为人与学识，带着礼物来拜访，被

王夫之拒之门外，他还写了一副对联："清风有意难留我，明月无心自照人。"以此表明自己忠于明朝的心迹。

晚年的王夫之，病痛缠身，生活贫苦，买不起笔墨纸张，就向朋友借，再把写好的书给人家作为酬谢。

王夫之一生共写了近百种作品，字数将近千万，真正做到了著作等身。在哲学上，他推崇宋代张载的气学，反对程朱理学的"存天理，灭人欲"，认为天理存在于人欲中，强调人在天地之间的主体地位；在政治上，他提倡均天下、反专制的治国理念；在文学上，他主张作文写诗，须注入感情，反对无病呻吟；在史学上，他运用归纳法、总结法分析史料，以唯物主义的观点重新解读历史。

后人将王夫之的部分作品进行整理，编订成《船山遗书》。全书共二百八十八卷，收其释读经史子集经典著作五十六种。《读通鉴论》《宋论》为其中的代表作，为历代学者推崇、研究。

开国儒师顾炎武

顾炎武比王夫之大六岁，南直隶昆山（今江苏昆山）人。顾家是江东望族，顾炎武从小被过继给去世的堂伯，由嗣母王氏抚养成人。王氏非常重视他的教育，经常给他讲岳飞、文天祥和方孝孺等忠义之士的故事，在他幼小的心灵里播下爱国的种子。

顾炎武性格耿介，不与一般俗人交往，喜欢与同窗好友归庄

探讨学问，纵论天下大事。人们见他俩性格怪异，特立独行，称他们为"归奇顾怪"。十八岁时，顾炎武与归庄一同赴南京参加乡试，加入了复社。

尽管顾炎武博学多才，却在科考道路上屡屡受挫，直到二十七岁，还只是个秀才。于是，他索性放弃科考，致力于实学，遍览史志类书，从中辑录有关农田、水利、矿产和交通等方面的内容，辅以地理沿革的资料，撰写了一部地理学著作《天下郡国利病书》。

清军入关后，顾炎武投入南明朝廷。就在他准备赴南京任职时，南京却被清军攻克了。江南地区笼罩在战争的阴影之下。各地纷纷组建义军，反抗清军。他和归庄也加入抗清斗争中。

随着清军的深入，各地义军纷纷败退。顾炎武回到家乡昆山，清军很快打了进来。他的生母何氏的胳膊被清军砍断，两个弟弟被杀害，嗣母王氏绝食而死。从此，顾炎武离开家乡，义无反顾地投入到抗清活动中。

数年后，壮志未酬的顾炎武再次回到家乡，却被自家仆人陆恩与当地豪强叶方恒勾结陷害，想以反清的罪名把他投入监狱，然后霸占他的家产。顾炎武将陆恩杀死，自己也被抓了起来。为了救顾炎武，归庄找到了投降清廷的名士钱谦益。钱谦益表示，需要顾炎武认自己为师，才好出手相救。顾炎武得知后，死活不答应，还托人写了一堆声明书，在人多的路口张贴，声明自己和钱谦益没有师生关系。

天下興亡
匹夫有責

从监狱出来后，顾炎武仍然受到叶方恒的迫害。为了避祸，他再次远走他乡，行万里路，读万卷书。

晚年的顾炎武在陕西华阴定居。在清廷任职的朋友多次邀请他出来做事，都被他推辞了。

顾炎武在哲学思想上，反对王守仁的心学，认为心学空谈误国，是明朝灭亡的重要思想因素；在政治上，提倡藏富于民，肯定私有的概念，反映了资本主义萌芽状态下新兴市民阶层的诉求；在学术上，他擅长诗文，兼通经学、史学、地理学、音韵学、考古学等，为清代众多的学术开启了门径。因此，尽管他一生反清，却被后世称为"清朝的开国儒师"和"清学开山始祖"。

顾炎武认为，天下归天下人所有，每个人都应担当起保家卫国的责任。后人根据他的原话，总结出"天下兴亡，匹夫有责"这句名言，成为举世皆知的爱国口号。

顾炎武一生共留下五十多种著作，代表作有《日知录》《音学五书》等。

中国思想启蒙之父黄宗羲

黄宗羲比顾炎武大三岁，绍兴余姚人。父亲黄尊素是东林党人，因弹劾魏忠贤被下狱致死。朱由检即位后，平反前朝冤案。黄宗羲上书为父申冤，要求诛杀迫害父亲的阉党许显纯、崔应元等人。在刑部会审时，黄宗羲从袖子里拿出锥子，怒刺许显纯，又痛打崔应元，拔下他的胡须为父亲祭灵。朱由检赞叹黄宗羲是"忠臣孤子"。

黄宗羲学识、素养深厚，曾拜蕺山学派创始人刘宗周为师，得到真传。

明朝灭亡后，黄宗羲变卖家产，召集六百多青年参与抗清活动，受到南明鲁王赏识，被任命为兵部职方司主事。清军占领绍兴后，黄宗羲遭到清廷通缉，不得不躲到山中。

三年后，黄宗羲再次被鲁王晋升为左副都御史，并奉命去日本求救兵，但没有成功，最终归乡隐居。在此期间，他被清廷三次通缉，仍然冒着危险为鲁王送信，传递军情。

眼见南明复国无望，黄宗羲开始著书立说，四处讲学。康熙

年间，清廷准备修《明史》，皇帝特地命令地方官请黄宗羲进京参与这项工作，被黄宗羲婉拒，皇帝又命令地方官把他的明史论著和相关史料抄录后送到史馆，并聘请他的儿子和弟子参与修史。

后来，清廷多次请黄宗羲出山，都被他拒绝了。黄宗羲的学术著作横跨多个领域，包括史学、经学、地理、律历、数学、诗文等，共有五十多种，三百多卷。

黄宗羲首次提出，君主只是天下的公仆，理应承担起服务天下人的义务，从根本上否定了君主"家天下"的合法性。他认为，所谓君臣，只是名义不同而已，本质上都是为天下人服务的。

黄宗羲的思想学说有力地冲击了传统的封建君臣伦理，对晚清的民主思潮起到了启蒙作用。因此，后世称他为"中国思想启蒙之父"。

知识加油站

十三经：南宋时期形成的十三部儒家经典，包括《易经》《尚书》《诗经》《周礼》《仪礼》《礼记》《左传》《公羊传》《榖梁传》《孝经》《论语》《孟子》《尔雅》。

劝进表：想当皇帝的人授意下边人上表，劝他称帝，主要用于篡位或反叛者。

唯物主义：哲学概念，即认为世界是由物质组成的，强调客观规律对世界的作用，与唯心主义相对，唯心主义强调人的意识决定世界的存在。

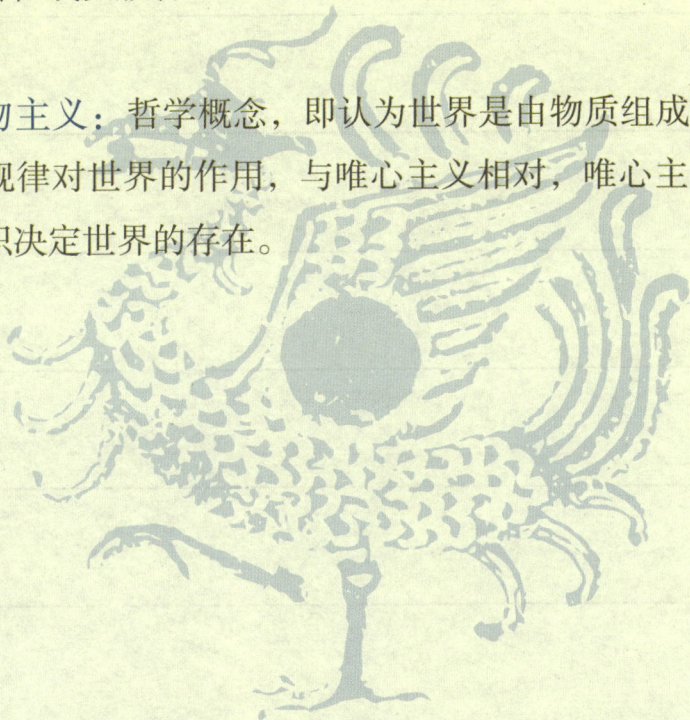

阅读笔记

阅读笔记

阅读笔记